现代职业教育研究前沿论丛

丛书主编：王振洪　祝鸿平

U0569730

Reform leads to standing at
the forefront of the trend

Zhejiang Province High Level Vocational School with Chinese Characteristics
Report on Specialty Group Construction

改革引领　勇立潮头

浙江省中国特色高水平高职学校和专业群建设报告

祝鸿平　王振洪　著

浙江工商大学 出版社
ZHEJIANG GONGSHANG UNIVERSITY PRESS

·杭州·

图书在版编目（CIP）数据

改革引领　勇立潮头：浙江省中国特色高水平高职
学校和专业群建设报告 / 祝鸿平，王振洪著. -- 杭州：
浙江工商大学出版社，2024. 10. -- ISBN 978-7-5178
-6231-4

Ⅰ. G718.5

中国国家版本馆 CIP 数据核字第 2024WX4965 号

改革引领　勇立潮头：浙江省中国特色高水平高职学校和专业群建设报告
GAIGE YINLING　YONGLI CHAOTOU: ZHEJIANG SHENG ZHONGGUO TESE GAOSHUIPING
GAOZHI XUEXIAO HE ZHUANYE QUN JIANSHE BAOGAO

祝鸿平　王振洪 著

策划编辑	周敏燕
责任编辑	周敏燕
责任校对	童江霞
封面设计	蔡海东
责任印制	祝希茜
出版发行	浙江工商大学出版社
	（杭州市教工路 198 号　邮政编码 310012）
	（E-mail: zjgsupress@163.com）
	（网址: http://www.zjgsupress.com）
	电话: 0571-88904980,88831806（传真）
排　　版	杭州朝曦图文设计有限公司
印　　刷	杭州宏雅印刷有限公司
开　　本	710mm×1000mm　1/16
印　　张	19.5
字　　数	234 千
版 印 次	2024 年 10 月第 1 版　2024 年 10 月第 1 次印刷
书　　号	ISBN 978-7-5178-6231-4
定　　价	60.00 元

总 序

○ ○ ○

职业教育是国家教育体系中不可或缺的一翼。伴随着社会主义现代化建设进程的加快,职业教育蓬勃发展。时至今日,我国已经建成世界上规模最大的职业教育体系,党的十八大报告中提出的"加快发展现代职业教育"更是将职业教育由"大"变"强"作为共同愿景上升到国家战略的高度,表明我国发展现代职业教育的决心和信心。职业教育不仅大有可为,更应当大有作为。作为其中重要的理论支持,职业教育研究也应当大有可为、大有作为。

一个领域的研究水平往往代表着这个领域的发展水平,作为教育学中的"后生",我国职业教育研究历史并不长,但研究热情之高、总体趋势之好、形式内容之丰富都是前所未有的。一大批职业教育人将职业教育研究作为追求的方向与目标,积极回应和破解职业教育改革发展中的现实问题、重点问题和难点问题,积极探索中国特色职业教育发展路径,取得了一批高水平、有影响、可借鉴的研究成果,推动了职业教育的发展。

同时也应该看到,职业教育研究的总体成就与其他领域相比仍有差距,在国际舞台上的声音还不够响亮。职业教育尚有许多理论问题和实践问题需要通过深入的科学研究来进一步厘清和解决。在这样的时代需求中，"现代职业教育研究前沿论丛"的主编单位——浙江省现代职业教育研究中心（以下简称"中心"）应时而谋、顺势而生。中心前身为金华职业技术学院高职教育研究所，作为浙江省成立最早的高职教育研究所之一，其多年来致力于专深的职教研究。为适应新常态、谋求新作为、实现新发展，2012年5月，金华职业技术学院联合浙江省教育科学研究院成立了浙江省现代职业教育研究中心。2013年1月，中心获批成为"浙江省哲学社会科学扶持型研究基地"；2015年2月，中心正式成为"浙江省哲学社会科学重点研究基地"，也是浙江省目前唯一依托高职院校的省级哲学社会科学重点研究基地。浙江省现代职业教育研究中心虽然只成立了四年，但若以金华职业技术学院高职教育研究所为起点，则有十余年的发展历史。十余年来，依托国家示范性高职院校建设项目，中心取得了丰硕的成果。作为职业教育的实践者、思考者和记录者，中心始终紧扣改革主题，专注于现代职业教育研究，不断发挥在职业教育研究领域的先导作用，拥有了一定的知名度和影响力。

现代职业教育的快速发展需要强有力的科学研究作支撑，而"现代"两个字凸显发展职业教育的时代性，赋予职业教育新目标和新内涵，同时给职业教育研究提出了新命题和新要求。身处五年发展的关键时期，职业教育即将进入一个全新的发展阶段，职业教育研究不仅要因势而动、积极求变，更要有的放矢、精准发力，围绕新常态下职业教育的新议题展开一系列的思考和探索，用职业教育理论来说明和阐释职业教育实践，用职业教育实践来丰富和发展职业教育理论，使两者互为补充、齐头并进。这既是现代职业教育发展的现实要求，也是广大职业教育者的责任担当。浙江省现代职业教育研究中心正是抱着这样的初衷出版"现代职业教育研究前沿论丛"，作为中心的一员，我深感快慰。

　　丛书由浙江省现代职业教育研究中心主任主编,旨在通过优秀成果的集中展示来反映当前职业教育的研究水平,可谓职业教育研究者的一次集体思想行动。丛书的研究选题关注目前职业教育中的一些热点、难点问题,基本代表了现阶段职业教育的理论前沿,将陆续呈现给读者。期待未来能有更多的职业教育研究者加入这一集体行动中来,将先进思想通过"现代职业教育研究前沿论丛"落地生根,为职业教育走向未来注入新理念、新智慧和新方法,使更多人因此认识职业教育,认可职业教育,推崇职业教育!

　　借此机会,把这套丛书推荐给广大职业教育的支持者、改革者和实践者,同时属望浙江省现代职业教育研究中心继往开来、砥砺奋进、乘势而上,取得新的更丰硕的研究成果!

　　是为序,更为盼。

亚洲职业教育学会(AASVET)原会长

中国职业技术教育学会原副会长兼学术委员会执行主任

华东师范大学职业教育与成人教育研究所原所长,教授、博士生导师

浙江省现代职业教育研究中心学术委员会主任

石伟平

2016 年 7 月于上海

前 言

○ ○ ○

实施中国特色高水平高职学校和专业建设计划（以下简称"双高计划"）是党中央、国务院做出的重大决策，旨在集中力量在全国建设一批引领改革、支撑发展、具有中国特色、世界水平的高等职业学校和骨干专业群，引领职业教育服务国家战略、融入区域发展、促进产业升级。国家"双高计划"自 2019 年立项实施以来，经过 5 年的建设，到 2023 年底建设期满。按照教育部、财政部关于"双高计划"绩效评价工作安排，与全国各省份同步，2024 年初以来，浙江依序认真组织了"双高计划"建设院校绩效自评和省级评价工作，并于 4 月初按时向教育部、财政部报送了省级评价结果和省域"双高计划"建设工作总结，标志着"双高计划"建设主体工作顺利完成。

一、"双高计划"的谋划实施，是国家积极适应中国经济转型升级，提升职业教育及其人才培养竞争力，增强职业教育吸引力和贡献力的战略举措

进入新时代，面对国际竞争日益加剧的经济社会新态势，培养大批具有国际视野、具备丰富学识和精湛技能的卓越人才，越来越成为教育系统的迫切任务。在普通高等教育领域，继"985""211"建设工程之后，经过科学谋划，2017 年 1 月，党中央、国务院部署了世界一流大学和一流学科（即"双一流"）建设工程；2017年9月，教育部、财政部、国家发展和改革委员会联合发布了"双一流"建设院校及学科名单。在高等职业教育领域，"十一五""十二五"期间实施的"示范校""骨干校"项目先后完成，"十三五"初期尚无重大建设项目接续。为持续推进高职教育发展，国家有关部门审时度势，积极谋划实施新的重大项目建设。

2018年11月，中央全面深化改革委员会第五次会议审议通过了《国家职业教育改革实施方案》（以下简称《方案》）。2019年1月，国务院印发了《方案》。《方案》明确指出，要推进普通本科高等学校向应用型转变，建设50所高水平高等职业学校和150个骨干专业（群）；将启动实施中国特色高水平高等职业学校和专业建设计划，建设一批引领改革、支撑发展、中国特色、世界水平的高等职业学校和骨干专业（群）。2019年2月，党中央、国务院印发《中国教育现代化2035》，明确指出，要推动职业教育与产业发展有机衔接、深度融合，集中力量建成一批中国特色高水平职业院校和专业。3月，教育部、财政部发布《关于实施中国特色高水平高职学校和专业建设计划的意见》。4月，教育部、财政部印发《中国特色高水平高职学校和专业建设计划项目遴选管理办法（试行）》，教育部办公厅、财政部办公厅发布《关于开展中国特色高水平高职学校和专业建设计划项目申报的通知》，组织开展"双高计划"建设项目申报工作。

按照教育部、财政部的工作要求，各地各校踊跃组织申报，积极参与教育部、财政部遴选。2019年12月，教育部、财政部公布了中国特色高水平高职学校和专业建设计划建设单位名单，全国共197所学校入选，其中高水平学校建设高校56所、高水平专业群建设高校141所。浙江共有15所学校入选，其中高水平学校建设高校6所、高水平专业群建设高校9所，入选总量位居全国第二，入选比例居全国第一。

二、"双高计划"的落地实施,是全国高职教育战线乘着迅猛发展势头,主动开拓创新奋发进取,深层驱动竞争发展的有效成果

经过"十一五""十二五"期间"示范校""骨干校"重大项目建设和"十三五"以来实施的创新发展行动计划、提质培优行动计划,高职教育坚实迈入高质量发展的新阶段,高职教育的理念、平台、方法不断丰富,基础领域、关键环节的总体水平持续提升,争创一流的基础能力基本具备。尤其在重大建设项目的推动下,一批以国家示范校、骨干校为代表的高职院校具备了冲击"世界一流"的能力,为进一步高质量发展奠定了坚实基础。同时,与普通本科高校相比,高职院校办学历史较短,社会地位不高,与生俱来具备竞争和求生意识。高职教育开放的办学理念、多元的教学形态、生动的办学实践,以及互学互鉴、开拓创新的浓厚氛围,使得高职人才培养充满活力,高职教育积蓄了积极向上、寻求跃升的发展动能和精神力量。随着中国制造2025、"一带一路"、创新创业、"互联网+"等的深入推进,新型工业化、信息化、城镇化、农业现代化、绿色化等产业新政同步实施,对大批量高素质技术技能人才提出的新要求,为高职教育实施高水平建设项目、推动"双高计划"落地实施提供了充沛的内部动力。

按照这些年政府规制和事业发展的有效模式,国家通过有组织、成体系的重大项目建设,可以撬动各级政府和行业主管部门的大量投入,汇聚从经济到社会对建设领域的热切关注,激发建设领域迅速发展的内生动力。"示范校""骨干校"建设,以重大项目为引领,很好地调动了地方、行业和学校建设改革的积极性,显著提升了高职院校办学水平和社会贡献力,极大地提高了高职教育的美誉度和社会影响力。2015年"骨干校"建设期满,特别是2017年1月,普通高等教育系统启动"双一流"建设工程后,对高职教育接续实施重大项目建设,专家学者纷纷建言献策，主流媒体热情关注，为推动高职领域"双高计划"落地实施提供了外部动力。

2017 年 7 月，中国高等教育学会高职研究会在黑龙江召开学术年会，研讨交流高职教育高水平建设发展。应会议组织方邀请，我在会上以"强化重大项目引领　推进高职高水平发展"为题做了交流发言，呼吁加强顶层推动力度，谋划中国特色高职教育"高水平院校、高水平专业"的"双高"建设布局，对标"双一流"的支持方式和力度，中央财政给予重点专项投入，地方加大配套，以点带面，使一批高职院校和专业脱颖而出，引领新一轮建设高潮，造就一批具有"中国模式""世界水平"的高职教育品牌标杆。发言得到了与会代表的高度赞同，《光明日报》职教版主编练玉春先生当场向我约稿，希望我将发言内容整理成文发表。《强化统筹，推动高职走向更高水平》于 2017 年 9 月 14 日发表后，凭借主流媒体线上线下强大的辐射能力，产生了很好的传播效果，引起了高职教育战线的共鸣。更巧合的是，文中"遴选 30 至 50 所高水平院校，500 至 800 个左右高水平专业，集中开展'双高'重点建设"的呼吁，与两年后教育部、财政部遴选公布的结果高度吻合。"位卑未敢忘忧国"，此举大约可算本人为"双高计划"落地实施做出的微小而真切的努力。

三、浙江"双高计划"坚持高标准建设高质量发展，取得了丰硕的建设成果，在加快职业教育提级赋能服务共同富裕示范区建设中发挥了重大作用

浙江高度重视"双高计划"。为统筹推进项目建设，浙江将"双高计划"建设纳入省政府重要工作"清单制"项目化管理，以分管省领导为召集人，由教育、发展改革、财政、人力社保等 9 个部门组成的职业教育工作联席会议协同推进，省教育厅、财政厅具体指导项目建设实施，定期召开项目建设专题推进会。同时，对标国家"双高计划"项目建设，在实施国家"双高计划"的基础上,创设省级"双高计划"建设载体,搭建起国家和省两级"双高计划"梯队体系。2020 年 9 月,遴选确定 15 所省级优质高职院校、50 所地方优质中职学校为省高水平职业院校建设单位,30 个高职专业群、150 个中职专业为省高水平专业群建设单位。自省级"双高计划"立项以来,各建设院校全方位深化产教融合,不断强化职业教育与产业发展需求的匹配度,基础能力和服务能力显著提升,在区域经济社会发展特别是产业转型升级中的助推作用明显,"百花齐放"共同带动省域职业教育改革与整体竞争力提升。

"双高计划"建设五年来,各单位着重对接国家战略,全面落实"双高计划"各项改革任务部署,深化改革创新,优势显著、特色亮眼。从绩效达成度看,建设单位绩效目标均按计划达成,总体达成度为143.23%。通过建设,各院校党的建设取得新成就,以党建促发展、应变局、拓变革、保落实。技术技能人才培养彰显新示范,迭代技术技能人才的培育路径和方法,人才培养提质明显。技术技能创新平台结出新硕果,着力打造一批高度融入产业、融入企业行业、融入人才培养的科技创新平台。专业群建设展现新作为,21 个国家高水平专业群的集聚效应和服务功能,助力形成对接产业吻合度高、资源整合共享度高、人才培养产出度高的专业群体系。高水平双师队伍激发新活力,造就了一批结构化、高水平、实力强的"国字号"教学创新团队。校企深度合作呈现新气象,强化部门和行业指导,成立 13 个省级职业教育行业指导委员会,指导行业企业深度参与职业教育。服务发展能力实现新提升,积极服务浙江经济社会发展,面向全体社会成员开展职业培训,对口帮助山区海岛,形成一批校地携手的好经验、好模式。现代学校治理形成新样态,优化内部治理结构,推进治理能力现代化,形成一批高水平治理样板与模式。数字校园建设迈出新步伐,加快办学模式、教育形式、教学方式和人才培养的数字化转型。"职教出海"打出新品牌，携手民营企业"走出去"，建设的"丝路学院"被教育部列为国际化品牌项目。

按照教育部、财政部关于"双高计划"绩效评价工作安排，与全国各省份同步，2024年初以来，浙江依序认真组织了"双高计划"建设单位绩效省级评价工作。按照"双高计划"建设绩效省级评价方案，在组织各建设单位自评的基础上，邀请和组织高水平专家开展网络评价、现场答辩和学校互评，组织力量开展各建设单位标志性成果核算，综合形成绩效评价结果。评价显示，浙江省15所"双高计划"建设单位均能按照建设方案和任务书，精心组织、扎实推进各项建设工作，取得了预期成效，省级评价结论全部为"优"。根据评价情况，省教育厅、财政厅于2024年4月初按时向教育部、财政部报送了省级评价结果和省域国家"双高计划"建设工作总结，标志着浙江"双高计划"建设主体工作顺利完成。

四、浙江"双高计划"建设院校要适应社会对高质量教育的新期待，在深化现代职业教育体系建设改革、服务共同富裕示范区建设过程中，持续打造全国一流、世界有影响的高职教育浙江样板

"雄关漫道真如铁，而今迈步从头越。"当前，国家"双高计划"建设已告一段落，新的重大建设项目正在孕育谋划。今后一个时期，浙江"双高计划"建设院校要全面贯彻省委、省政府《关于加快构建现代职业教育体系的实施意见》，认真落实《教育部　浙江省人民政府关于加快职业教育提级赋能　服务共同富裕示范区建设实施方案》，继续秉持国家"双高计划"建设初衷，落实立德树人根本任务，以供给侧结构性改革为主线，优化办学格局，深化产教融合，完善职普融通体系，提升学校关键能力，推进职业教育层次高移、优质资源下沉，为浙江高质量发展建设共同富裕示范区和中国式现代化先行省提供技术技能人才支撑，在深化省域现代职业教育体系建设改革过程中,持续打造全国一流、世界有影响的高职教育浙江样板,成为展示中国职教发展活力和品质的重要窗口。

要持续提升关键办学能力。浙江"双高计划"建设院校要率先谋划高职"五金"建设,积极开展"金"专业、"金"课程、"金"师(教师)、"金"地(实训基地)、"金"材(教材)建设,为教育部职教"五金"建设贡献丰富的浙江元素、浙江标准。要依托行业引领作用,以省域支柱产业为基础,组建并运行好产教融合共同体。要聚焦市级优势产业集群和重点产业园区,积极打造并运行好兼具人才培养、创新创业、促进产业经济高质量发展功能的产教联合体。积极与行业共同开发教学标准、教学资源,研发教学装备,探索市场化运行,服务职业学校教育教学改革与技术技能人才培养。在引进国际优质职业教育资源开展高水平中外合作办学的同时,积极开发并向国外输出专业标准、课程体系和教学资源。科学推进数字教育,以数字化改革抢占职业教育高质量发展新赛道,提高职业教育的整体效益。深入推进职业教育长学制人才培养,合理扩大中职生源占比,强化对中职教育的支持和引领。

要努力争建国际水平学校集群。在国家"双高计划"建设基础上,浙江将开展"浙江高水平高等职业学校建设行动",重点建设10所左右国内一流、世界知名的高等职业学校。全省高水平院校特别是国家"双高计划"院校要积极参与,强化与产业互促发展,增强高端技术人才培养能力,深化与海外高水平职业学校多形式的交流合作,形成各具特色的发展模式,打造具有国际水平的高等职业学校集群。积极筹备建设高水平本科层次职业学校。采用部省共建、行业共建等方式,积极整合行业、地方优质资源,以高质量就业促进高质量招生,以定制化人才培养保障高质量人才供给,以行业资源整合打造高质量教科研平台,高起点谋划高水平职业大学建设路径，探索新时代高职教育新形态，进一步提升高职教育的贡献力和影响力。

岁月如水，事业如歌。我自2014年重返高职教育管理服务岗位以来，已历时一秩。这十年来，我亲自参与起草《高等职业教育创新发展行动计划》《职业教育提质培优行动计划》《高职院校实施优质暨重点校建设计划》《高水平职业学校和专业群建设计划》等重要文件，并具体组织相关重要工作。在此过程中，深切感受到责任重大、时不我待，务须衷心履责、全力付出，不忘初心、不负信任。尤记得在国家"双高计划"申报遴选前，陈根芳厅长耳提面命，要我立下"军令状"（必须入围10个）的情形。在此过程中，更是深切感受到全省高职院校舍我其谁、争先创优的坚实底气和进取精神，若没有这样的底气和精神，就没有超额完成建设指标和任务的基础。在此，要对所有国家"双高计划"院校和参与建设的同志们表示崇高的敬意和衷心的感谢！另外，在"双高计划"建设管理和服务过程中，金华职业技术学院主动发挥职教研究优势，协助编制各时段建设绩效报告，支持我和王振洪同志结集出版以凝聚成果，在此一并致以谢意！路漫漫其修远兮，高职教育历史尚不长、未来更可期，衷心祝愿浙江高职教育越办越好，为新时代谱写更加亮丽的新篇章！

祝鸿平

（浙江省教育厅职业教育与成人教育处二级调研员）

目　录

●　●　●

第二篇　十大建设任务案例

第三篇　特色建设任务案例

第一篇 浙江省推进"双高计划"建设绩效报告

实施"双高计划"是党中央、国务院做出的重大决策。"双高计划"启动以来,浙江省积极落实习近平总书记关于职业教育工作的重要指示精神,深入贯彻《中共中央办公厅 国务院办公厅关于深化现代职业教育体系建设改革的意见》《教育部 浙江省人民政府关于加快职业教育提级赋能 服务共同富裕示范区建设实施方案》等重要文件精神,坚持"双高计划"建设根本宗旨,集中力量建设引领改革、支撑发展、具有中国特色、世界水平的高职学校和专业群。

五年来,全省 15 所"双高计划"建设院校以服务浙江经济社会的高质量发展、助力省域现代化和共同富裕"两个先行"为主要任务,持续推进产教融合和校企合作,加快高水平建设,共取得教育部、财政部"双高计划"绩效评价 76 类中的标志性成果 1669 项,跑出了浙江高职教育高质量发展的加速度,成为展示高职教育人才培养和改革成效的"重要窗口",在加快职业教育提级赋能、服务共同富裕示范区建设中发挥重大作用,为浙江"勇当先行者、谱写新篇章"提供强大支撑。

一、推进"双高计划"建设的情况

(一)推进"双高计划"建设的体制机制

1.多级联动,高质量推进"双高计划"建设

浙江省将"双高计划"建设纳入省政府重要工作"清单制"项目化管理,以分管省领导为召集人,由教育、发展改革、财政、人力社保等9个部门组成的职业教育工作联席会议协同推进,省教育厅、财政厅具体指导"双高计划"项目建设实施,定期召开"双高计划"项目建设专题推进会。构建省、市、县三级联动机制,定期研究协调,对"双高计划"建设单位在发展规划、重大项目、经费投入、企业办学、专业建设、人力资源开发等方面加强政策配套衔接,确保"双高计划"改革发展任务落细、落深、落实。五年来,各建设单位着重对接国家战略,全面落实"双高计划"各项改革任务,深化改革创新,优势显著、特色亮眼。从绩效达成度看,建设单位绩效目标均按计划达成,总体达成度为143.23%。

2.项目带动,高标准创设省级"双高计划"建设载体

对标国家"双高计划"项目建设,在实施国家"双高计划"的基础上,创设省级"双高计划"建设载体,搭建起国家、省两级"双高计划"梯队体系。2020年9月,遴选确定15所省域优质高职院校、50所地方优质中职学校为省高水平职业院校建设单位,30个高职专业群、150个中职专业为省高水平专业群建设单位。按照"同标准、同管理、同部署、同考核"的原则,2024年3月同步对35所省级"双高计划"建设单位开展绩效评价。三年来,省级"双高计划"建设院校全方位深化产教融合,不断增强职业教育与产业发展需求的匹配度,基础能力和服务能力显著提升,在区域经济社会发展特别是产业转型升级中的助推作用明显,"百花齐放"共同带动省域职业教育改革与整体竞争力提升。

3.央地互动,高起点探索现代职教体系省域模式

为更高质量、更大限度发挥省域作用,浙江省人民政府与教育部联合制定并印发《关于加快职业教育提级赋能　服务共同富裕示范区建设实施方案》,将职业教育放在促进共同富裕的大局中来认识,放在推进教育综合改革的全局中来认识。在职业院校关键能力建设、产教融合、职普融通、投入机制、制度创新、国际交流合作等方面进行改革突破,制定支持职业教育的金融、财政、土地、信用、就业和收入分配等激励政策的具体举措,打造有利于职业教育发展的制度环境和生态,形成一批可复制、可推广的新经验新范式。为贯彻党的二十大关于职业教育发展的重要思想,浙江省委、省政府制定并印发《关于加快构建现代职业教育体系的实施意见》,部署健全完善党建统领、立德树人的育人体系,健全完善规格提升、优质共享的发展体系,健全完善纵向贯通、梯度衔接的培养体系,健全完善产教融合、校企合作的办学体系,健全完善育训并举、科教融合的服务体系,健全完善改革创新、开放包容的支撑体系等六个体系建设,全面深化浙江现代职业教育体系建设改革,加快现代职业教育高质量发展。

(二)推进"双高计划"建设的政策支持

1.以高位的政策供给助推"双高计划"建设

不断夯实"双高计划"建设的政策底基,满足高水平学校的高质量发展需求。发布《浙江省职业教育"十四五"发展规划》,明确实施职业院校省级"双高计划"建设行动计划;落实《教育部　浙江省人民政府关于加快

职业教育提级赋能　服务共同富裕示范区建设实施方案》，明确在国家、省级"双高计划"建设的基础上，开展"浙江省高水平高职院校建设行动"，重点建设10所左右国内一流、世界知名的高职院校，努力在"高原"上竖起更多"高峰"，形成高水平的高职院校集群；出台《关于加快普通高等学校高质量发展的若干意见》，将"双高计划"建设纳入高等教育强省战略。

2. 以深度的产教融合赋能"双高计划"建设

2020年，浙江省人民政府制定并印发《深化产教融合推进职业教育高质量发展实施方案》，以深化产教融合为主线，以创新体制机制为突破口，发挥"双高"院校作用，高标准建设现代职业教育体系、高水平推进产教深度融合、高质量服务经济社会发展。同年，浙江省委办公厅、浙江省人民政府办公厅制定并印发《关于实施新时代浙江工匠培育工程的意见》，围绕全省产业升级、高质量发展要求和全球先进制造业产业集群建设，支持"双高"院校培育知识型、创新型、复合型高技能人才；2022年，浙江省人社厅印发《关于进一步加强高技能人才与专业技术人才职业发展贯通的实施办法》，创设新八级工制度，开辟高技能人才职称评审直升通道；2023年12月，浙江省人民政府办公厅印发《关于开展省域技能型社会建设的指导意见》，加快构建具有浙江特色的现代职业教育体系和终身职业技能培训制度，健全与产业发展相适应的技能人才全方位、全链条培育体系。

3. 以持续的经费增长保障"双高计划"建设

积极落实省级"双高计划"建设专项配套经费，同时加大经费投入，鼓励地方加大经费与政策支持力度，统筹资源，加快推进相关建设任务；完善职业教育财政投入稳定增长机制，2023年高等职业教育年财政专项拨款34.28亿元，高等职业教育年生均财政拨款1.97万元；推动国家和省域两级"双高计划"建设单位纳入教育强国推进工程中央预算内投资计划支持范围,共争取中央预算内投资 3.2 亿元支持项目建设。完善绩效目标管理,做好绩效运行监控和绩效评价,加强绩效结果应用,确保财政资金安全有效。

4. 以良好的制度环境提振"双高计划"建设

将职业院校高素质技术技能人才纳入新时代工匠、特级技师、首席技师政策体系范畴,加大奖励力度;对省级以上技能比赛获奖者,按规定认定为省技术能手、省青年岗位能手并给予奖励,在职称评聘等方面给予政策倾斜;注重发挥行业企业重要主体作用,遴选和褒扬产教融合业绩突出的行业企业,推动职业院校和行业企业形成育人共同体;广泛宣传典型事迹和先进代表,积极发挥职业教育各类奖项的激励作用,为"双高计划"建设营造良好的社会氛围和制度环境。

(三)推进"双高计划"建设的资金支持

严格落实"双高计划"建设经费,全力保障和支持各校"双高计划"建设。在绩效评价基础上,推进政策创新,优化制度供给,完善中央拨款、地方拨款、行业企业支持、学校自筹等多渠道项目经费投入机制,加强预算绩效管理,提升财政体制机制效能,提高财政资金使用效益和效率。从经费总投入看,浙江省"双高计划"建设总投入 60.23 亿元,省、市两级财政资金投入为中央资金投入的 1.47 倍,充分体现了对职业教育的大力支持。

1. 收支总体情况

依据"双高计划"项目监测平台统计结果(下同),全省"双高计划"建设预算资金 587678 万元,资金到位总额 602257.28 万元,其中中央财政投入 112900 万元，地方各级投入 166036.16 万元，行业企业投入 91220.21 万元，学校自筹 232100.91 万元，整体资金到位率 102.48%。项目总支出货币资金 526343.31 万元，预算执行率 101.89%。

表 1-1　全省"双高计划"项目收支总体情况

单位：万元

序号	资金来源	项目预算总额	资金到位总额	资金到位率	到位资金使用总额		预算执行率
					总额	其中，实际支付的货币资金	
1	"双高计划"建设资金总额	587678	602257.28	102.48%	598810.36	526343.31	101.89%
	其中：非现金	—	65460.47	—	—	—	—
2	中央财政投入资金	112900	112900	100.00%	112595.33	112595.33	99.73%
3	地方各级财政投入资金	165000	166036.16	100.63%	165689.65	165689.65	100.42%
4	举办方投入资金	—	—	—	—	—	—
5	行业企业支持资金	83860	91220.21	108.78%	90695	24406.5	108.15%
6	学校自筹资金	225918	232100.91	102.74%	229830.38	223651.83	101.73%

2. 支出决算情况

全省"双高计划"建设总支出 598810.38 万元，其中商品和服务支出 244456.61 万元，资本性支出 322775.38 万元，其他支出 31578.39 万元。高水平专业群经费总支出 230093.86 万元，其中商品和服务支出 75529.19 万元，资本性支出 145140.5 万元，其他支出 9230.17 万元。

表 1-2　全省"双高计划"学校支出决算情况

单位：万元

序号	经济业务分类	商品和服务支出	资本性支出	其他支出	合计
1	打造技术技能人才培养高地	58159.77	44091.73	1918.8	104170.3
2	打造技术技能创新服务平台	22912.96	24812.08	98.02	47823.06
3	打造高水平专业群	75723.19	145140.5	9230.17	230093.86
4	打造高水平"双师"队伍	25093.3	1610.49	8834.75	35538.54

续表

序号	经济业务分类	商品和服务支出	资本性支出	其他支出	合计
5	提升校企合作水平	8980.31	36666.66	226.79	45873.76
6	提升服务发展水平	14564.3	11188.69	190.93	25943.92
7	提升学校治理水平	8926.46	11713.97	2.87	20643.3
8	提升信息化水平	12009.75	42259.79	1.09	54270.63
9	提升国际化水平	13057.59	2491.25	28.03	15576.87
10	其他	5028.98	2800.22	11046.94	18876.14
	合计	244456.61	322775.38	31578.39	598810.38

表 1-3 全省"双高计划"专业群支出决算情况

单位:万元

序号	经济业务分类	商品和服务支出	资本性支出	其他支出	合计
1	人才培养模式创新	7751.24	2985.56	478.03	11214.83
2	课程教学资源建设	9090.69	9760.15	78.54	18929.38
3	教材与教法改革	4862.06	2887.86	76.7	7826.62
4	教师教学创新团队	11407.97	3974.31	307.99	15690.27
5	实践教学基地	14325.79	96783.03	3596.15	114704.97
6	技术技能平台	16024.81	19236	4311.93	39572.74
7	社会服务	4696.84	4421.05	271.92	9389.81
8	国际交流与合作	5468.26	3276.52	75.54	8820.32
9	可持续发展保障机制	1344.15	590.03	33.36	1967.54
10	其他	557.69	860.88	—	1418.57
	合计	75529.5	144775.39	9230.16	229535.05

3.资金管理与使用情况

省教育厅、财政厅重视"双高计划"建设院校会计制度体系及内控体系的建设,开展制度执行检查和专项经费审计工作,引导各学校建立专项资金管理、项目库管理、预算管理、绩效管理、合同管理、采购管理等制度体系,并强化制度执行力。

一是完善项目财经管理制度,确保建设资金有效使用。"双高计划"建设院校以"专款专用,专项管理"为导向,建立建设项目资金管理保障制度,构建分类分级经费投入机制,将专项资金统一纳入财政预算管理,实行资金管理和集中核算;推进预算支出标准体系建设,健全完善项目支出标准,强化绩效评价结果运用,规范基本建设财务行为,各类财经管理办法多措并举,提高财政资金使用效益,构建资金有效使用闭环管理体系。

二是强化预算编制的科学性和规范性,保障项目预算精准执行。"双高计划"建设院校按照职业教育高质量发展的要求,深化预算编制改革创新,构建涵盖预算编制、预算执行、预算监督和基础支撑等科学规范的现代预算制度;做好顶层设计和统筹协调,破除跨专业、跨部门带来的"组织壁垒",切实提高预算编制和绩效目标设定工作效率与效果;实现预算计划制定、项目预算控制、项目预算调整、项目预算分析等项目预算管理,以合理配置资源,提升预算执行的精准性。

三是依托数字化管理平台,提升项目资金配置效率。推动"双高计划"建设院校自建"双高计划"建设项目管理与监测平台,实现对"双高计划"建设全过程、全任务、全指标、全资金的全面覆盖,建立健全标准动态调整机制,实施预算执行任务管理、资金管理、绩效指标线上线下多形式跟踪管理,做到业务数据与财务数据直观可视、实时融合;利用数字化管理平台,搭建学校内部控制体系,加强廉政风险防控机制建设,提高项目管理和建设绩效水平。

(四)"双高计划"建设的项目实施成效

1.绩效目标与建设任务高质量完成

15所"双高计划"建设院校建设绩效目标如期完成,绩效指标数量总计5701项,总体完成度达143.23%;建设任务点数总量为10222个,完成 10221 个[个别学校在疫情期间教师出国(境)相关的 1 个任务点未完成,其余均按计划完成]。

表 1-4　15 所"双高计划"建设单位绩效目标达成情况

学校及专业群名称		产出指标达成度/%		效益指标达成度/%		满意度指标达成度/%
		数量	质量	社会效益	可持续影响	
金华职业技术学院	学校层面	104.52	137.21	161.14	100.00	103.45
	机械制造与自动化	115.91	144.44	158.80	105.77	102.63
	学前教育	135.59	152.13	212.84	100.00	102.53
浙江机电职业技术学院	学校层面	139.63	120.97	110.72	126.78	106.46
	机械制造与自动化	141.75	119.82	100.00	100.02	105.10
	智能控制技术	134.61	119.76	122.48	157.26	108.09
杭州职业技术学院	学校层面	102.35	131.93	236.16	100.00	103.58
	电梯工程技术	110.44	175.63	144.49	100.00	103.58
	服装设计与工艺	110.72	148.30	167.58	100.00	103.47
宁波职业技术学院	学校层面	147.30	99.60	156.00	120.00	100.00
	应用化工技术	135.15	100.00	147.87	120.61	100.00
	模具设计与制造	136.97	99.10	144.18	125.00	100.00
浙江金融职业学院	学校层面	203.00	116.09	101.35	100.00	106.28
	金融管理	161.70	126.13	100.00	100.00	107.27
	国际贸易实务	177.14	217.86	100.00	100.00	106.80
温州职业技术学院	学校层面	182.53	143.75	140.08	100.00	103.02
	鞋类设计与工艺	194.24	170.88	176.98	150.00	100.78
	电机与电器技术	164.29	194.65	199.41	100.00	103.73
浙江建设职业技术学院	学校层面	129.67	104.40	103.51	103.69	101.28
	工程造价	134.63	100.00	100.00	100.00	102.68
浙江交通职业技术学院	学校层面	138.27	157.48	100.80	109.45	105.49
	道路桥梁工程技术	145.75	166.50	104.22	100.00	106.34
浙江经济职业技术学院	学校层面	114.32	134.82	107.77	100.00	106.76
	物流管理	120.97	124.77	160.09	100.00	106.53

续表

学校及专业群名称		产出指标达成度/%		效益指标达成度/%		满意度指标达成度/%
		数量	质量	社会效益	可持续影响	
浙江经贸职业技术学院	学校层面	154.62	179.27	171.72	260.00	103.60
	电子商务	151.27	125.56	155.48	100.00	104.56
浙江旅游职业学院	学校层面	217.41	107.48	100.00	100.00	105.25
	导游	181.95	177.08	100.00	100.00	106.84
浙江工贸职业技术学院	学校层面	204.36	100.00	100.00	100.00	110.78
	光电制造与应用技术	250.82	100.00	100.00	100.00	103.41
浙江警官职业学院	学校层面	206.25	143.60	100.00	100.00	100.59
	刑事执行	131.40	187.49	182.25	197.30	104.25
浙江商业职业技术学院	学校层面	163.27	100.00	131.78	100.00	107.70
	电子商务	216.02	100.00	106.25	100.00	109.60
浙江艺术职业学院	学校层面	181.40	114.83	100.00	100.00	106.90
	戏曲表演	200.69	119.41	100.00	100.00	108.46
全省平均值		156.45	134.22	137.18	119.70	104.34

表 1-5　15 所"双高计划"建设单位建设任务完成情况

学校及专业群名称		任务完成情况		
		任务项数	任务点数	完成率/%
金华职业技术学院	学校层面	11	727	100.00
	机械制造与自动化专业群	9	370	100.00
	学前教育专业群	10	379	100.00
浙江机电职业技术学院	学校层面	10	322	100.00
	机械制造与自动化专业群	9	108	100.00
	智能控制技术专业群	9	72	100.00
杭州职业技术学院	学校层面	12	321	100.00
	电梯工程技术专业群	9	196	100.00
	服装设计与工艺专业群	9	142	100.00

学校及专业群名称		任务完成情况		
		任务项数	任务点数	完成率/%
宁波职业技术学院	学校层面	10	222	100.00
	应用化工技术专业群	9	163	99.39
	模具设计与制造专业群	9	101	100.00
浙江金融职业学院	学校层面	12	833	100.00
	金融管理专业群	9	262	100.00
	国际贸易实务专业群	9	295	100.00
温州职业技术学院	学校层面	10	163	100.00
	鞋类设计与工艺专业群	9	61	100.00
	电机与电器技术专业群	9	96	100.00
浙江建设职业技术学院	学校层面	12	692	100.00
	工程造价专业群	10	486	100.00
浙江交通职业技术学院	学校层面	11	629	100.00
	道路桥梁工程技术专业群	10	513	100.00
浙江经济职业技术学院	学校层面	10	169	100.00
	物流管理专业群	9	103	100.00
浙江经贸职业技术学院	学校层面	10	120	100.00
	电子商务专业群	9	71	100.00
浙江旅游职业学院	学校层面	11	598	100.00
	导游专业群	9	264	100.00
浙江工贸职业技术学院	学校层面	11	503	100.00
	光电制造与应用技术专业群	9	246	100.00
浙江警官职业学院	学校层面	11	230	100.00
	刑事执行专业群	9	191	100.00
浙江商业职业技术学院	学校层面	11	159	100.00
	电子商务专业群	9	159	100.00
浙江艺术职业学院	学校层面	10	148	100.00
	戏曲表演专业群	9	108	100.00
全省平均值				99.99

2. 标志性成果培育与打造成效显著

扎实推进"双高计划"改革发展任务,注重"龙头"学校的标志性成果培育与锻造,建设期内15所建设单位共取得教育部、财政部"双高计划"绩效评价76类中的标志性成果1669项,成果增量明显,发展态势良好。

表1-6 15所"双高计划"建设单位取得的标志性成果

序号	学校名称	所在地市	"双高计划"建设类型	76类成果指标取得数/类	76类成果获得总项数/项
1	金华职业技术学院	金华	高水平学校A档	47	337
2	浙江机电职业技术学院	杭州	高水平学校A档	28	103
3	杭州职业技术学院	杭州	高水平学校B档	37	121
4	宁波职业技术学院	宁波	高水平学校B档	32	151
5	浙江金融职业学院	杭州	高水平学校B档	25	126
6	温州职业技术学院	温州	高水平学校C档	31	113
7	浙江建设职业技术学院	杭州	高水平专业群A档	21	55
8	浙江交通职业技术学院	杭州	高水平专业群B档	23	100
9	浙江经济职业技术学院	杭州	高水平专业群B档	27	139
10	浙江经贸职业技术学院	杭州	高水平专业群B档	17	96
11	浙江旅游职业学院	杭州	高水平专业群B档	27	96
12	浙江工贸职业技术学院	温州	高水平专业群C档	21	65
13	浙江警官职业学院	杭州	高水平专业群C档	12	28
14	浙江商业职业技术学院	杭州	高水平专业群C档	22	105
15	浙江艺术职业学院	杭州	高水平专业群C档	11	34
合计				62	1669

(五)十大建设任务改革举措引领发展

1. 党的建设取得新成就

坚持把党的领导贯彻到构建现代职业教育体系的全过程、各方面,"双高计划"建设院校以党建促发展、应变局、拓变革、保落实,职业教育真抓实干的战斗力和立德树人的生命力显著增强。立项全国党建工作示范高校、标杆院系、样板支部培育创建单位 21 个,国家课程思政教学研究示范中心、示范课程、教学名师和团队 22 个,高校思想政治工作有关培育建设项目 16 个。

金华职业技术学院固本强基,加强党的建设。一是聚焦立德树人,育人"凝聚力"更加浓厚。坚守为党育人、为国育才使命,构建"三全"大思政育人模式,打造"两共学、三一起"等师生学习共同体思政品牌,建成思政教育基地 14 个,开展"青春别样红"等主题教育活动 218 场,获国家级党建项目 3 项、省级党建项目 12 项,国家级思政文化品牌 4 项、省级思政文化品牌 5 项。二是聚焦基层党建,组织"向心力"更加凸显。实施基层党建"五星双强"工程,建成党建公寓示范点 10 个、品牌党支部 53 个,"双带头人"教师党支部书记实现全覆盖,获得党建示范高校、党建"四个融合"行动试点校等省级以上荣誉 22 项。三是聚焦质量提升,党员"战斗力"更加强劲。实施党务干部领雁计划、"双强型"青年专业人才培养计划等质量提升行动打造"金职铁军",年培训 1500 人次以上;高质量做好师生党员发展工作,锻造先锋党员队伍。

浙江机电职业技术学院党建领航、守正创新,实现学校事业发展"新跃升"。坚持和加强党的全面领导,以实施"四个融合"行动和"抓院促系、整校建强"工程为总抓手,强化"政治引领、思想铸魂、组织驱动、引擎赋能",统筹实施领导力、思想力、组织力、素质力、清廉力等"五力"提升行动。构建"协同、贯穿、联动"思政育人新格局,实现课程思政全覆盖。实施"山清水秀"清廉行动,全面加强"清廉机电"建设。党建引领学校事业发展跃迁升级,为建设职业技术大学夯实基础。建设期内,打造全国高校党建工作样板支部 2 个,成为省党建工作示范校,建成全省高校党建工作标杆院系 4 个、全省高校党建工作样板支部 5 个,获推

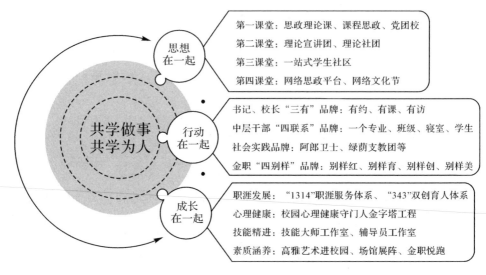

图1-1 "两共学、三一起"师生学习共同体

参评全国党建示范校，入选浙江省清廉学校建设示范校，涌现浙江省高校先进基层组织1个、省担当好干部1人，打造国家课程思政示范课1门、教学团队1个、教学名师5人。

杭州职业技术学院"四大工程"统领学校发展，党的建设实现全面跃迁升级。一是实施领航工程，全面实施"第一议题"学习制度，深入开展主题教育，充分发挥党委领导作用；二是实施固本工程，扎实推进基层党组织建设，创新"管理—课程—服务—育人"四维、"党委—总支—支部—党员"四级融合机制，基层党组织全面建强；三是实施头雁工程，创建30个头雁工作室，选树60个先锋示范岗、30支专业志愿服务队；四是实施铸魂工程，落实习近平新时代中国特色社会主义思想"三进"，入选浙江省职业教育"三全育人"典型学校，思政育人成果获国家级教学成果奖。

宁波职业技术学院党建领航，铸魂育人成效显著。以"红色根脉强基工程"为引领，与北仑区街道共建"校地党建共同体"，入选全国党建工作标杆院系1个、样板支部2个，位列全省高职院校第一。培育政治强、业务精的"双带头人",获批省级"双带头人"工作室 1 个,实现"双带头人"专业全覆盖。构建同向同行、协同育人的"一站式"三全育人工作体系,入选全国"最美高校辅导员"1 人、教育部课程思政教学团队 1 个、全国高校思政工作精品项目 1 项、全国高校辅导员名师工作室 1 个、全国五四红旗团支部和全国高校"活力团支部"各 3 个。

浙江金融职业学院强化党建引领,激发学校发展新动力。扎实开展"不忘初心、牢记使命"主题教育、党史学习教育和学习贯彻习近平新时代中国特色社会主义思想主题教育,实施"一流党建"工作计划。牵头举办中国特色高水平高职学校党委书记论坛,每年主办全国高职高专院校马克思主义学院书记院长论坛。入选国家课程思政教学研究示范中心,荣获第二届全国高校思想政治理论课教学展示一等奖,立项教育部高校思想政治理论课教师研究专项 1 项、教育部中华优秀传统文化专项 1 项,获批浙江省习近平新时代中国特色社会主义思想研究中心首批研究基地(全省唯一获此殊荣的职业院校),建成省级高校党建工作"双创"项目 9 个,获省级"两优一先"表彰 6 个。

温州职业技术学院党建赋能强引领,学校发展根基有效夯实。全面贯彻新时代党的建设总要求和组织路线,以高质量党建引领学校高质量发展。一是组织赋能,抬升示范创建"标尺线"。构建"五位一体"党建责任体系、"标准+特色"党建质量保证体系和"六维"党建品牌塑造体系。二是思想强基,绘细铸魂育人"规划图"。深化四课堂联动的"三全育人"体系,以"全导师"计划、"三师一体化"行动等为抓手,打造思政育人共同体。三是创新驱动,汇聚融合发展"新动能"。以"四融四力"模式推进党建与业务深度融合,成立非公企业党建研究中心,推动产学研、上下游、大中小企业党建联建共建。被推选为全国高职高专党委书记论坛委员会副主任单位,获全国党建工作标杆院系、样板支部、国家级高校思想政治工作精品建设项目等荣誉。

浙江建设职业技术学院践行"三个赋能"强党建促发展。学校党委坚持用习近平新时代中国特色社会主义思想凝心铸魂，聚焦"高水平党建促高水平发展、建高水平专业、炼高水平'双师'、育高水平人才"党建引领模式，打造"浙建匠心"党建矩阵。一是政治赋能，把牢办学方向。深入贯彻习近平新时代中国特色社会主义思想，深刻把握"两个确立"，切实做到"两个维护"。二是思想赋能，筑牢理想信念。推动课程思政改革，打造浙江省课程思政示范课 14 门、课程思政教学研究项目 11 项、课程思政示范基层教学组织 2 个。三是组织赋能，建强战斗堡垒。建筑工程学院第一教师党支部入选全国高校党建工作样板支部，建筑工程学院党总支、工程造价学院第一教师党支部入选省高校党建工作标杆院系、样板支部；建筑工程学院第一教师党支部成为省高校"双带头人"教师党支部书记工作室培育单位、工程造价学院党总支成为省高校党建工作标杆院系培育单位。

浙江交通职业技术学院全面推进"一融双高"，实现院系 22 个基层党支部全部建在专业上，教师党支部书记"双带头人"达 100%，党建工作案例入选全国职业院校党委书记抓基层党建案例集，入选全国、全省高校党建"双创"项目 10 个，学校党委入选"全省党建工作示范高校"培育创建单位，建成"数智党建平台""干部综合管理平台"，"领航先锋"行动成效明显。2019 年以来，选派年轻干部 74 人次到省内外单位挂职实践锻炼，选派 21 批次干部教师共计 83 人次赴省内外地市参加疫情防控，选派 24 名干部全力服务保障杭州亚（残）运会，均获得广泛赞誉。2023 年，学校获评教育部职业院校校园文化建设"一校一品"学校（全国仅 30 所职业院校入选），获评第六届全国高校"礼敬中华优秀传统文化"特色展示项目；学校形成十大育人体系，入选浙江省"三全育人"综合改革重点支持高校"心理育人"项目;学校党委书记孙校伟署名文章《培育建设中国式现代化伟大工程的时代新人》在由省委教育工委主办的《高校思想政治工作》上刊发。

浙江经济职业技术学院"双融双促"、铸魂育人,示范党建引领高质量发展。深入贯彻习近平总书记关于党的建设的重要思想和关于高校党建和思想政治工作的重要论述精神,构建党建与事业同频共振的大党建工作体系,实现党委班子领导力、基层组织战斗力、干部人才变革力、思政育人凝聚力、校园文化吸引力、事业发展竞争力全面跃升,持续为党培养堪当时代重任的接址人。获全国高校党建工作样板支部、教育部"深化新时代学校思想政治理论课改革创新先行试点单位"(全国仅4所高职院校获此殊荣)等国家级项目和荣誉23项,被评为浙江省党建工作示范高校、职业教育"三全育人"典型学校、清廉学校建设示范校、示范性党群服务中心,建成省高校党建工作"双创"项目7项、省"双带头人"教师党支部书记工作室2个,学校党委连续5年获省机电集团党建工作、党风廉政建设工作先进单位,为"双高计划"建设提供坚强的政治保障。

浙江经贸职业技术学院推进"强基铸魂"工程,加强党的建设和思想政治工作。深入推进"党建引领固本强基、思政铸魂立德树人"工程,筑牢高质量发展根本保证。"五抓五强化"提升基层党建质量。通过抓制度强规范、抓培训强队伍、抓融合强载体、抓品牌强特色、抓考核强责任,不断增强基层党组织引领力,促进党建业务融合发展。建成全国高校党建样板支部1个、省级标杆院系2个、省级样板支部2个。"三融入、三课堂"开展大思政课教育。将学生日常生活、职业发展、政治素养提升融入思政课,打造云课堂、移动课堂、展示课堂"三课堂"教学模式,推动思政课"活"起来,"动"起来,"亮"起来。入选国家级高校思想政工作精品建设项目1项，建成国家级课程思政示范课1门，学校被评为省职业教育"三全育人"典型学校。

浙江旅游职业学院先锋领航，打造立德树人示范校。"先锋工程"推动党建与事业发展互融共促，构建"1133N"党建工作体系，形成"党委领导、总支主导、支部主责、党员主力"党建工作格局；形成"四维合一"的"三全育人"新模式，构建"思政课创优361"模式；实施"双建争先"工程与"四个融合"行动，开展"党建＋业务"双线考核，推行"堡垒＋先锋"两个指数考评，实现教师党支部"双带头人"全覆盖，学生党员发展质量逐年提高，形成"中国服务　先锋领航"党建品牌。获评全国党建工作样板支部2个，入选浙江省清廉学校建设示范校、浙江省职业教育"三全育人"典型学校。

浙江工贸职业技术学院党建统领、固本强基，铸造"大思政"育人新格局。坚持和加强党的全面领导，实施"四个融合"行动，开展"抓院促系，整校建强"工程，校企地党建联建成为典型。建成全国高校党建工作样板支部1个、全省党建品牌7个，党建品牌实现"从0到N"的突破。推进"一个提升、两类课程、三种资源、六大平台"建设，思政育人提质增效。教育部、省教育厅思政精品项目立项数位列省内高职学校第一。五年来，学生志愿服务26000余人次，"疆"来验光师助力共富的故事荣获省国企好新闻奖；培养300多名"00后"瓯潮宣讲员，3名学生入选省委宣传部"00后 talker"，人数位居全省高校第一。

浙江警官职业学院"三大工程"全面加强党的建设。实施政治建校工程，把"政治建校"融入办学治校全过程。铸牢忠诚警魂与立德树人育警理念，实施铸魂育警工程。实施铁军建设工程。造就一支具有铁一般理想信念、铁一般纪律作风的干部队伍。以全国党建工作样板支部为载体，发挥刑事执行高水平专业群战斗堡垒和先锋模范作用。

浙江商业职业技术学院固本铸魂,党建融合事业共同发展。学校构建了以党群服务中心为主体,以教师发展中心、学生发展中心、"教工之家"为重要平台,涵盖多个基层党建资源群的特色党群服务体系,推动党建与师生需求深度融合。学校被认定为浙江省习近平新时代中国特色社会主义思想研究中心调研基地、浙江省英烈文化思政课实践教学基地、浙江省红色文化弘扬基地、浙江省社科普及基地等。学校成为中国职业技术教育学会党建工作委员会副主任单位,打造"全国党建工作样板支部"培育创建单位 1 个,获批首批全省高校示范性党群服务中心培育单位。学校相关事迹多次被主题教育官网、人民网、《中国教育报》等媒体刊登,产生了广泛的辐射影响力。

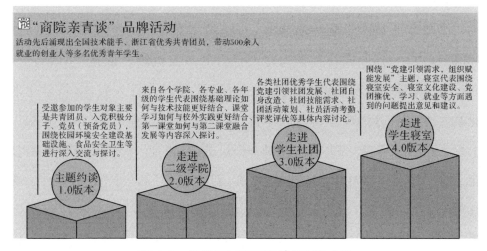

图 1-2　推进"商院亲青谈"品牌建设

浙江艺术职业学院以党建引领推动改革发展。一是以 7 个专项 23 项重点任务为抓手推进铸魂强基专项行动,以"党建统领网格智治"为主线推进基础网格"两张网"建设,学校党委两次被评为省级文化和旅游系统五星级党组织。二是以"立德树人十件小事"示范活动为亮点推进"三全育人",学校入选浙江省职业教育"三全育人"典型学校。三是以五大行动为抓手推进"清廉浙艺"建设，学校被评为"建设清廉单位、创建模范单位"工作先进集体。

2.技术技能人才培养彰显新示范

"双高计划"学校积极适应浙江产业高移趋势，面向区域发展人才多元和质量需求，持续深化"三教"改革，实施区域中高职一体化发展，不断迭代技术技能人才的培育路径和方法，人才培养提质明显。学校获得2022年国家级教学成果奖30项（一等奖5项、二等奖25项），国家教材建设奖17项（一等奖7项，二等奖10项），全国职业院校技能大赛奖项306项（一等奖92项、二等奖132项、三等奖82项）；中国"互联网＋"大学生创新创业大赛奖项59项（金奖9项、银奖16项、铜奖34项）。

金华职业技术学院追求卓越，打造技术技能人才培养高地。一是"五项育人计划"形成具有强大育人合力的落实机制。依托"思政铸魂、通识培基、劳动修身、职涯引领、文化浸润"等五大育人载体，将学生职业素养养成渗透到德育、智育、体育、美育和劳动教育中，累计获省级以上育人项目或荣誉342项。二是"三引领、三融合"培养拔尖型技术技能人才。立足"标准引领、技术引领、创新引领"，注重"德技融合、赛教融合、专创融合"，创设特色小班33个，提炼拔尖人才培养改革案例20个；学生获国家级技能竞赛、科技竞赛奖项259项，获省级及以上创新创业大赛奖项155项。三是"新技术课程群"建设推动职教课程迭代改革。以新技术课程群建设为抓手，深化"课程·课堂·教师三位一体"课程迭代改革模式，取得了国家级课程（15门）、教材（56本）、教师团队（3个）等一批标志性教学成果，改革模式获国家级教学成果奖二等奖。

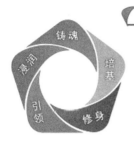

思政教育铸魂计划
● 思政课程品牌
● 课程思政示范项目
● 思政教育研究中心
● 大中小学思政课一体化建设共同体

通识教育培基计划
● "三阶"目标、"三维"模式"四维"空间、"双线"联动
● 模块化课程、集成化资源
● 套餐式修学、闭环式管理
● "你我职业人"系列通识课程品牌

劳动教育修身计划
● "二二一"劳动教育课程体系
● 一个研究中心
● 一项"春泥"计划
● 一批劳动教育品牌
● 一批劳模工匠典型人物

职涯成长引领计划
● 职涯规划与就业指导
● 资助关爱与心理共育
● 精品社团与社会实践
● 国家级创业学院
● 国家级众创空间

优秀文化浸润计划
● 校园文化体系
● "一院一品"文化品牌
● 文化育人基地
● 示范性网络育人阵地
● 网络文化优秀案例

实施"五项育人计划"协同构建职业素养养成体系

图 1-3　职业素养养成"五项育人计划"

浙江机电职业技术学院全链贯通、五育并举,构筑人才培养矩阵"新范式"。贯通"中—高—本—硕"人才培养模式,践行全链条现代职业教育体系。创新实践"双层次多方向"人才培养模式、"公共基础课程＋专业群共享课程＋专业核心课程＋X个职业技能课程"课程体系,牵头实施"1＋X"证书制度,全面启动"浙江工匠成长护航计划",依托"雅士学院"、"秀女学院"、"红色根脉"实践基地、"社团名师＋名社团＋名项目"双创素质教育平台等,培育适应性多样化人才,为浙江"智造"提供人才支撑。建设期内,获国家级教学成果二等奖3项,省级教学成果特等奖2项、一等奖2项,黄炎培职业教育杰出奖2项,牵头教育部首批重点领域职业教育专业课程改革试点,获推首批教育部优质教材2种、线下一流核心课程1门,建成国家级精品社团3个、省众创空间1个,获评省"1＋X"证书制度试点推进办公室单位。

杭州职业技术学院打造"四融三化"育人生态,工匠型人才培养模式领跑全国。一是推进大思政融入育人过程、大实践融入学业生涯、大劳动融入大学生活、大工匠融入技能培养,打造了"是校非校、似企非企"的实践育人环境;二是协同化整合资源,标准化推进内涵建设,品牌化建设专业群,推进"个十百千万"系列工程,强化工匠人才、现场工师等培养,研制了 15 项专业教学标准,辐射引领全国同类专业建设,产出一批国家级成果,人才培养质量大幅提升。

宁波职业技术学院创新"六融合""三认证"育人模式,成为区域技术技能人才培养高地。一是素能融合、书证融通、专创融合、赛教融合、数教融合、学训融合"六融合"人才培养体系成效显著,入选国家级创新创业学院,获国家级大赛奖项 66 项,毕业生省内就业率达 91.86%,留甬率达 60.26%。二是构建专业认证、有效课堂认证、专业技能认证"三认证"体系。率先开发经实证验证的专业认证指标体系,96.25%的教师通过有效课堂认证,建成专业技能考核题库(含 1741 套试题),通过职教省培等方式服务全国高职院校。三是建成国家级教学资源库 4个、各类国家级开放课程 20 门。获国家级教学成果奖 2 项和"全国优秀教材"一等奖 1 项。

浙江金融职业学院深化岗课赛证综合育人,技术技能人才培养高地创造新成绩。课程育人辐射广,建成教育部课程思政示范课程 1 门、省级课程思政示范课程 15 门、主持职业教育国家在线精品课程 4 门、国家精品在线开放课程 2 门。岗课赛证综合育人效果佳,参与研制跨境电商 B2C、智能财税等 6 个教育部"1+X"证书标准。项目化推进书证融通改革,实现"1+X"证书试点专业全覆盖,平均通过率达 95%。学生获第十二届"挑战杯"中国大学生创业计划竞赛金奖,全国职业院校技能大赛一等奖 4 项、二等奖 4 项,其他国家级学科技能竞赛一等奖104 项、二等奖 88 项、三等奖 61 项。多元职教人才培养示范性强,培养金融行业特色订单人才 3000 余人,获 2022 年职业教育国家级教学成果奖 5 项。

温州职业技术学院德技并修育全人,人才培养质量居全国前列。不断迭代创新"学训研创用"一体化育人模式,培养厚德、重技、善创的创新型技术技能人才。一是厚德敦行,双模式培育学生思政素养。构建"一三四五"课程思政教学模式与"五维一体"思政课程教学模式,"课程思政"与"思政课程"同向同行、协同发声。二是学以致用,一体化提升学生职业技能。直面产业数字化生态,围绕"学训研创用",整合数字化设计、数字化制造、数字化商贸三个实训环,重塑实训教学形态,适应数字化背景下创新人才培养要求,形成技术技能人才培养闭环。三是敢为人先,多路径强化学生创新能力。开设"企业家接班人班""创业先锋班""新技术应用 2+1 创业实验班"分层分类推进双创教育。推行"师研生随、师导生创、师生共创"机制,研发反哺教学,提升学生创新创业能力。学生获得双创赛事国家级奖项 15 项,国际、国家技能大赛奖项 245 项,毕业生职业发展与人才培养连续多年稳居全省前三,2022届毕业生起薪等 4 项就业质量指标居全省第一。

浙江建设职业技术学院塑造以人为本的"五育融合"新模式。构建德育为先、智育为本、体育为基、美育为特、劳育为重的建筑类技术技能人才培养和教学标准体系。依托 3 个国家资源库,开展"五活五化"魅力课堂,践行学历教育与职业培训并举,试点 16 个"1+X"证书。学生就业率、在校生人数和用人单位满意度明显提升,在国内发挥积极引领示范作用,2021 年、2022 年学生发展指数连续入围全国百强。

浙江交通职业技术学院紧紧围绕立德树人根本任务,精准对接交通产业转型升级需求,以教学标准、行业标准、技术标准为导向,深化综合交通领域高素质复合型技术技能人才培养模式改革。以专业建设、课程改革、实践教学为重点,健全完善德技并修、工学结合的育人机制,把社会主义核心价值观,劳模精神、劳动精神、工匠精神与创新精神教育贯穿人才培养全过程。以"思政铸魂、数字强技"为主线,聚焦德技兼备、知行合一的高素质技术技能人才培养目标,形成了优质教师团队、优质融媒教材、优质多元教法"三维一体"纵横贯通的"三教"改革范式，打造高效示范引领的技术技能人才培养高势能区域。

浙江经济职业技术学院五育并举、四维融通，校企联合共育卓越人才。以个性化集成式教育服务模式为牵引，实施价值引领、制度引航、标准引路、项目引导、品牌引育的"五引"工程，构筑四级项目建设体系，建立"正向激励、反向约束"的教学管理与评价机制，创建智慧校园体育、双创教育等特色品牌矩阵，创新"德智体美劳"五育并举、"岗课赛证"四维融通的卓越人才培养体系，实现高质量内涵式发展。获国家级教学成果奖 2 项、优秀教材奖 2 项、教学能力比赛一等奖 2 项，打造课程思政项目 1 项、在线课程 7 门、规划教材 23 本、实训基地 2 个。学生获国家级技能竞赛奖项 223 项，2022 年位列全国高职院校大学生竞赛榜单第 22 名，学生就业率持续保持在 98% 以上。人才培养相关经验被《人民日报》等国家级媒体报道 30 余次。

浙江经贸职业技术学院实施"多元成才"计划，打造技术技能人才培养高地。持续完善"三强化"人才培养体系，全面实施"多元成才"育人计划。深化目标导航工程，组织专业（群）建立复合型、拔尖型、创新创业型等多元成才的分类培养目标体系。学生获各类世界性、全国性大赛奖项 25 项。完善人才培养方案，深化"岗课赛证创"融合，根据不同生源类型制定相应的人才培养方案，形成"平台＋模块"分类分层课程体系。健全制度保障体系，完善学分制、"1＋X"证书、模块化教学等管理制度，根据"逻辑班级、教学内容、作业任务"等实施多形式分层化教学。开展"1＋X"证书试点专业 29 个，建成省中高职一体化教学标准 2 项，入选浙江省课堂教学创新校。毕业生中有全国技术能手 1 人、浙江（青年）工匠 4 人。

浙江旅游职业学院五育并举，建成"中国服务"旅游人才培养高地。

构建"四位一体"的课程思政教学体系,以"人文铸旅"工程、"中国服务之美"劳动教育、"阳光体育"行动、创新创业等特色品牌项目提升人才培养质量;实施"四融·五美"魅力课堂行动和教学质量提升"五百工程",形成"四融"旅游人才培养模式;构建"诊断评估-动态调整"的专业(群)建设保障机制,打造纵向贯通的"中高本一体化"旅游人才培养体系。获得国家级教学成果奖等国家教学类标志性成果 67 项。

浙江工贸职业技术学院五育并举、岗课赛证融合,打造技术技能人才培养高地。坚持"四个四"特色人才培养体系,德智体美劳融合发展。立足"四个服务",推动"四链衔接",强调"四种能力",打造"四类课程",打造"浙南烽火""瓯塑技艺"等地方特色课程。学生在各类职业技能大赛、"互联网+"创新创业大赛等赛事中获得省级及以上奖项 672 项。实施园区化产教融合"三教"改革,培养高端技术技能复合型人才。依托政校行企共建的浙江创意园、国家广告产业园等"三园区三基地",实施基于园区化产教融合的"三教"改革,促进岗课赛证有机融合。建成光机电应用技术、创新创业两大国家级职业教育教学资源库,打造国家级课程 8 门、省级课程 39 门,"十四五"规划教材 6 部。获得全国职业院校技能大赛教学能力比赛一等奖 1 项,国家级教学成果奖一等奖 1 项、二等奖 3 项。优秀育人案例在全国职业院校"三教"改革会上交流推广。

浙江警官职业学院"教学练战"培养卓越警务人才和数字安防人才。实施"招录一体、课岗融合、学战交替、训用一体、双元育警"的"实战化"人才培养模式。开展现代学徒制试点、"1+X"证书制度试点,协同安防龙头企业培养现代安防职业技术技能人才。实施标准体系建设工程,推进专业教学标准、课程标准等标准建设。建设"互联网+质量诊改"网络数据平台,构建全面质量管理内部保证体系。

浙江商业职业技术学院提质培优，人才培养质量稳步提升。学校把立德树人贯穿人才培养全过程，全面推进五育并举，将学历证书与技能等级证书相融合、专业教育与创新创业教育相融合、技能竞赛与教育教学相融合，形成了具有显著商科特色的人才培养模式。实施了"课程思政六个进"专项行动计划，实现了课程思政全覆盖，提炼形成了课程思政育人品牌。通过不断完善双创课程体系，挖掘培育高质量双创实践项目，构建了课堂教学、实战训练、指导帮扶、文化引领、协同创新"五位一体"的双创教育生态体系。荣获国家级课程思政示范课程、教学名师和团队1项，获国家级教学成果二等奖3项，职业教育国家规划教材41本，国家级技能竞赛奖项50余项。

浙江艺术职业学院多措并举打造技术技能人才培养高地。一是文化、标准、创新"三个引领"。分步实施"优秀文化浸润计划"，开展"百名校友讲浙艺故事"，凸显名师校友文化效应；领衔研制"国标"，并按照高于"国标"的要求研制专业人才培养方案；构建"三阶段五平台"创新创业教育体系，斩获省级创新创业竞赛佳绩。二是思政教育与专业教学、职业素养涵育与专业技能提升、艺术实践与课堂教学、赛与教"四个融合"。推进课程思政全覆盖，建设艺术大师工作室，凸显"综合展演季"品牌效应，催生"六个一批"教学创新成果，获国家级、省部级65项教学创新成果和290项奖项。三是学制、书证"两个贯通"。逐渐形成多种学制贯通的艺术人才成长"立交桥"，10个专业获得7项"1＋X"证书试点，学校被列入浙江省首批职业技能等级认定机构目录。

3.技术技能创新平台结出新硕果

"双高计划"建设院校从平台建设、团队组建、制度改革等方面强化与企业在技术创新、产品开发、科研攻关等方面的合作，着力打造一批高度融入产业、融入企业行业、融入人才培养的科技创新平台。认定国家级应用技术协同创新中心 18 个、国家级技能大师工作室 4 个；获批浙江省重点实验室 2 个；立项国家自然科学基金项目 16 项、国家社会科学基金项目 19 项；2023 年，横向技术服务到款 3.49 亿元，增加知识产权项目 1285 项，技术产权交易收入 2682 万元。

金华职业技术学院体制破题，打造技术技能创新服务平台。一是实体化、一体化的"532"产教融合平台发展成型。通过实质性整合、混合制投入，建立了"实体化"运营，产学研训创"一体化"运行的产教融合"金华模式"。智能化精密制造产教综合体、人工智能产教综合体等五大特色产教综合体发展成型，实现专业办学在产业土壤中的"自我造血"。立项国家级产教融合项目 4 个、省级产教融合项目 30 个。二是联合体、共同体等全新产科教融合平台起步成势。牵头成立"金义都市区产教联合体"和全国智能电器工具行业、托幼行业、数字建造行业等 4 个产教融合共同体，促进区域及跨区域的产教协同和公共服务优质共享。

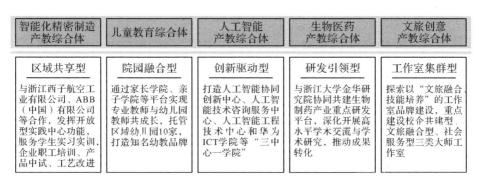

图 1-4　五大特色产教综合体

浙江机电职业技术学院技术攻关、尖兵领雁，提升校企协同创新"新能级"。服务智能制造产业发展，实施"科技强校"战略，以国家级协同创新中心为引领，构建省工程研究中心等"四位一体"科研服务平台，院士领军建成高水平科技团队,承担尖兵领雁项目,解决一批装备制造领域"卡脖子"难题,提升校企协同创新"新能级"。建设期内,建成院士工作室 2 个,获评国家级应用技术协同创新中心 1 个、国家工程实验室工业设计应用中心 1 个、浙江省工程研究中心 1 个,主持省部级以上项目 57 项,其中教育部人文社科项目 4 项、省"尖兵""领雁"重点研发计划 5 项、省自然科学基金项目 3 项、省哲学社会科学重点项目 1 项,发表核心及以上论文 275 篇,授权发明专利 288 件,专利转让 633 件(列全国高职院校第一)。

杭州职业技术学院完善技术技能服务平台体系,技术服务和成果转化能力跃升。一是建成了协同创新中心、工程教学中心、大师工作室、学生创新中心等百余个服务平台。二是提升平台科研和技术服务能力,转化科技成果 105 项,总成交价 5211 万元,为企业带来收益 4.3 亿元。三是强化了知识产权运营和成果转化全流程精准服务,联合杭州钱塘科学城专利开放许可平台等,共同打造"杭职拍"成果转化新高地。

宁波职业技术学院打造多类型技术技能创新服务平台,推动区域产业转型升级。一是创新孵化平台提档扩容。数字科技园引进培育企业 114 家,孵化高端制造业企业 3 家和国家高新技术企业 6 家,园区企业产值累计达 36.87 亿元。二是技术技能积累平台提质增效。建成省级及以上劳模、技师、工匠等工作室 9 个,组织学生面向中小微企业开展技术服务 247 次。三是高端研发平台提级赋能。搭建高端技术研发平台 11 个,参与制订省级及以上技术标准 39 项,授权发明专利 141 件,PCT 或国外专利 25 件。

浙江金融职业学院坚持科教融汇协同创新,技术技能创新服务平台作出新贡献。高水平智库咨询平台建设示范引领,主持国家级科研项目 8 项(其中国家社科基金项目 6 项)、教育部人文社科项目 21 项,累计立项省部级课题 69 个,完成获得省级以上批示采纳咨询报告 33 篇,高质量完成嘉兴市金融业"十四五"发展规划编制,发布嘉兴科技金融发展报告 4 份,参与衢州绿色金融创新试点改革,对接全国首个县级国家综合改革试点(浙江省义乌国际贸易综合改革试点),完成"义乌市出口版块业态升级发展研究"等课题。高水平技术服务平台建设成果丰硕,牵头成立国家级跨境电商综合服务应用技术协同创新中心,打造省部级平台 8 个,中标"浙江省世行贷款项目实践与流域综合治理研究"项目,获杭州综试区跨境电商人才培养最高奖 100 万元。新建行业信用评级指标体系 5 个,制定全国首个融资租赁行业团体标准。

温州职业技术学院立地研发升能级,技术创新服务成全国典范。秉持"研发—创新—转化"的"立地式"科技创新发展理念,有组织推进"科教融汇",科技创新与服务能力居全国高职院校前列。一是提质科技研发平台,打造浙南轻工装备智能技术国家级协同创新中心等一批高能级平台。二是实施科技服务万企,依托运营的温州市企业综合服务平台精准服务企业超 20 万家。三是提升创新创业平台,建立"师研生随、师导生创、师生共创"机制,师生双创能力显著提升。四是升格成果转化平台,成立名创启博温职技术转移转化(温州)有限公司,成果转化成效明显提升。以第一完成单位获浙江省科技进步奖一等奖、中国发明协会创业成果奖一等奖和中国商业联合会科技创新奖一等奖,连续四年发明专利授权数列全国高职院校第一,专利转让数列全国高职院校第一。

浙江建设职业技术学院打造协同创新的技术服务新平台。打造基于政校行企深度融合共建共享的智慧建造虚拟仿真实训基地,建成展现最新智能建造技术的浙里建·未来建造中心混合所有制产教融合基地,吸引企业投入及捐赠 1354.15 万元。立项省厅级课题 130 余个,完成发明专利和实用新型专利 100 余项；开展横向技术服务 104 项；完成培训考证 12500 余人，开展新技术技能培训 70965 人次。

浙江交通职业技术学院秉持"科教融汇"的理念，致力于推动产业发展变革，以高水平科研平台为孵化载体，深化创新发展。依托浙江省数智交通产业联盟，紧密围绕交通运输领域关键技术难题，强化与企业的产学研合作，推动产业链升级。开展有组织的科研活动，充分发挥学校博士、教授及其他科研人员在交通运输领域的科研、创新、发展和应用研究优势，组建科技创新团队，打造协同创新中心，形成人才链。开展科研成果反哺教学研究，引导学生参与科研课题，推进东西部教育援助。构建以政策研究为基础、数智交通和运输安全等协同发展的智力支持体系，通过政策研究、技术研发、国际合作、人才培养等多种方式，全面提升交通职业教育的综合实力和服务能力。

浙江经济职业技术学院聚智共创、服务高端，技术创新推动成果转化。聚焦国家供应链创新战略，打造应用研究、科技创新、社会服务的"三位一体"创新平台，构建有组织、有质量、有成果、有黏度、有效益的"五有"科技创新体系。建设期内立项国家社科基金项目 3 项，为物产中大集团股份有限公司提供智慧供应链系统解决方案 7 个，产生经济效益 2647 万元。建有国家级协同创新中心 1 个、省级技能大师工作室 4 家、技术技能创新服务平台 15 个、科研协同创新组织 50 个。产出高水平论文、学术著作、知识产权等科研创新成果 344 项，技术服务到款 7608 万元，服务产业化增加值达 10255 万元，年均超预期目标 10% 以上。

浙江经贸职业技术学院落实"数商兴农"行动，打造技术技能创新服务平台。发挥高水平专业群优势，创新载体推动"数商兴农"经贸实践。立足系统，打造行业发展智库。搭建"总社—省社—市社—县（区）社"四级服务平台，牵头成立浙江合作经济智库并入选全国供销总社重点智库,为行业发展建言献策。发挥优势,打造协同创新中心。发挥农产品食品研发、安全检测、技术推广等优势,聚力提升专业群集聚度和服务供给能力,建成教育部协同创新中心 3 个。聚焦"三农",打造科技创新团队。健全"省—县(市、区)—校"科技创新服务团队孵化机制,入选全国供销行指委高水平职教科技创新服务团队 1 支,省市级科技特派员 7 人次。强化应用,打造科研成果转化平台。建成县域农产品电商化研究创新平台和"数字商务"众创空间成果转化平台各 1 个,开展横向技术服务 219 项,推广应用技术成果等 237 项,创造经济效益 1.65 亿元。

浙江旅游职业学院互通共融,建成一流文旅产业技术技能创新服务平台。高标准建成中国旅游研究院标准化研究基地、浙江省文化和旅游发展研究院、浙江省文化和旅游智库、浙江省文化和旅游标准化技术委员会、浙江省乡村旅游与乡村振兴应用技术协同创新中心等十大省级及以上产学研技术技能创新服务平台;实施文旅融合赋能工程,构建"校—院—团队"三级协同创新服务机制,产出国家社科基金艺术学项目、旅游国际标准与国家标准、文化和旅游部成果要报等多项标志性成果,成为赋能文旅产业发展的政府智库、行业智囊与学术高地。

浙江工贸职业技术学院创新机制、强化支撑,赋能技术技能创新平台打造。一是打造为产业建设服务的科技创新平台,建立"468＋X"科研平台体系。建优 4 个协同创新中心,6 个重点实验室和重点社科研究基地,8 个企业博士创新工作站,为企业解决"卡脖子"问题 11 项,获得省科技进步奖 4 项。连续两年发明专利授权量居全国高职院校第二、三位,荣登高职科技创新榜全国第四。二是建立"技术研发—成果转化—人才培育"机制,激发创新效能。建立异地科研成果转化中心,攻关"揭榜挂帅"项目,技术交易(含许可)110 项,企事业委托横向项目

418 项,技术服务收入 5388 万元。优化平台科研育人功能,24 名学生担任科研助理,立项师生合作项目 171 项,学生获专利 108 项。在第十八届"挑战杯"全国赛上,获奖项数居浙江省高职院校第一。

浙江警官职业学院科教融汇打造技术技能创新服务平台。发挥"浙江省司法行政研究院"平台功能,推进司法行政特色应用型智库建设。建设"数字法治、智慧司法"研究基地,建成集智慧监狱、智慧戒毒、智慧矫正于一体的司法应用技术创新工场。推进司法技术技能名家工作室建设,开展科技研发、成果转化、技术培训等技术技能交流。

浙江商业职业技术学院协同创新,技术技能服务成果丰硕。学校构建了"平台、基地、项目、团队"四位一体的技术创新服务体系,打造了一批特色鲜明的技术创新服务平台。国家级"冷链物流应用技术协同创新中心"的作用高效发挥,校企协同开展技术创新和人才培养取得显著成果。建成了 20 个技术研发与服务基地,形成了一批助力企业转型发展的技术服务项目。强化项目驱动,组建了一批以科研骨干为领军人物的项目团队。技术创新应用的激励机制更加优化,教师队伍整体实力更加凸显,培育了一批创新成果。累计立项厅级以上课题 310 余项,省部级课题 35 项。承担 370 多家企事业单位委托的横向项目,技术服务到款 3530 多万元,服务区域发展的贡献度明显提升。

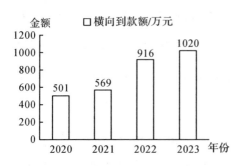

图 1-5 学校横向技术服务到款情况

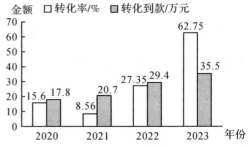

图 1-6 学校专利成果转化和产业应用情况

浙江艺术职业学院围绕资源优势,全力打造技术技能创新服务平台。一是落实《助力全省地方戏曲剧种传承发展实施方案》,打造地方戏曲剧种传承保护服务平台。二是立项非遗与艺术科技研究项目,成立戏曲、音乐、舞蹈、手工艺等学科专业青年研究团队,打造文化行业艺术科技协同创新平台。三是打造剧(节)目创作平台。入选国家艺术基金项目7项、文化和旅游部优秀作品创作计划重点扶持项目1项、浙江文化艺术发展基金项目18项、浙江省舞台艺术重点扶持项目2项、浙江省舞台艺术重大主题创作项目揭榜挂帅项目1项、宋韵文化传世工程1项。四是牵头组织全国中高职艺术院校深化艺术职业教育研究,建设文化艺术职教专家库,连续三年牵头承办文化艺术职业院校课程思政交流展示活动,打造文化艺术与艺术职业教育研究平台。

4.专业群建设展现新作为

"双高计划"学校聚焦浙江省数字经济一号工程、三大科创高地、"415×"先进制造业集群培育工程,发挥21个国家高水平专业群的集聚效应和服务功能,形成灵活、迅速、长效的专业产业对接机制。积极开发模块化课程、项目化资源,形成对接产业吻合度高、资源整合共享度高、人才培养产出度高的专业群体系。

金华职业技术学院集群发展,打造高水平专业群。一是"4222"专业群体系紧密契合区域产业。重构涵盖四大领域、十大专业群的"4222"区域服务型专业体系,推动专业智能化、数字化、绿色化改造,调整专业11个,停招专业12个,新增专业4个;成立航空工程学院,筹建航空维修工程专业群;推进专业群治理改革,增设专业群带头人岗位。二是"343"专业群布局实现高质量梯级发展。实施标志性成果培育、特色成果培育"双培计划",机械制造与自动化、学前教育、护理

3 个"卓越级"专业群综合实力居全国前列，取得国家级标志性成果 273 项；电子信息、网络经济、现代农业、生物制药 4 个"品牌级"专业群综合实力居省内前列，取得省级及以上标志性成果 655 项；智慧建造、文旅创意、新能源汽车 3 个"优势级"专业群在产教融合、社会服务等方面形成特色。

浙江机电职业技术学院聚焦产业、多元协同，建成特色化专业群"新标杆"。聚焦智能制造等高端产业，以"人工智能＋""信息技术＋"推动专业（群）转型升级，重构七大专业群，构建"共建、共享、共用、互通"的教学资源配置体系，与头部企业深度融合，牵头承担教育部高档数控机床和机器人重点领域职业教育课程改革试点，共建基地，共同开发标准及教学资源，充分挖掘专业群优势与特色，建成了"一群一生态"的多元协同专业群发展格局。建设期内，建成中国特色高水平专业群 2 个、教育部骨干专业 7 个，自动化类专业、智能控制技术专业、工业设计专业连续多年位列"金平果"高职专业及专业群排行榜全国同类专业第一，机械制造与自动化专业位列全国同类专业第二，建成国家产教融合工程规划项目实训基地 1 个、教育部生产性实训基地 4 个，开发国家级专业与课程标准 30 个，打造国际互认专业标准 3 套，主编国家规划教材 36 本。

杭州职业技术学院瞄准重点产业集群发展需求，高水平专业群建设成效显著。一是制定了专业群建设规划，创新"产业链—人才链—教育链—创新链"融合机制，形成了"2＋3＋X"专业体系，开设大数据应用等新兴专业 9 个，超 1/3 的专业实现转型，专业与区域重点产业匹配度高。二是实施以"三教改革"为重点的专业群全领域改革，广泛试点"1＋X"证书制度，打造了一批基于"互联网＋"的"金课"，在国家智慧职教平台上线课程 22 门，认定国家精品在线开放课程 2 门、国家规划教材 8 本和省重点建设教材 24 本,开发新形态教材 134 本。三是创新拔尖人才、工匠人才、现场工程师等培养模式改革,产生大批国字号专业建设成果,形成了可推广的专业群建设经验。

宁波职业技术学院精准匹配"361"万千亿级产业集群[①]需求,高水平专业群建设成效显著。一是全面对接宁波市"361"万千亿级产业集群,依托应用化工技术、模具设计与制造 2 个国家高水平专业群,精准服务绿色石化、高端装备 2 个万亿级产业发展。二是建立"分层分类、动态调整"的专业群建设机制,2 个国家高水平专业群的引领辐射作用得到充分发挥。三是示范引领显成效,2 个高水平专业群分列"金平果"2023 年高职专业及专业群排行榜全国同类专业群第一、第二。

浙江金融职业学院构建"2 带 5"建设机制,高水平专业群建设实现新发展。以金融管理、国际贸易实务 2 个国家高水平专业群引领投资保险、会计、工商管理、信息技术、文化创意 5 个高水平专业群建设,推动制度共立、资金共用、平台共建、资源共享、师资共通。担任教育部职业教育专业目录修订财经商贸大类专家组副组长,担任财务会计类、财政税务类、统计类专业目录修订组组长,主持教育部 8 个专业教学标准修订工作,担任全国财经商贸类高职学校高水平建设联盟理事长单位。荣获全国教材建设奖一等奖 2 项、二等奖 1 项(在全国职业院校中居第二位),主持国家专业教学资源库 4 个(在全国职业院校中居第二位),入选"十四五"职业教育国家规划教材 28 本、"十三五"职业教育国家规划教材 20 本。荣获全国职业院校技能大赛教学能力比赛一等奖 2 项、

---

①　2023 年 7 月 25 日,宁波市人民政府印发《宁波市加快打造"361"万千亿级产业集群行动方案(2023~2027 年)》。指出:到 2027 年,在全市培育形成数字产业、绿色石化、高端装备等 3 个万亿级产业集群,新型功能材料、新能源、关键基础件、智能家电、时尚纺织服装、现代健康等 6 个千亿级产业集群,以及一批新兴和未来产业群,完备建立起以绿色化、新型化、高端化为主要特征的"361"万千亿级产业集群体系。

二等奖 3 项、三等奖 1 项。

温州职业技术学院服务产业强内涵,高水平专业群建设属国内一流。坚持"与民营经济互动,与行业企业共赢"的办学传统,致力于专业群内涵建设,专业与产业对接,以制度赋能专业可持续发展。一是服务区域,优布局。聚焦浙江八大万亿级产业和温州支柱产业,以"产业链、岗位群、学科逻辑"组建六大专业集群,培养产业亟需的复合型人才。瑞安校区、永嘉校区围绕当地产业开设智能控制技术、阀门设计与制造等专业,精准服务县域发展。二是协同产业,深内涵。依托教育部协同创新中心等高能级平台,与华为、联通等头部企业合作,实质运作产业学院 10 家,以现代学徒制、订单班等形式与企业联合培养学生每年超500 人。三是制度赋能,强保障。构筑"产业—专业—科研"的顶层设计机制,建立"运行—考核—评价—激励—约束"的中层制度架构、形成以"内涵建设、教学运行、教学保障"为支柱的底层文件体系,保障专业群持续发展。鞋类设计与工艺专业群综合实力居全国第三,电机与电器技术专业群实力跻身全国前三。

浙江交通职业技术学院精准对接交通产业转型升级需求,以"双高计划"道路桥梁工程技术专业群为引领,联合行业龙头企业共建智慧公路产业学院,依托高水平、结构化"双师型"教师团队,建成以国家级生产性实训基地为载体的"校中厂"与以全国首条杭绍甬智慧高速项目部为代表的"厂中校"等一批实践教学基地,开发了国家级课程引领、资源库示范辐射的优质教学资源,率先制定了引领全国智慧公路技术技能人才培养的教学标准,为智慧公路产业累计培养高素质复合型人才4508 人。

浙江经济职业技术学院融入生态、优化结构,集群发展领跑全国同行。坚持"对接产业,服务区域"原则,聚焦供应链集成服务行业生态,优化调整专业结构布局,打造物流管理、智能商务、数字信息、金融投资等七大专业群,形成"一体两翼四流三基"的供应链专业集群(见图 1-7),为供应链集成服务生态圈提供全链条人才培养解决方案。立足"高原上起高峰",积极响应数字化发展战略,以"跨院互动、资源集成、共建共享"为支撑,以"三教改革"为核心,深化专业群全领域改革,物流管理专业群综合实力全国领先;辐射带动汽车检测与维修技术等省级高水平专业群建设,综合实力稳居省内前列。获国家级、省级教学成果奖 6 项。

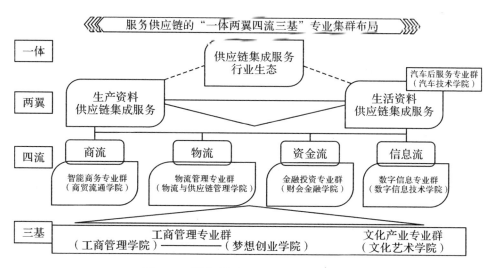

图 1-7 服务供应链的专业集群布局

浙江经贸职业技术学院推进"四力提升"工程,打造高水平专业群。围绕浙江省主导优势产业和供销行业发展规划,持续提升专业群综合改革力、集成发展力、社会需求适应力和协同创新力。优化布局,建成七大专业群。主动适应区域经济发展,紧盯高端产业和产业高端,多措并举建成电子商务、食品检验检测技术等七大专业群。完善机制,实施专业动态调整。构建"分类建设、动态调整、多方协同"的专业群发展机制,升级和新增专业(专业方向)13 个,制定专业群建设规范及标准 1

套。协同创新,实现专业群与企业优势互补。成功打造国家高水平专业群 1 个、省高水平专业群 2 个,建成国家级骨干专业 6 个。

浙江旅游职业学院"四维合一"①,打造现代导游专业群标杆。以全国旅游类示范专业导游专业为核心,融合智慧景区开发与管理、电子商务、研学旅行管理与服务三个专业,组建导游专业群,成立现代旅游行业产教融合共同体,构建"技能迭代、跨界融通"复合型导游人才培养模式,获国家级教学成果奖、全国职业院校技能大赛奖项等 5 项,入选国家级职业教育教师教学创新团队、职业教育示范性虚拟仿真实训基地等国家级项目。

浙江工贸职业技术学院链接产业、服务高端,打造高水平卓越专业群。链接区域传统优势产业及战略性新兴产业,动态调整优化专业布局。紧密围绕浙江省"八大万亿产业"②和温州"5+5+N"产业集群③,动态调整与设置 37 个高职招生专业(含 1 个中外合作办学专业)、1 个四年制本科专业和 2 个"专升本"本科专业。优化组群逻辑,强化龙头引领,健全"1+1+3+4"专业群体系。专业群同区域市场需求更加适应、同地方产业结构更加匹配,形成具有"学科相通性、产业衔接性、岗位相关性、优势引领性"的"浙工贸范式",多次在全国职教会议上推广。

浙江商业职业技术学院示范引领,高水平专业群彰显特色。学校通过深化电子商务专业群产教融合,实施多元协同的人才培养模式改革、模块化项目实战教学改革与专业群数字化改革与建设,开展专业群数字化教学资源、云智慧学习中心、国家规划教材、国家教学团队、全国

---

① 指构建先锋领航、四融并进、以文化人、数字赋能的育人模式。
② 指浙江重点发展的信息、环保、健康、旅游、时尚、金融、高端装备制造和文化产业。
③ 分别是五大传统产业,即电气、鞋业、泵阀、汽车零部件和服装;五大战略新兴产业,即数字经济、新材料、智能装备、新能源和生命健康;"N"则包括建筑业、预制菜、生产性服务业和各县(市、区)重点产业等。

电子商务职业教育数据中心、世界数字商务发展历程展示馆、元宇宙技术技能服务平台等系统化建设,全面完成"二个引领、三个示范、四个高地"的建设任务,把电子商务专业群建设成复合型人才培养改革创新的引领者、模块化教学创新团队建设的引领者,使专业群教学标准、课程体系、教学资源、技术技能平台、思政育人平台等在全国范围内具有示范引领作用。

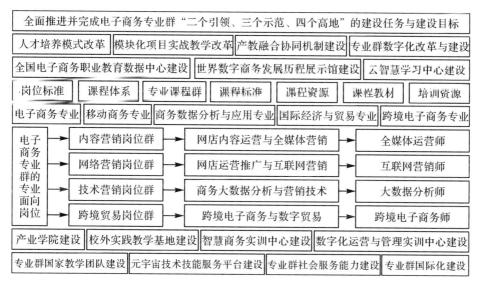

图 1-8　电子商务专业群建设内容与建设路径

　　浙江艺术职业学院专业群建设特色彰显。一是按照"重点建设表演艺术类专业,巩固提升广播影视与艺术设计类专业,加快发展民族文化艺术与文化服务类专业,扶持拓展艺术特色教育类专业"的思路优化专业结构布局,"以群建院"设立 7 个二级学院和附属中专(浙江艺术学校),组建 8 个专业群。二是通过专岗融通、标准互融、"双师"兼融、平台融合、实践融汇,创新"五融"专业群资源富集共享机制。三是通过戏曲表演国家级高水平专业群和舞蹈表演省级高水平专业群为引领,持续建设 5 个国家级骨干专业和 9 个省级优势特色专业,丰富专业建设内涵。

5.高水平"双师"队伍激发新活力

"双高计划"建设院校通过优化教师队伍结构、增效教师培养培训、加强双师团队建设、健全教师考评来提升"双师"队伍整体水平，造就了一批"结构化、高水平、实力强"的"国字号"创新团队。入选国家"万人计划"教学名师 6 人；打造新时代职业学校名师（名匠）名校长培养基地 1 个、国家级职业教育教师教学创新团队 22 个、全国高校黄大年式教师团队 6 个、国家级职业教育"双师型"教师培训基地 29 个；获全国职业院校技能大赛教学能力比赛奖项 42 项（一等奖 25 项、二等奖 13 项、三等奖 4 项）；立项职业教育教师教学创新团队课题 20 个。

金华职业技术学院师德为先，打造高水平"双师"队伍。一是"双峰计划"铸强高层次专业带头人队伍。"尖峰计划"创新引才机制，实施分层分类人才引进，引进专业带头人等高层次人才 62 人；"攀峰计划"营造人才培育氛围，特聘攀峰学者、杰青、晨星三类人才共 74 人。二是"双百双千计划"铸优高技能工匠之师。"百工首席计划"培育首席技师 100 名；"百师致远计划"选派 33 名骨干教师赴国外访学交流；"千师入企计划"实现"双师"比例达 90％以上，培育省访问工程师、访问学者 186 人；"千匠助教计划"聘请兼职教师 400 余人。三是多维平台支撑筑实高水平教师发展之基。构建"中心—基地—团队"多维平台支撑运行体系，与 17 家企业共建"双师型"教师培训基地，入选国家级职业教育"双师型"教师培训基地 3 个。

浙江机电职业技术学院师德为先、分类培育，锻造"双师型"教师团队"新引擎"。以高层次人才引培和"双师"素质提升为"双师"队伍建设抓手，实施"大师引领、分类评价、闭环推进、实践提升"的"双师"建设工程，创新"院士领衔、专兼结合、分层认定、目标管理"的大师名匠引进制

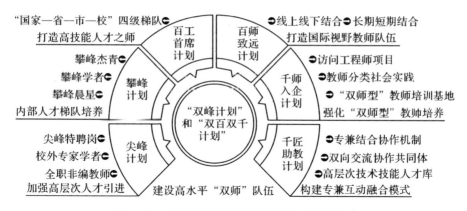

图1-9 "双峰计划"和"双百双千计划"

度,组建"师德为先、名师主导、'双师'主体、二级递进"的教师团队。建设期内,新增国家级职业教育教师教学创新团队2个、全国高校黄大年式教师团队1个、全国技术能手3人、省级职业教育教师教学创新团队4个、第三批省部属企事业高技能人才创新工作室3个,培育浙江省"万人计划"教学名师3人、浙江工匠2人、青年工匠4人等。

杭州职业技术学院引培并举提升"双师"队伍活力,高水平"双师"队伍建设成效显著。一是立体化重构"双师"队伍,校企共建"双师"培育基地、技师校内工作站、教师企业工作站,组建多类型教师创新团队60个,培育国家级职业教育教师教学创新4个、省级职业教育教师教学创新5个。二是标准化引领教师发展,研制各类教师发展标准10套。三是全员性提升教师专业素质,完成教师五年一周期的全员轮训。四是靶向性推行人才高地计划,培育专业群领军人才8名、名师名匠120名、"国字号"人才23名。五是颠覆性构建人才激励政策,建立分层分类的岗位业绩评价标准,完善教师职称评聘、绩效考核制度体系。

宁波职业技术学院实施"五位一体"培育工程,"金师"建设取得新突破。一是实施职教教学能力、专业实践能力、社会服务能力、学科专业能力、国际交流能力"五位一体"培育工程,培养国家"万人计划"教学名师 2 名、教育部"新时代职业学校名师"1 名、全国技术能手 4 名,获国家级竞赛二等奖及以上奖项 18 项。二是升级"双师双能双语"教师发展标准体系,近 5 年吸引 107 所兄弟院校来校考察交流。三是校名师和企共建国家级职业教育教师教学创新团队 2 个、教育部课程思政教学团队 1 个。

浙江金融职业学院筑巢引凤结合,"双师"队伍实现新提升。深化"项目驱动、跨界合作、绩效考核"的师资培养机制,新增国家"万人计划"教学名师 1 人(共 2 人)、享受国务院政府特殊津贴专家 1 人、全国技术能手 1 人,国家级职业教育教师教学创新团队 1 个、全国高校黄大年式教师团队 1 个,黄炎培职业教育杰出校长 1 人、杰出教师 1 人。入选国家级职业教育"双师型"教师培训基地 3 个、国家级职教创新团队建设典型案例 1 个、全国职业院校"双师型"教师队伍建设典型案例 1 个。新增省级职业教育教师教学创新团队 3 个、省高校黄大年式教师团队 1 个、省中高职一体化教师教学创新团队 1 个,省"万人计划"教学名师 1 人、省杰出教师 1 人、师德标兵 1 人,省黄炎培职业教育杰出校长 1 人、杰出教师 2 人。8 名教师入选全国行业职业教育教学指导委员会、教育部职业院校教学(教育)指导委员会。

温州职业技术学院外引内培筑梯队,"双师"队伍水平持续跃升。坚持全员引才、全程育才、全面用才的"三全"理念,打造大师领衔、专兼结合、视野高端、比肩国际的高水平"双师"队伍。一是全员引才,实现工作机制创新。构建由学校引导,以院系为主体、全体教师积极参与的"全员引才"工作机制,完善二级学院引才激励考核机制,实施人才工作月报制。通过校企共享大师、项目合作、技术入股、一事一议、协议工资制等,引进大师名匠。二是全程育才,实现分层多元发展。以教师发展中心为依托,健全"国—省—市—校"四级名师和团队培育模式,完善进修培训、研发创新、产教融合等 3 个平台功能,提升职业能力、研发能力、行业影响力。三是全面用才,深化人事制度改革。聚焦"双师"素质,制订向"高精尖缺"人才倾斜的职称评聘办法,完善年度考核、聘期考核、专业考核和部门考核"四位一体"的绩效评价体系,建立以专业群为核心的二级管理体系。全职引进国家"万人计划"领军人才 2 人,柔性引进各类国家级领军人才 34 人、乌克兰院士 2 人,培育省"万人计划"杰出人才等 30 人。新增全国高校黄大年式教师团队 1 个,国家级职业教育教师教学创新团队 3 个及国家级职业教育"双师型"教师培训基地 1 个。

浙江建设职业技术学院推进强能培优的师资建设新机制。建成国家级职业教育教师教学创新团队 2 个、省级职业教育教师教学创新团队 2 个、校级职业教育教师教学创新团队 8 个,形成了"国家级—省级—校级"职业教育教师教学创新团队格局;学校教师获得全国优秀教师等国家级奖项的有 2 人,获浙江省师德楷模等省级及以上荣誉的有 13 人。

浙江交通职业技术学院通过深入实施师德建设强基、引领、固本、力行、示范"五大工程",纵深推进"633"人才计划,健全完善教师评价体系,构建了教师引进、培养、管理和考核的全链条,人才队伍规模稳步扩大,结构持续优化。经过五年的建设,建立"双帅型"教师培养基地 51 个、大师工作室 20 个、"双师"结构教学团队/职业教育教师教学创新团队 11 个,引培专兼结合专业带头人 87 名,引聘行业权威、企业领军、高技能大师人才 52 名,牵头组建浙江省职业教育师资专家库和交通运输行业智库(人才库),建立"兼职教师师资库"并吸纳成员 1014 人,多形式选派专业带头人、骨干教师等参加国(境)外培训达 62 人次,专任教师双师双岗率达 83.9%,选派教师参加"1+X"职业技能等级证书培训达 88 人次,建立企业教师工作站 50 个,完成教师任职和发展标准、校企人才共享、"双师双岗"教师培养和"双师型"教师培养培训基地建设、企业工作站建设与运行等体制机制建设,有效推进了学校高质量发展。

浙江经济职业技术学院双向融通、引育并举,创新团队树立行业标杆。坚持人才强校战略,开辟"标准先行、机制创新、生态完善"高水平"双师型"教师团队建设新路径,承担教育部创新团队课题,研发"一德四师三能"素质能力模型并获推广,创新"内培外引、双轮驱动"引育机制和校企双向流动机制,实施高层次人才引育、"双师"多能提升、兼职教师建强、师资保障优化等四大工程,构建多方参与、多元支撑的教师专业化发展生态体系,形成 2 个国家级、7 个省级、20 个校级的三级团队体系。现有各类领军人才 13 人,全国技术能手 4 名,入选全国行业职业教育教学指导委员会委员人数居全国第八、浙江第一。建有国家级职业学校"双师型"教师培训基地 2 个,国家级职教创新团队建设典型案例 1 个。

浙江经贸职业技术学院实施"五航五力"计划,打造高水平"双师"队伍。创新"五航递进"模式,畅通教师分层培养通道。构建新教师"启航"—青年教师"护航"—骨干教师"续航"—专业带头人"领航"—高层次人才"引航"的"五航"递进培养模式。打造国家级职业教育教师教学创新团队 1 个、国家课程思政教学名师团队 1 个。开展"五力提升"行动,构建教师分类培养"矩阵"。协同实施教育教学、"双师"素质、团队创新、国际合作、兼职教师五项能力提升行动。培育省部级以上高层次人才 117 人次,享受国务院政府特殊津贴专家 1 名,浙江省有突出贡献中青年专家、杰出教师、"万人计划"教学名师、技术能手各 1 名,浙江(青年)工匠 4 名。完善等效评价机制,护航"双师"队伍发展。完善评聘标准、分配激励等制度 19 项,学校获评省级教师发展示范中心,入选全国高职院校教师教学发展指数排行榜前 100 强。

浙江旅游职业学院分层分类,建设高水平"双师双能"师资队伍。开展"158"师资人才行动计划,立项并开展浙江省深化新时代教育评价改革试点,构建"校级—省级—国家级"分级递进的高水平结构化团队培育模式,推行"三维合一"教师考核评价体系,获得国家级职业教育"双师型"教师培训基地、国家级教师教学创新团队、全国高职院校教师发展指数优秀学校等荣誉。

浙江工贸职业技术学院师德为先、创新发展,打造高水平教科研创新团队。一是机制创新,激发教师队伍发展内生动力。率先研制与实践《"双师型"教师专业发展标准》并广泛推广应用,建设国家级职业教育"双师型"教师培养基地 1 个,"双师型"教师占比达 87.23%。改革专业技术职务评聘办法,建立重大成果直聘和替代途径。构建"四级四类四平台"的教师团队建设体系,培育出以全国黄大年式教师团队为领衔的国家级教师团队 3 支,获全国职业院校技能大赛教学能力比赛一等奖。二是引培结合,创新"旋转门"机制。实施"五子"工程,开启"双师"凯旋门。完善兼职教师队伍建设与管理办法,出台《产教教授聘任与管理办法》,研制"技能型"教师专业技术职务评聘办法。引培并举,师资数量增长 62%,引培博士 40 人,增长 286%,引培高技能人才 40 人,增长 208%。

浙江警官职业学院"双师型"教师培训基地锻造"能教善战"教师队伍。实施青蓝工程、远航工程、深蓝工程,锻造具备绝对忠诚的政治素质、"忠勇严实新"的职业精神、"教学练战"的能力素质、人民教师和人民警察双重身份的高水平"双师"队伍。构建入职培训和在职研修的"双师型"教师全面成长体系,建立以业绩贡献和能力水平为导向的评价机制，建立分层分类师资队伍培训培养体系。

　　浙江商业职业技术学院引培并举，教师团队建设成效显著。学校构建并完善师德师风建设和教师专业发展两大体系，深化"耕漠""乃器"人才强校计划，一体推进双师素质提升、高层次人才队伍建设、教师创新团队培育、"双百""双导师"引领等四大工程，推动师德师风建设与教师专业发展有机融合，教师团队协同发展与教师个性化成长同向共进，教师教学、科研和社会服务能力不断提升。建成一支师德高尚、学识渊博、技艺精湛、结构合理、数量充足、专兼结合的高水平"双师型"教师队伍，为学校高质量发展提供坚实的师资队伍支撑。学校入选全国高职院校教师发展指数优秀学校。

图 1-10　深化"耕漠""乃器"计划，培养良师名匠

　　浙江艺术职业学院高水平"双师"队伍建设成效显著。一是打造明德之师。以网格化预防预警机制建设为抓手大力推进师德师风、艺风艺德建设。二是打造名匠之师。全校高级职称教师占比 43%，获国家级人才称号者 3 人、省级人才称号者 13 人、市级人才称号者 23 人，其中浙江省特级专家 1 人，形成"领军人才""浙艺名师"建设格局；两批次承担浙江省舞台艺术"1111"人才培养计划，其中 1 人获中国戏剧"梅花奖"榜首。三是打造高水平团队。立项建设 2 支省级教学创新团队、11

支省级文化创新团队。四是打造"双师"发展平台。推进教师专业技能考核和教学能力考核"全覆盖",培养省、校两级专业带头人,试点开展"优课优酬",构建"青年教师—骨干教师—专业带头人—教学名师"职业发展路径。

6.校企深度合作呈现新气象

强化部门和行业指导,成立13个省级职业教育行业指导委员会,指导行业企业深度参与职业教育。"双高计划"建设院校在与企业共同育人、共建机构、共享资源等方面不断改革进取,促进校企发展共赢。获评全国示范性职教集团(联盟)培育单位7个;联合经济开发区、高新园区,会同龙头企业,组建16个市域产教联合体,培育首批国家级市域产教联合体1个;筹划现场工程师培养项目62个、开放型区域产教融合实践中心82个、生产实践项目79个。

金华职业技术学院协同共融,提升校企合作水平。一是多形态的产教融合平台建设持续深入。3个职教集团(联盟)和2个特色产业学院形成特色模式。浙江省现代农业职教集团以"培训＋考证"等形式培育农创客型人才;新能源汽车产教联盟开展区域工匠"双基地轮训、分阶段培养";浙中医养健康职教联盟探索"院中院、课中课"的医教协同培养模式;金义网络经济学院构建"产业学院＋集团＋教学公司"的运教融通教学模式;智慧建造产业学院探索"1＋1＋N"产学研联合体新模式。二是现场工程师学徒制内涵不断深化。实施"一企一方案,一人一课表"的高质量现代学徒制,形成基于"园区课程"改革的现场工程师培养、"工字育人"智筑新工匠培养等新模式。累计开设现代学徒制班225个,培养学生7818人。

浙江机电职业技术学院四方联动、互融共生,打造产教融合高地

"新样板"。政校行企四方联动，发挥中国长三角智能制造职教集团会长单位等优势，牵头组建全国数字化设计与增材制造行业产教融合共同体，推行"双元五共"现代学徒制校企协同育人新机制，打造国家产教融合实训基地、现代工匠精神传承基地等，持续开发校企双元教学资源，全面提升校企合作水平。建设期内，建成国家产教融合实训基地1个、职业教育示范性虚拟仿真实训基地1个、教育部智能制造创新实践基地1个、教育部行业产教融合共同体1个、开放型区域产教融合实践中心1个、校企合作典型生产实践项目1个、现场工程师项目2个、省产教融合示范基地1个、省产教融合项目（实训基地）6个、省产教融合联盟1个、省"五个一批"产教融合项目6个。

　　杭州职业技术学院迭代升级校企共同体多元模式，校企合作水平和范式示范全国。一是推动校企命运共同体研究智库建设，研制省部级现代职业教育体系改革政策文件，促成一批国家（省市）层面政策法规出台，发布操作标准、团体标准6套。二是持续擦亮校企共同体"金字招牌"，多元发展模式成为全国标杆。推进行企校、政行企校、政园企校合作，入选全国首批国家级市域产教联合体（全国仅28个，浙江仅1个）。三是实施混合所有制办学，为全国高职教育改革提供"杭职经验"。与嘉兴市海宁市许村镇人民政府、家纺人才协会等四方共建"杭海龙渡湖时尚产业学院"，与杭州安恒信息技术股份有限公司共建杭州数智工程师学院，成立混合所有制运行公司，形成了混合共建、委托共管、发展共赢的混合所有制办学"杭州模式"。

　　宁波职业技术学院政校行企多方协同，形成产教深度融合新生态。一是牵头共建市域产教联合体1个，全国模具、物流与供应链等行业产教融合共同体3个，助力16家企业成为省级及以上产教融合型企业。二是宁波智能制造职教集团实体化运作持续推进，入选全国示范性职教集团（联盟）培育单位。三是深化校企协同育人，36 个专业开展现代学徒制人才培养，开设订单班 65 个，入选教育部产教融合校企合作典型案例等校企合作案例 16 个。

浙江金融职业学院深化产教融合，校企合作获得新成效。牵头成立全国普惠金融行业产教融合共同体，共建中国（杭州）跨境电子商务综合试验区产教联合体。参与建设杭州市经济技术开发区产教联合体，入选教育部第一批市域产教联合体。深化浙江金融职业教育集团建设，建成 10 个产业学院。建成国家级生产性实训基地 2 个、入选教育部产教融合校企合作典型案例 3 个，建成省示范性职业教育集团 1 个、省高职学校产教融合示范基地 3 个，建成省级产教融合实习实训基地 1 个、省级产学合作协同育人项目 18 项。

温州职业技术学院链接融合促共生，协同育人生态不断优化。以"机制、载体、路径"创新，构建"三创新、四深化"工作机制，打造校企合作命运共同体。一是深化校地关系，打造战略共同体，吸引县级政府投入超 30 亿元，形成"东西南北中"多校区办学布局。二是深化多元关系，打造治理共同体，构建职教共同体、联盟、产业学院等多元融合载体，实现了"五链融合"。三是深化校企关系，打造育人共同体，以育人为切入点，重构校企合作机制，高水平打造产教融合基地。四是深化科教关系，打造利益共同体，提升科创合作能级，技术共研和成果转化位居全国前列。荣登 2023 年度全国高职院校产教融合竞争力 50 强，入选首批国家"教育强国"项目，获评国家示范性职教集团（联盟）培育单位。

浙江建设职业技术学院培育深度融合的产教融合新生态。以政校行企共建的国家示范性职教集团（联盟）培育单位——浙江省建设职业教育集团为基础，牵头成立国家数字建筑行业产教融合共同体、浙江省建设行业产教融合共同体等；搭建具有行业影响力的产业学院 9 个、行业联合学院 8 个、企业特色学院 6 个，连续入选全国高职院校"育人成效 50 强"、东部地区产教融合卓越高等职业院校 50 强等。

浙江交通职业技术学院精准对接浙江省智慧交通产业发展前沿的人才需求，创新"政校企·产创研"六位一体合作模式，建立园区、校区、厂区"三区联动"发展机制，构筑对接现代交通产业体系的"双元双驱、分类多元"复合型学徒制培养体系，形成一套具有交通特色的校企命运共同体运行方案，提高学校交通职业教育与浙江交通产业发展的适配度，有效激发交通产业链上企业主动融入职业教育的积极性和活力，获得"中国产学研合作促进奖"。

浙江经济职业技术学院协同共生、双元育人，突破机制实现互利共赢。以首个产业学院为载体，持续创新产教融合实践，完成混合所有制产业学院提档升级，牵头成立全国智慧物流供应链行业产教融合共同体，共建产业学院 10 个、技术技能研发与传承中心 12 个、紧密合作项目 41 个，全面提升校企合作水平，实现校企双主体育人全覆盖。产业学院创新做法入选教育部校企合作典型案例，在金砖国家职教国际研讨会和《中国教育报》等媒体上推广，为中国特色校企合作机制提供创新样板。入选省产教融合联盟、东部地区产教融合卓越高等职业院校 50 强。

浙江经贸职业技术学院深化"四方合作"体制，提升校企合作水平。深化学校、供销社、政府、行业企业四方合作体制改革，构建适应区域经济发展的产教融合格局。塑造共同愿景，健全"四方合作"办学体制。健全"三级联动、四层互访、五级会商"产教融合长效运行机制和"校外沟通、校内协同、专业群诊改"校企合作管理机制，推动校企合作项目有效落地。迭代产教组织形态，打造产科教融合综合体。校地、校行、校企、校研多方联动,牵头成立全国数字经济与农业流通产教联盟、全国新一代计算机应用行业产教融合共同体,建成"经贸—钱塘"产教共同体5个、产业学院16个、省级产教融合示范基地2个。培育"一群一品",推动形成多元协同育人新格局。以专业群为载体,以项目为驱动,建成7个特色鲜明的专业群校企协同育人品牌,共建现场工程师等校企协同育人项目65个(其中省级项目14个),现代学徒制试点专业占比达66.7%。

浙江旅游职业学院产教融合,拓展校企命运共同体建设新路径。推行"人才共育、过程共管、成果共享、责任共担"的紧密型合作办学机制,形成以浙江旅游职业教育集团为龙头,辐射建立现代旅游行业产教融合共同体、长三角旅游职业教育联盟和浙江省旅游产业产教融合联盟,建设覆盖旅游全产业链的现代产业学院、"省级—校级—二级学院"三级协同创新中心以及具备企业真实生产场景的生产性实训基地等多形式的校企合作实体,入选国家示范性职业教育集团(联盟)培育单位。

浙江工贸职业技术学院协同共建、两翼突破,构建产教融合新生态。一是深化产教融合机制创新,开展现代学徒制人才培养。牵头成立全国职业教育光电技术专业联盟、长三角眼视光技术职教联盟。校行企共建眼镜产业学院、亚龙智能制造产业学院、360数字安全产业学院等一批特色产教融合平台;4个专业通过教育部现代学徒制试点验收;"基于'工匠工坊'软件技术专业现代学徒制实践探索"等3个案例入选浙江省学徒制典型案例;获批2个国家"首批教师实践流动站试点建设单位";入选省产教融合项目16个。二是政校行企协同推进,构建产教融合"一体两翼"新生态。作为主要发起者联合世界500强企业和"双一流"高校等成立全国金属新材料产教融合共同体,率先成立全省首个温州湾新区产教联合体,搭建理事会领导下的人才培养"立交桥",

校企合作水平跃上新台阶。

　　浙江警官职业学院借助职业教育联盟(集团)推动校企深度合作。建立监狱行业合作体制机制、法院司法警察合作教育体制机制和全国安防职业教育联盟,构建共商共建共享的校行(校企)命运共同体。与省监狱管理局建立双元主体、警教融合运行机制;与最高人民法院政治部司法警察管理局创新法院司法警察合作教育体制机制,构建全国法院司法警察教育培训平台;借助联盟平台,开展校政企协多方合作交流。

　　浙江商业职业技术学院机制共建,校企合作协同互融发展。学校打造国家级示范性职教集团平台,完善具有商业素养的复合创新型人才的职业教育现代学徒制,构建"双主体,三融合,四进阶"育人模式,形成专业建设与产业发展良性互动机制。学校专业布局与区域主导产业紧密对接,与多家龙头企业合作推进双主体产业学院、引企入校、产教融合基地建设,产教融合育人机制不断完善,校企双主体育人质量稳步提升,行业、专业影响力和贡献度日益增加,服务区域经济能力与服务产业发展能力不断提升。

图1-11　对接"五高一多"行业龙头企业,深化产教融合校企协同育人

　　浙江艺术职业学院校企合作深度融合。一是深度推进现代学徒制人才培养,增设"小百花班""宋城班""浙昆班"等10个班级,顺利通过

教育部现代学徒制试点验收。二是校政企协力打造"山水课堂""浙艺金鸽电影节""文艺赋美"等品牌,形成长效机制。三是牵头成立长三角戏曲产教联盟、舞台美术行业产教融合共同体、文化共富产业学院、非遗创意产业学院,加强校企合作项目的顶层设计与落地实施,在人才培养、艺术实践、课程开发、社会培训、旅游演艺、剧场运营等方面催生合作成果。四是实施校属企业体制改革,成立学校直属独资企业,促进演出实践成果转化及市场化运作。

7.服务发展能力实现新提升

"双高计划"建设院校主动融入乡村振兴、东西协作等国家战略,积极服务浙江经济社会发展,面向全体社会成员开展职业培训超过221.9万人次,有效提升中低收入人群再就业、创业能力;助力解决地区差距、城乡差距、收入差距,对口帮助浙江山区26县和5岛县职业教育,形成了一批校地携手的好经验、好模式。积极与新疆、青海学校结对帮扶。

金华职业技术学院精准供给,提升服务发展水平。一是服务国家亟需,攻克"卡脖子"难题。瞄准小微型柱塞泵、智能农机收获装备等领域的"卡脖子"技术开展攻关,获2项省级科技进步奖。创新"人才＋技术＋项目"服务模式,建立科技创新平台32家,为千余家企业解决技术难题,实现成果转化96件,科研服务到款1.39亿元。二是服务终身学习,"5＋N"学院规模发展。政校行企合作共建乡村振兴学院、退役军人学院等五类学院,以及老年学院、家庭教育学院等"N"所学院,连线成面形成规模化效应,开展培训项目4000余项,培训学员167万人天,扩招社会生源2275人。三是服务东西协作,精准扶贫量大面广。实施"中西部学子成才工程",招收中西部学生3323人;落实教育部对口支援西昌项目,结对援建中西部院校 50 所,面向百余所中西部院校培训教师 4200 余人。

| 01 浙江省农作物收获装备技术重点实验室 | 02 金华市病原生物检测试剂高新技术研究开发中心 | 03 金华市智能信息感知与处理高新技术研究开发中心 | 04 金华市现代农机装备高新技术研究开发中心 | 05 金华市绿色建筑材料高新技术研究开发中心 |

图 1-12　以学校为主体的部分科技创新平台

浙江机电职业技术学院量体裁衣、持续发力,塑造社会服务品牌"新名片"。依托国家级培训基地,整合优质培训资源,构建产教深融、协同育人的高水平社会培训服务体系。以市场为导向,围绕"制造强国"、职教改革等主题,采用点对点、委托合作培训、项目制等模式,开展"量体裁衣"式精准培训。完善"互联网+"培训服务平台,形成"'国字号'基地引领、省级基地筑台"的培训服务矩阵,塑造社会服务品牌"新名片"。建设期内,入选高等职业院校服务贡献 50 强、全国职业院校校长培训基地、教育部职教师资教学创新团队培训基地、国家级职业教育"双师型"教师培训基地。社会服务创收额 2.33 亿元,社会培训服务总规模 108.42 万人·天,开发各类培训新项目 59 个,建立"1+X"证书或行业证书认证培训基地 8 个,连续 10 年举办国家级技能大赛,社会服务专项考评在省内同类院校中位居首位。

杭州职业技术学院服务共同富裕和技能社会建设,社会服务能力和水平大幅提升。一是办好一所"市民大学",服务市民终身学习。创建融善老年大学,招生1500余人,获评为浙江省级社区教育示范性基地。二是建好一个"产学研中心",推动技能型社会建设。高水平建设12个行业培训中心,优化公共实训基地运行模式,完成各类技能培训34万余人次。三是兴办一所"乡村振兴学院",助力共同富裕。联合中华职业社共建乡村振兴领航学院,完成乡村振兴带头人、技术技能培训926人次。四是打造一批"品牌培训项目",助力职教高质量发展。建成以全国职业学校师资培训等为特色的10个社会服务品牌项目,入选全国职业院校校长培训基地,社会服务到款额超1.46亿元。精准扶贫获"温暖工程实施二十五周年优秀组织管理奖"。

宁波职业技术学院构建多样化社会服务体系,服务贡献能力显著增强。一是深耕"生产生活一线科研",培育科技特派员36名、科技经纪人35名,实现技术转让112项,为企业解决关键技术难题378项,产业化增加值累计118亿元,横向到账经费1.2亿元。二是搭建"校—院—专业"三级培训网络,开展各类职业培训144.6万人次。三是对口支援新疆、青海等地12所职业院校,开展教改指导、教师培训等1380人次,帮扶困难学生400余人,资助金额1195.3万元。四是传承非遗文化,入选中国工艺美术大师传承基地1个、省社科普及基地2个,非遗作品获国家级、省级奖项42项。

浙江金融职业学院彰显金融特色,助推区域发展输出新动能。强化金融公益服务,与中国证监会、中国证券业协会、中国银河证券合作共建浙江省证券期货投资者教育基地,获批全国证券期货投资者教育基地(全国高校中唯一独立牵头院校),组织金融风险防范教育等活动208场,服务14.6万人次。助力信用浙江建设,为10856家企业提供资信评估服务。强化社会培训,组织培训750场,培训

58.546 万人次，立项教育部学习型社会建设重点任务 1 个，入选省级示范性职工培训基地等 2 个。深化对口支援，作为首批援青的高职院校，勇做职业教育对口支援排头兵，援青援疆干部获得新时代浙江省"万名好党员"等荣誉。

温州职业技术学院育训结合塑品牌，服务贡献水平再创新高。构建"线上与线下结合，教育与培训相长"的继续教育模式，打造育训结合服务品牌。一是服务产业振兴，运营温州企业综合服务平台，线上"帮企云"和线下"帮企行"全方位服务中小企业。校企共建培训基地，培训产业工人和职教师资，促进"产学研培"一体化。二是服务乡村振兴，发挥人才、技术和智库优势，多种形式推动浙江山区 26 县经济高质量发展，形成服务"千万工程"的温职模式。三是服务文化振兴，成立南拳培训基地和瓯越大师工作室，推动瓯越文化传承与创新，"瓯文化"成为全国校园文化建设典范。温州企业综合服务平台连续两次获评国家示范性服务平台，年均培训量达 100 多万人次，服务企业超 20 万家。

浙江建设职业技术学院实施共同富裕的服务社会新作为。充分发挥学院专业优势，与西藏职业技术学院等 16 所西部高职院校共建"东西部职业院校合作共建联盟"；创建 4 所美丽城镇服务学院，赋能浙江乡村振兴。打造 2 所社区学院和 1 个终身学习体验基地，建设 1 个国家级和省级古建保护及技艺传承应用技术协同创新中心及 1 个国家级教学资源库。

浙江交通职业技术学院充分发挥全国交通运输职业教育教学指导委员会对口援助协调平台的作用，东西协作开展科教融汇组团式帮扶系列活动，全面提升新疆兄弟院校的办学水平和人才培养质量，推动职业教育均衡发展。全方位助力共同富裕示范区建设，建设景宁民族学院，助力景宁、松阳、三门等浙江山区 26 县的经济发展和乡村振兴。聚焦建设全民学习型社会,充分发挥学校高水平实训基地、交通专业特色、优秀培训团队、智慧继续教育平台的四大基础优势,构建"四位一体"终身教育服务体系。通过纵向挖掘培训深度,构建职业启蒙教育、职业技能鉴定、继续教育贯穿的终身学习体系;拓宽培训维度,创新"线上+线下"、"实操+竞赛"的多元化培训方式,助力学员全方位提升。

浙江经济职业技术学院汇聚资源、扶智共富,技能惠民彰显责任担当。聚焦政行企校、山海协作、东西部合作,打造集产业学院、国省平台、区域发展、技能鉴定、产业工人、乡村振兴"六位一体"的社会服务平台,实施高端企业培训、服务地方惠民、技能素质提升、民生实事响应、创业扶智共富等社会服务项目,助力地方经济社会发展。为物产中大集团股份有限公司等 75 家国企央企提供培训和个性化课程服务,累计社会培训 22 万人次,年均培训量达在校生人数的 4.4 倍。组织师生服务杭州亚运会和亚残运会累计时长 24.18 万小时,被国家体育总局、中国残联评为"杭州亚运会、亚残运会先进集体"。建成全国专技人员继续教育等国家级基地 2 个、省级基地 9 个,荣获"中国示范性企业大学"等 7 个奖项。形成社会培训服务 6C 模式,助力共同富裕示范区建设经验在《中国教育报》等媒体上刊登。

浙江经贸职业技术学院推进"四维供给"工程,提升服务发展水平。聚焦"技术研创、乡村振兴、科研反哺、终身学习"四个维度,提升服务供给力。需求牵引,提升技术服务研创供给力。依托学校科技成果推广服务中心,助力中小企业技术攻关,精准开展技术服务 200 余项,推动专利转让 15 项。科技下沉,提升乡村振兴服务供给力。依托 101 个村社"阳光空间"服务点,推动科技服务下沉、助力县域农产品上行,为帮扶县域定制 19 个产业协调发展项目,助力空心村年收入破 100 万元。科教融汇,提升科研反哺教学供给力。开展农产品安全交易技术研发等科研活动，打造师生共服、共建、共创的"三共"服务品牌，推动50余项科研项目和技术服务项目转化为教学案例。创新举措，提升终身学习服务供给力。推行"学分银行"试点，构建立体式、社区型、适应全民终身学习的学历技能双提升继续教育新生态。开展涉农培训21640人次，培育新型职业农民人次年均增长12.71%。入选教育部学习型社会建设（高等继续教育领域）重点任务1项。

浙江旅游职业学院精准服务，释放特色化社会服务新活力。围绕国家及浙江省委、省政府的重大战略部署，依托10个省级及以上产学研平台，开展"万村景区化建设""微改造·精提升""山区26县共同富裕"以及"送教下乡"等活动；依托文化和旅游部浙江培训基地、国家级职业教育"双师型"教师培训基地，打造文旅智慧职教平台，研发服务亚运会和乡村振兴主题课程包，开展个性化、多元化的人才培训；建成5所社区学院，研制公益服务菜单，形成多类型社区服务新格局，打造教育部社区教育"能者为师""智慧助老"系列项目13项。

浙江工贸职业技术学院精准聚焦、赋能发展，打响社会服务品牌。一是打造知识产权服务园，赋能创新发展。学校建设的知识产权服务园，是国家知识产权局首批"全国知识产权纠纷仲裁调解能力建设机构"，入选世界知识产权组织技术与创新支持中心。累计服务市场主体3万余家，推动300多件专利技术与80多家企业达成技术交易意向，帮助企业实现融资337.62亿元，连续两年荣膺"全国知识产权总结考核优秀基地"。二是打造全面向、全生命周期的社会服务品牌，赋能共同富裕。面向西部地区和浙江省山区、面向社区和中小学生、面向退役军人、面向全民健身开展"东西协作""山海协作"、农村劳动力技术技能培训、就业帮扶，打造体育俱乐部，获批浙江省中小学劳动体验基地，入选教育部首批社区教育"能者为师"实践创新项目、全国高职体育工作"一校一品"示范基地。面向地方政府开展决策咨询服务,60余项智库成果获省、市领导批示。

浙江警官职业学院借助全国司法行政培训全面提升服务发展水平。依托司法部杭州培训中心、全国法院司法警察培训基地等,成为服务平安法治建设的排头兵、服务教育和智力扶贫的先锋队、服务军民融合发展的先行者;建设法治乡村学院,开展法治咨询、法治培训、法律服务等工作。

浙江商业职业技术学院助力共富,服务区域发展全面深化。学校推进东西部协作发展,以优质教学资源服务中西部地区,扩大了中西部省份招生规模,与中西部地区院校开展合作交流,为有关职业院校培养了一批骨干教师。拓宽继续教育办学渠道,扩大社会培训的覆盖面,打造了一批高品质培训项目,扩大了继续教育品牌的知名度和影响力。不断完善科技成果转化激励机制,激发广大教师进行成果转化的积极性,培育了一批高价值专利技术成果。充分利用中国浙江网上技术市场等平台,多措并举推进成果转化和产业化应用,累计转化专利成果113项,成果转化率达20.5%,实现转化收益112.8万元。

图 1-13   国家级职业教育"双师型"教师培养培训基地

浙江艺术职业学院强化文化输出,提升服务发展水平。一是做强公共文化服务与管理专业,全国首创公共文化人才定向培养"浙艺模式"。连续七届招收331名事业编制身份定向文化员,系统培养"留得住、用得上、带得动"的乡村文化人才。二是创新文旅人才队伍培训,做优技术技能培训"浙艺品牌"。开展文旅系统干部、行业企业职工、基层文旅服务队伍、非物质文化遗产传承人群四类人才培训，累计培训57万余人次，年平均培训人次数是年平均在校生的14.2倍。三是丰富文旅服务内容供给，凸显乡村文化振兴"浙艺担当"。成立乡村旅游文化发展研究中心，为全省农村文化礼堂建设提供"菜单式服务"，完善助力文化共富的"培训＋展演＋设计"院校服务体系。

8.现代学校治理形成新样态

"双高计划"建设院校健全内部治理体系，建立多元治理格局，优化内部治理结构，推进治理能力现代化。以章程统领，民主治校，形成现代多元治理格局；以群建院，着手专业群基层治理改革；放权管理，探索混合所有制学院，激发职教办学活力；诊改创新，依托数字平台赋能，推动学校治理科学化，形成一批高水平治理样板与模式。

金华职业技术学院以群建院，提升学校治理水平。一是协同共治，形成多元的现代大学治理体系。推动院校两级制度"废改立"，形成十大板块、四级制度共240余项；优化决策咨询治理环境，五年中地方政府出台3个政策支持文件；紧密政校企协同，形成"1个主校区＋N个分校区"的区域职教集团化办学格局。二是重心下移，优化质量导向的二级管理模式。调整"10＋1"二级学院架构，实行以目标责任制考核为核心的二级管理模式；加快拓展产业学院建设新路径，智慧建造学院探索出现代学徒制培养新模式，金义网络经济学院探索形成数实融合的发展新路径。三是数字赋能，完善常态化的诊断与改进机制。建成集实时数据、显示现状、分析结果、预警提示等功能于一体的智能化教学质量诊断平台，诊改覆盖率达100％；研制系列质量标准和操作手册24个，率先通过省级诊改复核。

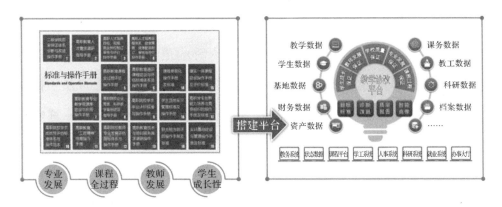

图 1-14　内部质量诊断与改进平台

浙江机电职业技术学院重塑机制、"四治融合",提促现代大学治理"新效能"。坚持"党委领导、章程统领、多元治理、融合高效"原则,全面构建以党委领导下的校长负责制为核心、以职能部门和二级学院为依托,以学术委员会、教代会等为支撑的现代大学内部治理体系,推进"善治、共治、法治、智治"的"四治融合",持续深化数字化改革、二级管理改革、绩效分配体系改革等,打造"理念先进、主体多元、制度健全、机制灵活、保障有力"的高水平职业院校现代化治理范式。建设期内,学校当选为中国职业技术教育学会副会长、高等职业技术教育分会会长单位,获评浙江省深化新时代教育评价改革综合试点校、浙江省职业教育信息化标杆学校、省级"平安单位"暨"智安单位"、浙江省节水标杆校园、浙江省节水型高校、浙江省绿色学校,学校治理理念多次登上央视《新闻联播》《光明日报》《中国教育报》等国家级媒体。

杭州职业技术学院构建高水平内部治理新体系,内部治理范式成为高职治理范本。一是以"互联网+制度"保障全域改革,内控体系属国内一流。打造"预算—绩效—内控"一体化平台,实现校务服务事项网上办事、掌上办事全覆盖,内控体系示范全国。二是实施多元共同参与的咨询和监督机制,实现权责、监控、问责等一体化运行。健全议事决策、执行、监督体制机制，固化多方共同参与学校治理机制。三是实施二级学院管理体制改革，树立职教改革新示范。制定新一轮三定方案，深化二级管理改革，实施具有二级分院混合所有制特征的办学机制改革。学校内部治理体系日臻完善、治理能力日益增强，资源配置效益与管理服务效能不断提升。

宁波职业技术学院构建多元共治"同心圆"，内外部治理能力实现新跃升。一是健全理事会议事机制，盘活宁波经济技术开发区、宁波市教育局、吉利汽车集团公司等理事会成员单位资源，外部治理能力持续提升。二是实施"依章建制"内部治理创新计划，健全校务委员会、学术委员会、教学指导委员会等决策咨询工作机制，入选全国职业院校教学管理 50 强案例和学生管理 50 强案例。三是优化内控信息化平台，实现业务数字化、风险评估与控制智能化。学校获黄炎培职业教育奖"优秀学校奖"。

浙江金融职业学院健全治理体系，推动治理水平实现新跃升。以章程为统领，推进数字赋能管理，推进综合等效评价，优化内部治理体系。以第二名入选全国职业院校教学管理 50 强案例和学生管理 50 强案例，入选高等职业院校服务贡献 50 强、国际影响力 50 强，入选 2022年全国职教诊改典型案例"双名单"，获评省"三全育人"综合改革重点支持高校、省职业教育"三全育人"典型学校、省高校学生心理健康教育工作标准化建设示范高校、省绿色学校（高等学校）三星等级（系最高等级）等，入选教育部职业院校"三全育人"工作学校典型案例。

温州职业技术学院体制创新引改革，学校治理效能显著增强。成立新时代职业院校治理研究中心，构建纵向"顶层布局—中层运行—基层创新"相衔接、横向"理念—制度—运行—评价—激励（约束）"相贯通的治理体系。一是强化顶层布局，对外实行"管办评"分离，对内实行"党委领导、校长负责、教授治学、民主管理"。二是强化中层运行，对外探索产业学院、中高职一体化、产教融合机制、混合所有制、现代学徒制等体制机制改革;对内推动院系整合、二级管理、绩效考核,围绕"双高"任务建构"五位一体"治理机制,推进"以群建院、以系办校、以质兴校、以标评校"。三是强化基层创新,开展规范性文件清理、人财物规范管理、校园智慧治理、校园形态整理等"四清四理"工作,深化基层"神经末梢"治理。学校治理育人研究成果获国家级教学成果奖一等奖、浙江省教学成果奖特等奖。

浙江建设职业技术学院构建现代高效的学校治理新格局。充分运用数智治理手段,创新一校三区办学治校模式。编制"十四五"发展规划,建立多校区管理制度,开展制度文件"废改立"工作,推进"最多跑一次"改革。学校党群服务中心入选首批全省高校示范性党群服务中心创建单位,建立了3A级教育基金会,助力"双高"专项奖励290余万元。

浙江交通职业技术学院编制完成推进治理体系和治理能力现代化实施方案,初步实现以章程为核心的学校治理体系与治理能力现代化。充分发挥学术(教授)委员会、教代会、教学工作委员会等的作用,构建基于ISO9001的质量管理体系,持续开展教职工满意度测评,推动内部治理水平跃上新台阶。依托质量管理体系内部审核,保障专业动态调整机制良好运行。分年度编制校务公开报告、年度质量报告、状态数据分析报告。实施"最多跑一次"改革,实现124项服务事项网上办理,推动管理信息化水平大幅提升。实施学校管理人员能力提升培训计划,管理人员培训覆盖率达100%。以"领航者悦读"为载体,开展领航文化基地、文化生态长廊、双遗文化文献馆区、交通领航者文库建设,形成和谐治校文化品牌。

浙江经济职业技术学院以治强质、以院强校,重构体系激发办学活力。统筹构建"一体五化"服务型、高效率、柔性化治理体系,实现决策治理科学化、制度治理规范化、两级治理高效化、数据治理智慧化、质量治理标准化水平持续提升。重构以章程为核心的现代大学制度体系，完成校、院两级管理体制改革，实现218项校务服务事项网上办理，建成拥有637个质控点的教学诊改平台。首创"枫桥式"警校共建社区治理模式，获2021年全国高校平安校园建设优秀成果一等奖（全国仅6所高校获得），并在全省教育大会上作交流。入选高校智慧思政特色应用试点和应用场景建设单位，获省平安单位、省智安单位、省绿色学校三星等级（系最高等级）等荣誉，持续获得浙江省高校"5A级平安校园"称号。

浙江经贸职业技术学院推进"外联内协"工程，提升学校治理水平。推进外部联动与内部协作的"外联内协"工程，加快变革型组织重塑。强化外部联动，完善"顶层决策、中层协调、底层执行"发展理事会组织架构，形成校社政企四方合作办学体制机制，优质理事会成员增至69家。强化内部协作，落实党委领导下的校长负责制，深化校、院两级内部管理体制改革，形成综合改革、内控完善、机构优化、清单落实、数智赋能"五位一体"内部治理模式。制定修订以章程为统领等各类制度160项，完善二级学院管理制度9项；建成"一网通办"办事大厅和"一网统管"平台，实现校、院两级办事事项"最多跑一次"比例达100％，"零跑腿"比例达87％，基于大数据的校情数据分析系统部门决策支持率达100％。强化质量诊改，构建"分类多维、螺旋递进"的诊改运行机制，实现管理闭环。健全诊改运行机制1套，首批通过省级教学诊断与改进试点校复核。

浙江旅游职业学院多元共治，推进学校治理现代化"浙旅实践"。坚持章程统领、目标导向、育人为本，严格落实党委领导下的校长负责制，构建"党委领导、校长负责、教授治学、民主管理"内部治理结构；深化校、院两级管理体制改革，建立学校发展理事会等民主管理团体，形成校政行企协同办学机制;建立三级督导评估体系,实施"五纵五横"教学诊断改进工作机制,形成内部质量保证体系,获全国第七届黄炎培职业教育奖优秀学校奖,在2022年浙江省高职院校督导评估中位列第三。

浙江工贸职业技术学院以章程为核心,协同智治,提升学校治理现代化水平。一是健全完善章程,强化制度治理的顶层设计。推进制度"立改废释"工作,制定修订制度37项,全面梳理现有内部管理制度,构建有规可依、良法善治、权责分明、相容共生的高质量制度体系。二是深化"共治、善治、智治、内治"改革,提升协同智治效能。再造全校业务流程,共享业务数据,实现所有业务系统"一站式"办理和95%以上的数字档案转化,95%以上的事项师生"一次也不用跑",入选浙江省示范数字档案室。三是推进以群建院,完善内部质量保证体系。根据专业群将原12个二级学院整合为7个二级学院。强化内控体系建设,学校年度行政事业单位内部控制报告连续三年获"优"。内部控制能力达到省内领先水平,起到了引领和示范作用。

浙江警官职业学院以章程为引领,提升现代司法警官院校治理水平。获全国学校急救教育试点、无偿献血促进奖,省级绿色学校、节水型高校、文明单位等荣誉;学院司法职业教育高质量发展列入司法部与浙江省合作框架协议;与2所司法警官院校签订帮扶协议,示范辐射作用显著增强。

浙江商业职业技术学院建章立制,科学治理水平迈上新台阶。学校进一步完善党委总揽全局、党政分工合作的工作机制,坚持内涵发展,整合内部资源,强调重心下移,建设八大文化场馆,形成了具有商科特色的专业、专业群相互支撑、协调发展的布局结构。进一步加强内控,编制校、院两级教学诊改报告、两级质量年报及内部控制报告,推进民主管理,完善绩效考核机制,形成常态化、网络化、全覆盖、螺旋上升的内部质量保证体系。2023 年,学校参加浙江省"学习宣传贯彻党的二十大精神暨提升学校治理水平"研讨会并作典型发言。

浙江艺术职业学院不断深化院校治理改革。一是对照"五强"领导班子要求,推进领导班子政治建设,不断完善"三重一大"决策机制,规范党委会和校长办公会议议事决策规则和程序,完善和落实民主集中制各项制度,提升办学治校能力。二是优化专业群架构,调整重组二级学院,创新内部治理体系,推进管理体制改革。三是大力推进"最多跑一次"服务改革,建设"三张清单一张网"。持续深化"三服务"活动,编印两版《内控手册》,开展 40 余项内部审计,不断加强信息公开、校务公开、党务公开,深化运行机制改革。

9.数字校园建设跨出新步伐

"双高计划"建设院校坚持"应用为王",积极打造数字化校园,推动信息技术与教育教学、管理服务、专业升级、校企合作、实习实训等的深度融合,加快高职教育办学模式、教育形式、教学方式和人才培养的数字化转型。入选全国职业教育信息化标杆校、全国职业院校数字校园建设样板校 10 个;立项国家精品在线开放课程 64 门;入选职业教育示范性虚拟仿真实训基地培育项目 7 个;持续建设国家级职业教育专业教学资源库 39 个。

金华职业技术学院融合创新,提升信息化水平。一是基础平台全域升级,实现数字校园转型迭代。筑实软件基座,构建校园有线无线网络与 5G 双域专网结合,"私有云+边缘云+公有云"混合云部署的信息化基础环境,升级包含数据中心、身份认证、统一门户、业务构建中心等在内的基础平台。二是五大应用全景展现,实现服务流程精准管控。重点建设金职大脑、畅学金职、金职云管理、金职云服务、金职易校园等五大核心应用场景,形成管理数据一屏展现、指令一键下达、服务一网通办、监督一览无余的数字化协同工作场景。三是智慧学习全面革新,实现数智教育深度融合。新建 300 间智慧教室,实现智能教学和物联网应用;实施优质数字教学资源建设与应用"五个一白"计划,建成校本项目 580 个。入选教育部第一批职业院校数字校园建设试点单位。

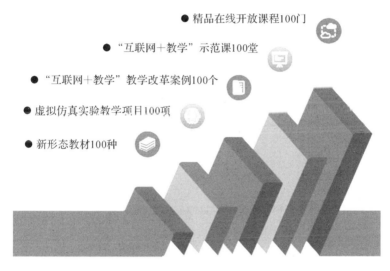

- 精品在线开放课程100门
- "互联网＋教学"示范课100堂
- "互联网＋教学"教学改革案例100个
- 虚拟仿真实验教学项目100项
- 新形态教材100种

图 1-15 "五个一百"计划

浙江机电职业技术学院四层两翼、数字赋能,重塑数智融合校园"新生态"。聚焦"体系建设＋数据治理＋场景应用",与华为等头部企业合作推进"四层两翼"智慧校园建设。建成模块化数据机房,实现多网融合,打通数字基建大动脉;搭建数据中台和业务中枢,实施全域数据治理,畅通数据资源大循环;基于教学、科研、行政管理等主题域,全校数据统一归集、监控与管理,打造多跨协同的智慧场景。建设期内,入选教育部首批职业院校数字校园建设试点单位,获推教育部职业教育信息化标杆学校评选,入选浙江省区域和学校整体推进智慧教育综合试点单位、省教育厅第一批高校智慧思政特色应用试点单位,建成国家级在线精品课程 8 门、省级在线精品课程 9 门,主持或参与国家教学资源库5个,入选国家智慧教育平台资源60个,建设优质数字化课程资源220个。

杭州职业技术学院全面实践"数智杭职"建设,校园信息化建设成为全国标杆。一是夯实智慧校园基础保障的"一张网",建成智慧校园基础平台底座,构筑高速、智能、泛在、安全的校园新基建。二是强化信息技术与专业融合发展"一个面"。完成电子商务等15个专业数字化改造,开设大数据等9个数字经济新兴专业。三是共建共享"一条线",建成13个专业群教学资源库,实现教育服务供给模式升级。四是突破智慧课堂和虚拟工厂建设的"一个点",依托线上"学在杭职"全生命周期数字化育人平台、线下智慧教室全覆盖和虚拟工厂,构建线上线下融合的混合式教学新生态。

宁波职业技术学院数字赋能"智慧宁职",信息化标杆校建设成果突出。一是夯实以保障"安全稳定"为目标的信息化基础设施,实现校园无线网络全覆盖,建成私有云数据中心,改建107间新型智慧教室。二是构建支撑"泛在自主"学习的数字化教学资源体系,牵头建成国家教学资源库4个和职业教育国家精品在线课程5门。三是完善"实用融通"的信息化业务系统集群,建成全量数据中心,服务学校教育教学和管理服务的数字化转型。参与起草教育部《全国职业教育智慧大脑院校中台高职数据标准及接口规范(试行)》,入选教育部职业院校数字校园建设试点单位。

浙江金融职业学院坚持数字驱动,建设智慧校园新生态。建成学校一体化智能化数据平台,打造"金院大脑",入选教育部职业教育信息化标杆学校建设单位、教育部第一批职业院校数字校园建设试点单位、信息化支撑职业院校校企合作专业共建项目首批共同体成员,获批省级虚拟仿真实训基地1个,入选省职业教育信息化标杆校、省区域和学校整体推进智慧教育综合试点校、省高校数字化改革优秀案例。

温州职业技术学院数字驱动构生态,智慧应用场景全域覆盖。统筹推进数字技术与教育教学的广泛融通和深度融合,着力提升数字化、空间化、一体化的教育治理能力。一是提升智慧学习工场,以数字集成链贯穿数字化设计、数字化制造、数字化商贸三个实训环,构建面向全产业链的数字化实训场景,提升师生信息素养。二是开发特色数字资源,加强制度建设、制定资源共建标准,以教师为主导、学生为主体,多元协同建设数字资源。三是实施大数据分析应用,实现对学生成长、教师发展、人才培养与校园管理等全流程数据实时采集与监测。取得在线精品课程、专业教学资源库、虚拟仿真实训基地、数字校园建设试点单位等一批国家级成果,为全国教育数字化发展提供了"温职范式"。

浙江建设职业技术学院探索数智驱动的信息化新路径。建成项目库、办事大厅、物联管理平台等一批信息化系统。学校先后获得"教育部首批职业院校数字校园建设试点单位""全国职业院校数字校园建设样板校"等荣誉。"数字孪生打造未来校园教育教学融合样板"入选全国"2022—2023年数字化赋能教育管理信息化建设与应用典型案例"。

浙江交通职业技术学院坚持"连接、融合、创新、增效"理念,高质量建设智慧教育环境,支撑和引领学习者自主化、泛在化、个性化学习,建成高水平"行之虹"智慧教育工场。完成"交院云"、数据中心、教与学一体化、教学诊断与改进等平台建设并投入使用。建成一批国家级、省级精品在线开放课程,持续更新国家级教学资源库,完成智慧学习平台建设。持续建设智慧教室、虚拟工厂、虚拟仿真实训中心。建成产教融合"双创"信息共享、智慧校友服务平台,打造"一张图智慧平安校园"、智慧思政与学生成长、"1428数智党建"等多跨场景集成应用。升级新

OA,拓展"一卡通"服务,持续优化完善网上办事业务流程,全面提升学校整体智治水平。

浙江经济职业技术学院创设场景、智慧共生,精准赋能形成智治样板。构建"党委领衔、多元并举、需求导向、数智赋能"数字化建设协同机制,夯实数字化发展基础保障,打造"四横四纵两门户,一朵云一张网"的数字经院建设模式。实现"学在经院"精准赋能学生学习,"校园一件事"贴心服务师生办事,"数据多跑路"智慧推动校域整体智治。建成浙江省首个高职"F5G＋Wi-Fi6"智慧校园网,出口总带宽达 7.03G,牢筑"全天候"安全防护体系。全校师生信息素养培训达 15913 人次,校园网络、教室环境服务可靠性达 99％。获评全国职业院校数字校园建设样板校、教育部首批职业院校数字校园建设试点单位、浙江省智慧教育综合试点校、浙江省信息化标杆学校。该校在联合国教科文职教数字化转型会议、中国高等教育学会高校数字化研讨会等会议上交流分享"数字经院"建设经验。

浙江经贸职业技术学院实施"数智驱动"计划,提升信息化水平。一是深化智慧校园建设,赋能校园整体智治。打造云网数端一体化智慧校园,建成智慧互联网络环境,实现校园有线网、无线网、物联网和5G 专网四网融合;建成智慧管理集成系统,实现 93 项师生服务一网通办、7 大类校园事务一网统管及校内多场景一码通用。学校入选教育部第二批职业院校数字校园建设试点单位、省职业教育信息化标杆学校试点单位。二是推进教育数智化转型,促进教学变革创新。打造智慧教学云网课堂,新改建智慧教室(数字实训室)138 间、虚拟仿真实训基地 3 个(其中省级 1 个)、校本智慧教学平台 1 个。形成"云分析、云教学、云学习、云评价、云管理"五环节联动的智慧教学模式,师生网络学习空间覆盖率达 100％,相关典型经验入选 1 个国家级、6 个省级教育信息化建设与应用案例。

浙江旅游职业学院数字赋能,创建智慧校园"浙旅样板"。形成"智慧化教学支撑、网络化办公办事、智能化校园管理、自助化公共服务、数据化治理决策"五个建设体系,以及技术引领、产教融合两个创新方向的"五化两新"职业教育信息化建设模式,实现数字化服务"网上办、掌上办、终端办"场景全覆盖;实施"一项数据填一次、一项工作一看板"等举措,赋能"师生减负、治理增效";创新共建机制,企业投入经费3000余万元,显著提升智慧教室、校园网络、平安校园、绿色校园、智慧图书馆等基础设施保障能力。建成国家级职业教育专业教学资源库,辐射3826所院校730家企业,累计用户超23.25万人;学校创建智慧校园的措施与做法由浙江省教育工作领导小组主编的《教育参阅》编发,学校因此受邀在全国性高校信息化相关会议上进行经验交流15次,接待国内外660所高校6012人次前来考察交流信息化建设工作。

浙江工贸职业技术学院数字赋能、多跨应用,提升信息化水平。一是以数字化服务为核心,建设智慧教育服务生态体系。建成"一试点、两张网、三中心、六平台",通过省智慧教育综合试点验收。实现数字教学100%覆盖专业、校务服务100%一体化办理,数字素养教育100%普及师生,师生智慧体验和幸福感显著提升。二是以智慧教学为重点,数字化建设支撑人才培养。打造智慧教学基础环境,实现了各类信息化资源整合。建成国家级职业教育专业教学资源库2个,国家精品在线课程6门、省级20门,国家智慧教育平台上线课程53门。课程总访问量近3亿人次,应用覆盖31个省级行政区,3408所院校。《打造数字工贸　畅游智慧教学》以专报信息方式报送省委、省政府;3个信息化案例连续3年在高职高专校长联席会上展出。

浙江警官职业学院凭借数字校园建设试点单位提升信息化水平。

建设新型教学空间智慧教室,形成"互联网+"教学新形态;建设智慧课堂综合信息服务平台,形成以学院、专业、课程、教师、学生五个层面为重点的质量保证机制;建设智慧课堂大数据平台,实现智慧课堂数据中心基础设施的集中化建设、管理与维护;建立支撑领导决策研判的决策信息资源库,为决策提供全面、准确、便捷的信息服务。

浙江商业职业技术学院智慧赋能,数字校园实现重构升级。学校形成了"数智商院"治理体系,全面推进教学与管理服务数字化转型。建立校本数据标准、搭建数据中台,构建"融合门户"和"掌上商院"平台,打造全流程网上办事大厅,促进各业务系统的数据融合。加大多媒体教室改造力度,改善智能化教学环境,提升教师信息化教学能力,持续推进混合式教学改革。加快在线课程资源建设,建立教学大数据监控平台,提升教学管理信息化水平。入选浙江省数字教育试点单位,连续三年获评浙江省高校网络信息化建设工作先进单位。

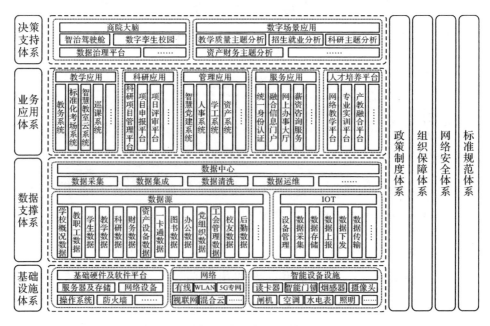

图 1-16 "数智商院"治理体系架构图

　　浙江艺术职业学院以智慧化管理和服务为方向,提升信息化水平。一是通过高性能数据中心等基础设施建设,实现校园网络性能大幅度提升。二是建设智慧琴房、智慧教室等教学空间,开发"越音易通"等具有鲜明艺术特色的应用和课程资源,创建艺术教育智慧教学"新生态"。三是建设一体化的办事服务平台,建设"今日校园"App与"企业微信"移动端,实现业务流程"掌上办"。四是建设数字党建、网上报销、等级平安校园管理、教科研创一体化项目管理等业务系统,积极推进数据治理,建设完成校务大数据分析平台,获评浙江省高校网络信息化建设先进单位。

　　10."职教出海"打出新品牌

　　"双高计划"建设院校携手浙江民营企业"走出去",12 所学校在 18个国家建立了 19 所"一带一路'丝路学院'",被教育部列为国际化品牌项目;面向"一带一路"国家开展技术技能培训,累计超过 4 万人次。引进优质教育资源,举办 6 个非独立法人中外合作办学机构、24 个中外合作办学项目。入选国家首批鲁班工坊运营项目 3 个、汉语桥"中文＋职业技能"线上团组交流项目 22 个、"中文＋职业技能"教学资源建设项目 4 个。

　　金华职业技术学院标准引领,提升国际化水平。一是怀卡托国际学院成为合作办学的示范机构。以国际教学标准引进为重点打造示范性的中外合作办学机构,开发国际化课程 123 门,参与研制国际标准 5 个;累计培养学生 2077 名,形成"应用型＋国际化"的人才培养特色。二是卢旺达鲁班工坊形成职教援外的"金职模式"。精准对接卢旺达技能人才需求,输出教学标准,创新"中文＋职业技能"两地两段"2＋1"人才培养模式,电气自动化技术专业、电子商务专业 2 项专业教学标准纳入卢旺达教育资格框架体系。三是职教国际交流中心成为人文交流的重要平台。每年一届常态化举办中非职教论坛；搭建机电一体化等领域的国际科研合作平台 5 个；开展高质量学生境外交流项目 6 个，派出学生 276 人次；形成"留学金职"品牌，培养留学生 841 人。

浙江机电职业技术学院模式创新、特色引领，铸就学校职教出海"新华章"。"引进来"发达国家优质教育资源，创建多国别、多专业、多模式的中外合作办学体系；依托德国莱茵"工业机器人培训考证中心"等平台，融入中国行业标准和企业案例"本土化"；承担"未来非洲—中非职业教育合作计划"，创建浙江"丝路学院"（泰国）、精工博艺（缅甸）、智能制造中心（南非）、鲁班工坊（肯尼亚）等四种"走出去"新模式，服务中资企业国际化发展，为中国职教出海开辟了新路径。建设期内，获国家级教学成果奖二等奖 1 项、省级教学成果奖一等奖 1 项，入选教育部国际化特色高校，建成具有国际影响力的职业教育标准、资源和装备 2 项，入选"中国—东盟双百强职校强强合作旗舰项目"特色项目 20 强，入选浙江省国际化特色高校，迎来华东首家德国莱茵 TÜV"工业机器人培训考试中心"落户，建成国际认可专业课程标准 3 套。

杭州职业技术学院践行"教随产出　产教同行"，办学国际化水平得到显著提升。一是接轨国际职教标准，服务区域经济转型升级。建成非独立法人的合作办学机构莱茵国际学院和 4 个合作办学专业。二是校企协同建设海外分校，助力优质产能"走出去"，建设 4 所丝路工匠学院，开展各类培训和文化交流达 1177 人次，服务中资企业海外经营。三是打造"技能留学"育人品牌，优质资源输出增强。构建"中文＋职业技能"融合育人模式，80％的留学生回国后实现直接就业。开发电梯维保等国际化专业标准和教学资源,向 10 个"一带一路"合作伙伴输出,被《人民日报》等多家主流媒体报道。

宁波职业技术学院多维服务"一带一路"建设,国际化办学实现卓越发展。一是推进海外办学,获批全国鲁班工坊 1 个、省"丝路学院"2个、"中文＋职业技能"等教学资源项目 2 个。二是贡献职教方案,研制推广专业标准 17 项、课程标准 42 项,完成国合署"软援助"学校整体建设方案并获老挝政府认可。面向 75 个发展中国家产业及教育界开展培训 64783 人次。三是出版《"一带一路"职业教育研究蓝皮书》3 卷,6份研究报告获省部级、市级领导批示。担任金砖国家职教联盟执行秘书处、中非技能等级证书项目秘书处,入选教育部"未来非洲计划"首批试点校,荣获世界职教院校联盟(WFCP)卓越奖,获评省国际化特色学校,被评为国家较高水平国际化学校。

浙江金融职业学院服务"一带一路"建设,国际合作实现新突破。面向"一带一路"国家开发专业标准 24 项、课程标准 21 项,其中人工智能技术员 NTA8 岗位标准获冈比亚教育部官方认证。学校与泰国泰中罗勇工业园共建的中文工坊获批教育部中文工坊建设项目,校企共建的浙金院·华立"丝路学院"入选浙江省首批"丝路学院"。新增中外合作办学专业 1 个,拓展对外交流项目 10 余项,人工智能技术应用专业入选教育部中德先进职业教育合作项目(SGAVE)。学校捷克研究中心立项教育部国别和区域研究高水平建设单位、省重点培育智库。以中文、英文、捷克文三种语言连续 5 年公开出版《"一带一路"框架下浙江与捷克经贸合作发展报告》。国际化人才培养项目获国家级教学成果奖二等奖。

温州职业技术学院教随产出推开放,职教出海特色有力彰显。全面融入"一带一路"建设,以"学理念—输标准—育英才"为主线,产教协同助力中企"走出去"。一是接轨国际学理念，推动专业国际化。与意大利服装与服饰设计专业、马来西亚虚拟现实技术应用专业合作办学，开展教育部中德先进职业教育合作项目智能制造领域机电一体化专业试点。二是面向海外输标准，提升服务国际化。牵头成立的中国—柬埔寨职业教育合作联盟被写入两国联合公报，建立海外培训中心，培训国（境）外人员年均 1 万人·天，输出各类标准 89 项，开展近 80 项海外技术服务。三是依托平台育英才，实现培养国际化。深耕柬埔寨，柬埔寨亚龙"丝路学院"入选"中国—东盟高职院校特色合作项目"、浙江省首批"一带一路'丝路学院'"，数字化建筑、信息安全人才产教融合培养模式获世界职教联盟卓越奖金奖和银奖。

浙江建设职业技术学院开创"一带一路"国际合作新品牌。成功申办非独立法人中外合作办学机构，与海内外政校行企联手打造亚太建筑职教联盟，建立菲律宾首个"丝路学院"并成功入选浙江首批"一带一路'丝路学院'"。7 项课程标准被海外院校引用、2 项专业标准被塞拉利昂政府认定引进、1 项职业标准被乍得政府立项共建，向"一带一路"沿线近 20 个国家和地区近千名学员开展 9 期"中文＋职业技能"培训。

浙江交通职业技术学院学习以德国为代表的职教发达国家职教理念，建立"引—化—升"优质教育资源本土化改造方案，构建"中文＋职业技能"专业教学体系、"培训＋应用研究"服务体系和"文化＋先进技术"交流体系，创新"企中校""校中校"海外办学模式，开发并输出了一批有国际影响力的标准和资源，培养了一批国际化技术技能人才和属地国产业急需的本土技术技能人才，促进了中外人文交流，形成了一套可复制、可借鉴的境内外国际化办学体制机制，擦亮中国交通职教国际"金名片"，助推世界交通职业教育共同大发展。

　　浙江经济职业技术学院服务倡议、教随产出,职教治理贡献经院方案。依托联合国教科文组织国际职教联系中心等平台,开展全球职教合作与治理、职教援助、企业赋能、影响力强基等建设,参与全球职教政策磋商 17 次,开展职教合作研究 3 项,学校中国特色产业学院和创业人才培养案例得到广泛传播。在"一带一路"国家建设"丝路学院"6个,招收留学生 174 人。联合物产中大集团股份有限公司等中资企业开展涉外培训 6 次、1577 人次。开发输出专业及课程标准 14 个,助力马来西亚、蒙古国等国家职教体系建设,承担教育部"中文＋职业技能"教学资源库和线上团组项目 4 个。学生获"一带一路"暨金砖国家等技能大赛奖项 17 项。相关案例与成果被联合国教科文组织、《人民日报(海外版)》等报道 6 次。获评省国际化特色校,建成教育厅、商务厅首批认证"丝路学院"1 个。

　　浙江经贸职业技术学院构筑"一核两翼"路径,提升国际化水平。创新构筑以"平台建设"为核心、以"产教同行、教随社出"为两翼的国际交流合作路径。以平台建设为核心,引入"可内化"优质教育资源。通过设立中芬合作办学机构、组建浙江—西澳职教联盟、立项教育部中德SGAVE 试点项目等举措,打造多元对外交流合作平台,引入并内化国际先进职教理念、标准等资源,推动 5 个专业获国际认证,开发国际教学标准 30 余项、教学资源近 300 个。以"产教同行、教随社出"为两翼,输出"可借鉴"职教共富方案。建设全国供销合作总社职业教育国际交流中心和 4 所省级"丝路学院",开展中泰"语言＋技能＋文化"人才培养、国际合作社联盟减贫培训、与马来西亚合作社学院专业共建等活动,服务"走出去"中资企业 20 余家,开展境外培训 1.43 万人次,输出职教共富经验辐射 16 个国家。

　　浙江旅游职业学院走向世界,打造旅游职业教育"中国品牌"。主动服务"一带一路"建设,依托中俄旅游学院、中塞旅游学院和中意厨艺学院三个境外办学机构,建成"塞尔维亚鲁班工坊""一带一路'丝路学院'",推出中国旅游职业教育课程标准和旅游行业相关服务标准,构建"项目依托、标准促进、资源支持"的国际化教育发展体系;通过组织国际学术论坛、技能比赛和文化活动,持续推进国际旅游教育、文化、学术、技术技能等方面的交流,获得国际比赛奖项 77 项。

浙江工贸职业技术学院打造标杆、走在前列,构建开放办学新格局。一是随企"走出去",服务"一带一路"建设卓有成效。建强教育部校企共建海外(法语)实训基地,成立南非亚龙"丝路学院"、马来西亚达迪大学学院亚龙智能制造培训中心,开展"中文＋职业技能"培训服务浙商"走出去"。8 个专业标准、22 个课程标准被国(境)外采用。2 个项目获评教育部具有国际影响力的职业教育资源、装备。二是优质资源"引进来",打造国际合作与交流新标杆。与美国盖特威技术学院合作举办工业机器人技术专业专科教育项目正式招生。连续承办 8 届中美青年创客大赛(温州赛区),获评"最佳组织奖",被中央电视台和CHINA DAILY 等媒体报道。三是擦亮两岸交流合作"金名片",增进两岸青年心灵契合度。建强国台办海峡两岸青年创业基地和省高校台湾青年创业创新平台,推动台湾青年在温州就业创业;连续举办 9 届两岸青年创客工作坊等品牌活动,获评浙台经济社会融合发展突出贡献单位。学校温州台湾研究中心 2 项研究成果获省部级领导批示肯定。

浙江警官职业学院中国—上合组织法律服务委员会基地提升国际化水平。开展涉外法治和海外安全风险防范等特色培训,培养服务"一带一路"国际安全卫士和国际化高素质司法人才;与行业、企业、海外院校联动,共同探索"国际化安防人才培养体系",服务企业"走出去";开发职业教育国际标准、虚拟实训包,积极拓展司法职业教育的国际交流资源。

浙江商业职业技术学院搭建平台,国际合作交流创新发展。实施以"中文＋技能＋文化"为核心的国际学生育人项目、"汉语桥"及海外"新商科"类培训项目,构建以"引进输出""双轮驱动"为引擎,以"中文＋技能＋文化"为目标,以省级国情教育名师工作室为引领的教育机制,打造了"五双六融合"的教育模式。打造国家提质培优国际化办学案例 4 项、"汉语桥"项目 9 项、海外中餐培训项目 9 期,建成海外分校及实习实训基地 8 个,8 个专业教学标准和 17 个课程标准被西班牙、加拿大、美国等采纳,建成"丝路学院"2 所,教师的跨文化传播能力及学生的国际职业能力显著提升。

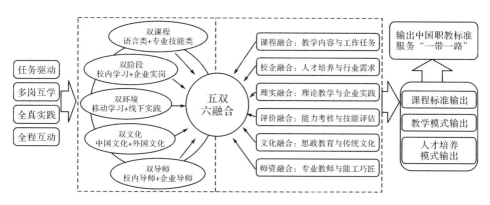

图 1-17　高职商业类国际学生"五双六融合"教育模式

浙江艺术职业学院注重加强文化艺术的国际合作与交流。一是交流艺术人才培养。组织 20 多批次师生出国(境)研修学习、参访、参加国际会议或任教;谋划中外合作办学,与国外多家艺术院校达成合作意向。二是交流艺术教育资源。参加中国—东盟艺术教育校长圆桌会议,承办国际舞台美术协会线上论坛,通过"浙艺金鸪电影节"平台邀请国外电影学院学术交流。积极引进舞台美术、音乐剧等多门国(境)外优质教育资源,邀请外籍专家来校交流、讲学 50 人次。三是交流文化艺术精品。组团赴美、加等国开展"美丽中国·诗画浙江"系列文旅交流推介活动；利用浙江省华文教育基地平台，先后赴 10 余个国家参加中华文化大乐园交流活动。

二、对"双高计划"建设单位的绩效评价情况

(一)"双高计划"建设单位的绩效评价组织与实施

1.周密部署，定制化设计评价方案

根据教育部、财政部工作要求，省教育厅、财政厅认真研究协商，结合本省国家"双高计划"和省级"双高计划"配套实施、协同推进的实际，联合制定省级绩效评价技术性方案，发布省级绩效评价工作通知。15 所国家"双高计划"建设院校对照建设方案和建设任务书，对学校层面和高水平专业群的任务和绩效、标志性成果和案例等方面进行了全面总结与自评；35 所省级"双高计划"建设院校同步完成材料上报及建设自评工作。

2.专班核验，精细化开展水平评价

省教育厅、财政厅组织专班力量，对各校提交的自评报告、建设任务完成情况、绩效目标达成情况、收支总体情况、建设水平成果、案例等材料进行了形式审核和真实性核查。根据教育部、财政部绩效评价标准，从产出指标、效益指标、满意度指标、管理与执行指标等四个方面进行赋分综合评价。其中，重点关注省级评价指标体系中单独设立的"水平指标"，教育部、财政部 76 项成果指标数据，组织力量对各校填报的标志性成果进行全面比对核实，并根据每项成果指标重要性及难易度等进行加权赋分，最终核算出该项分值，确保水平得分的科学性与准确性。

3. 分段实施,系统化进行综合评定

严格落实教育部、财政部"听取汇报、查阅材料、访谈座谈、现场核查"的组织要求,组织专家开展分阶段的多维评价。第一阶段,以教育部、财政部"双高计划"建设咨询专家委员会成员为主,邀请 14 位高水平权威专家组成评价专家组,对照省级评价指标体系及评分办法开展网络审核,形成基础判断;第二阶段,采取"集中汇报答辩＋分组进校核查"的方式,专家组先在杭州集中听取国家"双高计划"建设单位现场汇报和答辩,再对各建设单位开展"推磨式"进校核查,通过专家实地检视"双高计划"建设成果,指导学校明晰优势与短板,帮助学校对标找差,扎实推进项目建设。

4. 剖析数据,规范化撰写总结报告

对两个阶段的专家打分、标志性成果统计赋分等数据进行汇总、剖析与应用,完成对各校的省级评价赋分并排序;通过专家评价,在准确掌握 15 所建设单位信息与数据基础上,据实撰写省级总结报告。专家普遍反映我省高度重视"双高计划"建设,各校"双高计划"建设工作推进有力,评价组织工作科学规范。

(二)"双高计划"建设单位评价得分和绩效评价结论

在各建设单位自评基础上,结合两个阶段专家评价和标志性成果统计赋分,形成绩效评价结果。综合结果来看,浙江省 15 所国家"双高计划"建设单位均能按照建设方案和任务书,精心组织、扎实推进各项建设任务,取得预期成效,省级评价结论全部为"优"。

表 1-7　15 所"双高计划"建设单位省级评价得分和结论

序号	学校名称	所在地市	"双高计划"建设类型	省级评分与等级	
1	金华职业技术学院	金华	高水平学校 A 档	99.736	优
2	浙江机电职业技术学院	杭州	高水平学校 A 档	99.405	优
3	杭州职业技术学院	杭州	高水平学校 B 档	99.311	优
4	宁波职业技术学院	宁波	高水平学校 B 档	99.127	优
5	温州职业技术学院	温州	高水平学校 B 档	99.070	优
6	浙江金融职业学院	杭州	高水平学校 C 档	99.041	优
7	浙江交通职业技术学院	杭州	高水平专业群 A 档	98.896	优
8	浙江工贸职业技术学院	杭州	高水平专业群 B 档	98.635	优
9	浙江旅游职业学院	杭州	高水平专业群 B 档	98.616	优
10	浙江建设职业技术学院	杭州	高水平专业群 B 档	98.514	优
11	浙江经济职业技术学院	杭州	高水平专业群 B 档	98.365	优
12	浙江商业职业技术学院	杭州	高水平专业群 C 档	98.292	优
13	浙江经贸职业技术学院	杭州	高水平专业群 C 档	98.213	优
14	浙江艺术职业学院	杭州	高水平专业群 C 档	97.733	优
15	浙江警官职业学院	杭州	高水平专业群 C 档	97.528	优

　　省教育厅、财政厅将根据省级评价工作要求,一是依据行政程序,向各"双高计划"建设单位通报省级评价结果,强化各校对财政资金使用效益的监督,引导以评促建、以评促改、以评促管;二是适时组织全省"双高计划"建设研讨总结,梳理本轮建设经验和存在问题,为下一轮重大项目遴选做好准备;三是谋划评价结果效用,将教育部和财政部对各建设单位的最终绩效评价结果,作为下一阶段省级现代职业教育质量提升计划资金分配的依据,以及省委考核办统一组织的相关高校综合考核的重要内容。

三、成效、问题与下一步工作考虑

(一)推进"双高计划"建设的经验与成效

1.坚持因势利导,全面发挥"双高计划"学校特色优势

发挥浙江"双高计划"学校的数量优势、集群优势、区域分布均衡优势。通过快速响应市场需求和行业变化,灵活调整专业设置和课程安排,不断创新办学模式、开发新课程、打造新专业。在"双高计划"学校的带领下,区域内校与校之间形成紧密的合作关系,通过共享资源、协同创新,使得职业教育资源得以更加公平地分配和利用,缩小了地区间教育差距,促进了浙江教育的均衡发展。这种集群效应创造出的新教育资源和教育优势也为浙江的产业转型升级和经济社会创新发展提供了有力支撑。

2.坚持立德树人,全面匹配经济社会人才供给

浙江坚持立德树人根本宗旨,持续推进"三全育人"改革,实施职业教育"三教"改革攻坚行动,发挥各育人主体的作用,形成育人合力,注重创新育人方式,德技并修,利用现代信息技术等手段提升育人的效率和效果。注重建立科学的育人评价机制,对育人效果进行定期评估和反馈,及时调整和优化育人策略,紧密对接产业发展需求,不断优化专业设置和人才培养方案,突出人才培养的适应性,锻造复合型高素质技术技能人才,为经济社会发展提供有力的技术技能人才保障。

3.坚持产教融合,全面推动校企合作走深走实

浙江借助产教融合的良好基础,充分发挥杭州、宁波建设国家产教融合型试点城市、国家级市域产教联合体的辐射引领作用,健全以企业

为主导、以职业院校为支撑、以产业关键核心技术攻关为中心任务的产教融合创新机制。深化产教融合"五个一批"工程建设,积极探索混合所有制办学模式,与企业深度合作,共同投入资源创办二级学院或科技公司、产教综合体,切实提升产教融合的层次和水平,使校企之间形成精密对接、相互嵌入的利益共同体,努力促成产教融合新生态。并在此基础上深度对接产业链与人才链供需关系,推进产教融合数字化升级,通过服务产业链、培育人才链、提升价值链、延伸教育链等方式,为职业教育搭建数字化全域云平台,增强学生的职业能力,不断彰显产教融合浙江样板的硬实力。

4. 坚持研究先行,全面带动职教改革提速提质

重视职业教育研究的重要作用,坚持将职业教育研究作为助力职业院校改革发展的先手棋,用好用活调查研究"传家宝",将研究活动与大调研活动紧密结合,将研究热点对准院校基层改革一线,金华职业技术学院、浙江金融职业学院将职业教育研究列为特色建设任务,在职教研究领域做出了亮眼成绩。《中国高教研究》发布的教育类核心期刊发文数量统计结果显示,浙江"双高计划"学校高水平研究论文发文总量连续五年排名全国第一。丰富的职教研究成果不仅为"双高计划"建设夯实了理论基础,提供了院校改革的方向、思路,提升了办学水平,促进了院校特色发展,还为教育主管部门提供了决策参考,推动了浙江智慧上升为国家方案。

(二)推进"双高计划"建设的不足及其成因

1. 对区域高新产业的贡献还需进一步提升

对照迅猛发展的产业端,浙江"双高计划"学校还存在对区域产业,特别是高新产业支撑力度不足的问题,主要体现在"校强企弱"的格局

较难破局,浙江以中小微企业为主,校企合作的层级普遍较低,国有大型企业、行业领军企业参与度低,导致高职院校在行业内话语权较弱,校企协同的成果较难上层次。"双高计划"学校对接前沿技术的主动性还有待加强,特别是与"专精特新"企业合作,以充足新质要素供给推动发展新质生产力的能力还不足。

2.开展高品质服务的能力还需进一步提升

浙江的共同富裕示范区建设对满足人民群众更高品质的生活需求提出了新举措。这些举措的实施离不开"双高计划"学校的积极参与和贡献。受力量配置、体制机制和相关分配政策等因素的限制,目前"双高计划"学校在服务"扩中""提低"改革、助力浙江山区 26 县发展方面的潜力还有待进一步挖掘,开展职业培训主动性有待加强,质量和数量上都有着较大发展的空间。

3.高水平学校的办学能级还需进一步提升

层次不高、出口狭窄等"天花板"效应直接影响浙江高职教育发展。目前全省仅有 2% 左右中职毕业生能够直接升入本科院校学习,与教师、家长和学生本人的升学预期差距较大。浙江目前还没有以"双高计划"学校等优质资源为基础设立的职业本科学校,"双高计划"建设的势能难以更好地转化成推动浙江职教体系建设的动能,需要通过提高"双高计划"学校的办学层次或专业升格,丰富省域职教体系结构,设计更为科学的职教高考制度,拓宽职业教育升学通道,提高"双高计划"学校的竞争力和适应性。

(三)下一步的工作考虑

适应社会对优质高职教育的新期待,以超常规发展思路谋划新阶段新发展,全力打造全国一流、世界知名的职业教育浙江样板,成为展示中国职教发展活力和品质的重要窗口。

1.布局省域职教"五金"建设,推动专业设置与产业发展更加匹配

谋划省域职教"五金"建设实施方案,充分发掘"双高计划"学校建设成效,加强政策支持和质量保障工作,指导"双高计划"学校以金专业为核心,通过优化专业设置,紧密对接产业发展需求,特别是本省四大科创高地建设对技术技能人才的需求,充分调研了解行业发展趋势和用人需求,建立行业普遍认同的岗位清单和能力匹配清单,以清单对标专业设置和人才培养方案,确保专业培养的针对性和实用性。同时,适应加快发展新质生产力的新要求,加强与头部企业、专精特新企业、小巨人企业等优质企业的合作,优化课程体系,提高师资队伍水平和实践教学能力,建设高水平的实训基地和产学研合作基地,优中选优,做精品职教"五金"品牌,为国家职教"五金"建设贡献丰富的浙江元素、浙江标准。

2.布局共同富裕新赛道,助力育训并举社会服务更加充分

发挥"双高计划"学校独特的教育资源和人才培养优势,在推动共同富裕和融入省域、市域技能型社会建设的过程中承担更多教育统筹责任;进一步将办学重心延伸到县域,在国民教育体系下全方位做好社会服务工作,包括开展职业技能培训、岗位工人回炉深造、文化传承与创新、社会服务与咨询等活动;增强"双高计划"学校农业技能技

术供给和推广能力,赋能乡村产业发展;鼓励"双高计划"学校主动走入企业了解产业共性需求、开展科创平台打造和创新团队建设,提升研发能力、技术攻关水平和产业孵化能力,帮助小微民企解决科技创新的难题。

3.推动"双高计划"学校规格提升,实现省域现代职教体系更加健全

落实浙江省《加快构建现代职业教育体系的实施意见》,优化职业教育布局和结构,发挥"双高计划"学校在全省职业教育改革中发挥中流砥柱的重要作用,以服务学生全面发展和适应经济社会发展需求为导向,以数字化改革抢占职业教育高质量发展新赛道,提高职业教育的整体效益;推动完善职业教育积极向本科层次延展,优先支持符合条件的"双高计划"学校整合资源举办职业本科教育,多形式扩大职业本科教育规模,扩大中高职一体化、中本一体化生源占比,优化办学结构、专业和布局;推动企业深度参与教育教学、人才培养全过程,在管理体制、办学机制、育人模式等方面先行先试、率先突破,切实提升职业教育的质量、适应性和吸引力。

附件:浙江省 15 所"双高计划"建设单位标志性成果统计表

成果	数量	院校分布
1.全国高校"双带头人"教师党支部书记工作室(含 2018 年首批 0 项)	1	金华职业技术学院(1)
2.全国党建工作示范高校、标杆院系、样板支部培育创建单位(含 2018 年首批 79 项,浙江 1 项)	21	金华职业技术学院(2)、浙江机电职业技术学院(2)、杭州职业技术学院(2)、宁波职业技术学院(3)、温州职业技术学院(2)、浙江建设职业技术学院(1)、浙江交通职业技术学院(1)、浙江经济职业技术学院(1)、浙江经贸职业技术学院(1)、浙江旅游职业学院(2)、浙江工贸职业技术学院(1)、浙江警官职业学院(2)、浙江商业职业技术学院(1)

续表

成果		数量	院校分布
3.国家课程思政教学研究示范中心、示范课程、教学名师和团队		22	金华职业技术学院(4)、浙江机电职业技术学院(1)、杭州职业技术学院(2)、宁波职业技术学院(1)、浙江金融职业技术学院(2)、温州职业技术学院(1)、浙江交通职业技术学院(2)、浙江经济职业技术学院(1)、浙江经贸职业技术学院(1)、浙江旅游职业学院(2)、浙江工贸职业技术学院(2)、浙江警官职业学院(2)、浙江商业职业技术学院(1)
4.高校思想政治工作有关培育建设项目(含2024年公示74项,浙江13项)		16	金华职业技术学院(3)、宁波职业技术学院(2)、浙江金融职业技术学院(1)、温州职业技术学院(2)、浙江交通职业技术学院(1)、浙江经济职业技术学院(1)、浙江经贸职业技术学院(1)、浙江旅游职业学院(3)、浙江工贸职业技术学院(2)
5.全国高校思想政治理论课教学展示活动评选(含第三届公示95项,浙江4项)	特等奖	2	金华职业技术学院(2)
	一等奖	4	金华职业技术学院(2)、浙江金融职业学院(1)、浙江经济职业技术学院(1)
	二等奖	4	浙江金融职业学院(2)、温州职业技术学院(1)、浙江商业职业技术学院(1)
6.五四红旗团委(团支部)、全国优秀共青团员、全国优秀共青团干部		4	金华职业技术学院(1)、杭州职业技术学院(1)、宁波职业技术学院(1)、浙江交通职业技术学院(1)
7.国家级教学成果奖	一等奖	5	金华职业技术学院(2)、杭州职业技术学院(2)、温州职业技术学院(1)
	二等奖	25	金华职业技术学院(1)、浙江机电职业技术学院(3)、杭州职业技术学院(2)、宁波职业技术学院(2)、浙江金融职业技术学院(3)、温州职业技术学院(1)、浙江交通职业技术学院(3)、浙江经济职业技术学院(2)、浙江旅游职业学院(2)、浙江工贸职业技术学院(3)、浙江商业职业技术学院(3)
8.职业教育国家规划教材书目(含中职,浙江金融、浙江商业)		374	金华职业技术学院(56)、浙江机电职业技术学院(28)、杭州职业技术学院(11)、宁波职业技术学院(21)、浙江金融职业技术学院(48)、温州职业技术学院(23)、浙江建设职业技术学院(11)、浙江交通职业技术学院(30)、浙江经济职业技术学院(23)、浙江经贸职业技术学院(36)、浙江旅游职业学院(22)、浙江工贸职业技术学院(10)、浙江警官职业学院(13)、浙江商业职业技术学院(40)、浙江艺术职业学院(2)

续表

成果		数量	院校分布
9.全国教材建设奖	一等奖	7	金华职业技术学院(2)、宁波职业技术学院(1)、浙江金融职业学院(2)、浙江交通职业技术学院(1)、浙江经济职业技术学院(1)
	二等奖	10	浙江机电职业技术学院(1)、杭州职业技术学院(1)、浙江金融职业学院(1)、浙江建设职业技术学院(1)、浙江交通职业技术学院(1)、浙江经济职业技术学院(1)、浙江经贸职业技术学院(1)、浙江旅游职业学院(1)、浙江商业职业技术学院(1)、浙江艺术职业学院(1)
10.全国职业院校技能大赛(含浙江艺术中职获奖5项)	一等奖	92	金华职业技术学院(34)、浙江机电职业技术学院(3)、杭州职业技术学院(5)、宁波职业技术学院(8)、浙江金融职业学院(4)、温州职业技术学院(2)、浙江建设职业技术学院(4)、浙江交通职业技术学院(6)、浙江经济职业技术学院(9)、浙江经贸职业技术学院(2)、浙江旅游职业学院(4)、浙江警官职业学院(1)、浙江商业职业技术学院(4)、浙江艺术职业学院(6)
	二等奖	132	金华职业技术学院(38)、浙江机电职业技术学院(5)、杭州职业技术学院(12)、宁波职业技术学院(19)、浙江金融职业学院(4)、温州职业技术学院(2)、浙江建设职业技术学院(4)、浙江交通职业技术学院(10)、浙江经济职业技术学院(3)、浙江经贸职业技术学院(11)、浙江旅游职业学院(6)、浙江工贸职业技术学院(7)、浙江商业职业技术学院(7)、浙江艺术职业学院(4)
	三等奖	82	金华职业技术学院(25)、浙江机电职业技术学院(3)、杭州职业技术学院(9)、宁波职业技术学院(9)、温州职业技术学院(5)、浙江建设职业技术学院(3)、浙江交通职业技术学院(7)、浙江经济职业技术学院(4)、浙江经贸职业技术学院(9)、浙江旅游职业学院(2)、浙江工贸职业技术学院(2)、浙江商业职业技术学院(4)
11.全国职业院校技能大赛承办(含2024年承办174项,浙江5项;另含浙江建设中职承办1项)		16	金华职业技术学院(3)、浙江机电职业技术学院(5)、浙江建设职业技术学院(3)、浙江旅游职业学院(1)、浙江工贸职业技术学院(1)、浙江艺术职业学院(3)
12.首届全国技能大赛(优胜奖)		2	金华职业技术学院(1)、浙江交通职业技术学院(1)
13.世界技能大赛		0	/

续表

成果		数量	院校分布
14.世界职业院校技能大赛	一等奖	1	金华职业技术学院(1)
	二等奖	1	宁波职业技术学院(1)
	三等奖	1	浙江经贸职业技术学院(1)
	优胜奖	2	杭州职业技术学院(1)、温州职业技术学院(1)
15.第二届全国技能大赛	三等奖	1	浙江经济职业技术学院(1)
	优胜奖	3	金华职业技术学院(2)、浙江工贸职业技术学院(1)
16.中国"互联网＋"大学生创新创业大赛	金牌	9	金华职业技术学院(3)、浙江机电职业技术学院(1)、宁波职业技术学院(1)、温州职业技术学院(1)、浙江交通职业技术学院(1)、浙江经贸职业技术学院(1)、浙江旅游职业学院(1)
	银牌	16	金华职业技术学院(8)、浙江机电职业技术学院(1)、杭州职业技术学院(1)、宁波职业技术学院(2)、温州职业技术学院(1)、浙江交通职业技术学院(1)、浙江经贸职业技术学院(1)、浙江旅游职业学院(1)
	铜牌	34	金华职业技术学院(8)、浙江机电职业技术学院(2)、杭州职业技术学院(2)、宁波职业技术学院(4)、温州职业技术学院(3)、浙江交通职业技术学院(2)、浙江经济职业技术学院(4)、浙江旅游职业学院(9)
17."挑战杯"全国大学生课外学术科技作品竞赛	特等奖	1	浙江机电职业技术学院(1)
	一等奖	1	金华职业技术学院(1)
	三等奖	1	金华职业技术学院(1)
18."挑战杯"中国大学生创业计划竞赛	金牌	6	金华职业技术学院(1)、宁波职业技术学院(3)、浙江金融职业学院(1)、浙江经济职业技术学院(1)
	银牌	7	金华职业技术学院(2)、浙江机电职业技术学院(2)、宁波职业技术学院(2)、浙江工贸职业技术学院(1)
	铜牌	12	金华职业技术学院(4)、浙江机电职业技术学院(1)、宁波职业技术学院(2)、温州职业技术学院(2)、浙江交通职业技术学院(1)、浙江经济职业技术学院(1)、浙江工贸职业技术学院(1)
19.全国大学生艺术展演		8	浙江机电职业技术学院(1)、浙江旅游职业学院(2)、浙江工贸职业技术学院(1)、浙江艺术职业学院(4)

成果		数量	院校分布
20.全国大学生电子设计竞赛	等奖	7	浙江机电职业技术学院(3)、宁波职业技术学院(1)、浙江工贸职业技术学院(2)、浙江商业职业技术学院(1)
	二等奖	15	金华职业技术学院(4)、浙江机电职业技术学院(1)、杭州职业技术学院(2)、宁波职业技术学院(3)、温州职业技术学院(1)、浙江工贸职业技术学院(3)、浙江商业职业技术学院(1)
21.全国创新创业典型经验高校(2016—2019年连续四年评选,仅统计2019年)		0	
22.青年文明号		1	浙江建设职业技术学院(1)
23.国防教育特色学校(含2017—2019年连续三批,仅统计2019年)		0	
24.全国示范性职业教育集团(联盟)培育单位		7	金华职业技术学院(1)、宁波职业技术学院(1)、温州职业技术学院(1)、浙江建设职业技术学院(1)、浙江旅游职业技术学院(1)、浙江警官职业学院(1)、浙江商业职业技术学院(1)
25.国家备案众创空间		1	金华职业技术学院(1)
26.全国普通高校中华优秀传统文化传承基地(含2018年第一批0项)		0	/
27."互联网＋中国制造2025"产教融合促进计划建设院校		0	/
28.全国普通高校毕业生就业创业工作典型案例		2	浙江金融职业学院(1)、浙江工贸职业技术学院(1)
29."推普助力乡村振兴"全国大学生暑期社会实践志愿服务活动		3	杭州职业技术学院(1)、浙江经济职业技术学院(2)
30."推普脱贫攻坚"全国大学生暑期社会实践专项活动		0	/
31."全国大学生网络文化节"和"全国高校网络教育优秀作品推选展示活动"		14	金华职业技术学院(4)、浙江机电职业技术学院(1)、宁波职业技术学院(4)、浙江经贸职业技术学院(1)、浙江旅游职业技术学院(1)、浙江商业职业技术学院(3)
32.国家"万人计划"教学名师		6	金华职业技术学院(2)、杭州职业技术学院(2)、宁波职业技术学院(1)、浙江金融职业学院(1)

续表

成果		数量	院校分布
33.全国优秀教师、全国优秀教育工作者		2	杭州职业技术学院(1)、浙江建设职业技术学院(1)
34.全国教书育人楷模		0	/
35.全国教育系统先进集体、模范教师、先进工作者		3	金华职业技术学院(1)、温州职业技术学院(1)、浙江交通职业技术学院(1)
36.全国五一劳动奖章、工人先锋号		4	金华职业技术学院(2)、杭州职业技术学院(1)、宁波职业技术学院(1)
37.全国技术能手		16	金华职业技术学院(3)、浙江机电职业技术学院(2)、杭州职业技术学院(1)、宁波职业技术学院(2)、浙江金融职业学院(1)、温州职业技术学院(3)、浙江经济职业技术学院(2)、浙江旅游职业学院(1)、浙江商业职业技术学院(1)
38.全国青年岗位能手		16	杭州职业技术学院(14)、温州职业技术学院(1)、浙江旅游职业学院(1)
39.国家级职业教育教师教学创新团队		22	金华职业技术学院(2)、浙江机电职业技术学院(2)、杭州职业技术学院(2)、宁波职业技术学院(2)、浙江金融职业学院(1)、温州职业技术学院(2)、浙江建设职业技术学院(2)、浙江交通职业技术学院(2)、浙江经济职业技术学院(2)、浙江经贸职业技术学院(1)、浙江旅游职业学院(1)、浙江工贸职业技术学院(2)、浙江商业职业技术学院(1)
40.全国高校黄大年式教师团队(不含 2018 年首批 10 所,浙江 1 所)		6	金华职业技术学院(2)、浙江机电职业技术学院(1)、浙江金融职业学院(1)、温州职业技术学院(1)、浙江工贸职业技术学院(1)
41.全国职业院校技能大赛教学能力比赛(第一单位)	一等奖	25	金华职业技术学院(15)、杭州职业技术学院(1)、宁波职业技术学院(1)、浙江金融职业学院(2)、温州职业技术学院(1)、浙江经济职业技术学院(2)、浙江旅游职业学院(1)、浙江工贸职业技术学院(1)、浙江警官职业学院(1)
	二等奖	13	浙江机电职业技术学院(1)、杭州职业技术学院(3)、浙江金融职业学院(3)、温州职业技术学院(1)、浙江经贸职业技术学院(1)、浙江旅游职业学院(2)、浙江工贸职业技术学院(1)、浙江商业职业技术学院(1)
	三等奖	4	杭州职业技术学院(1)、浙江金融职业学院(1)、温州职业技术学院(1)、浙江交通职业技术学院(1)

续表

成果	数量	院校分布
42.最美高校辅导员、全国高校辅导员年度人物	2	宁波职业技术学院(2)
43.全国高校辅导员素质能力大赛	0	/
44.全国行业职业教育教学指导委员会、教育部职业院校教学(教育)指导委员会委员	79	金华职业技术学院(10)、浙江机电职业技术学院(3)、杭州职业技术学院(4)、宁波职业技术学院(8)、浙江金融职业学院(8)、温州职业技术学院(3)、浙江建设职业技术学院(2)、浙江交通职业技术学院(8)、浙江经济职业技术学院(11)、浙江经贸职业技术学院(6)、浙江旅游职业学院(4)、浙江工贸职业技术学院(4)、浙江警官职业学院(3)、浙江商业职业技术学院(2)、浙江艺术职业学院(3)
45.全国脱贫攻坚先进集体和先进个人	0	/
46.高等职业学校"双师型"教师队伍建设典型案例、首批高等职业学校"双师型"教师个人专业发展典型案例	8	金华职业技术学院(2)、宁波职业技术学院(2)、浙江金融职业学院(1)、浙江交通职业技术学院(2)、浙江经济职业技术学院(1)
47.职业教育教师教学创新团队课题	20	金华职业技术学院(2)、浙江机电职业技术学院(2)、杭州职业技术学院(3)、宁波职业技术学院(1)、浙江金融职业学院(1)、温州职业技术学院(2)、浙江建设职业技术学院(2)、浙江交通职业技术学院(1)、浙江经济职业技术学院(2)、浙江经贸职业技术学院(1)、浙江旅游职业学院(1)、浙江工贸职业技术学院(1)、浙江商业职业技术学院(1)
48.全国职业院校校长培训基地	3	金华职业技术学院(1)、浙江机电职业技术学院(1)、杭州职业技术学院(1)
49.国家级职业教育教师教学创新团队培训基地	1	浙江机电职业技术学院(1)
50.全国高校毕业生基层就业卓越奖	2	金华职业技术学院(1)、浙江经济职业技术学院(1)
51.国家级职业教育"双师型"教师培训基地	29	金华职业技术学院(3)、浙江机电职业技术学院(3)、杭州职业技术学院(2)、宁波职业技术学院(3)、浙江金融职业学院(3)、温州职业技术学院(1)、浙江建设职业技术学院(2)、浙江交通职业技术学院(1)、浙江经济职业技术学院(2)、浙江经贸职业技术学院(2)、浙江旅游职业学院(3)、浙江工贸职业技术学院(1)、浙江警官职业学院(1)、浙江商业职业技术学院(1)、浙江艺术职业学院(1)

续表

成果	数量	院校分布
52.全国乡村振兴人才培养优质校	1	金华职业技术学院(1)
53.国家自然科学基金项目	16	金华职业技术学院(11)、杭州职业技术学院(2)、温州职业技术学院(2)、浙江工贸职业技术学院(1)
54.国家社会科学基金项目	19	金华职业技术学院(3)、杭州职业技术学院(1)、浙江金融职业学院(1)、浙江建设职业技术学院(1)、浙江经济职业技术学院(3)、浙江经贸职业技术学院(2)、浙江旅游职业学院(7)、浙江艺术职业学院(1)
55.全国教育科学规划项目	10	金华职业技术学院(3)、杭州职业技术学院(1)、宁波职业技术学院(1)、浙江金融职业学院(1)、温州职业技术学院(2)、浙江建设职业技术学院(1)、浙江商业职业技术学院(1)
56.国家艺术基金项目	8	浙江商业职业技术学院(1)、浙江艺术职业学院(7)
57.高等学校科学研究优秀成果奖(自然科学奖、技术发明奖、科学技术进步奖、青年科学奖) 二等奖	1	杭州职业技术学院(1)
58.国家级专业技术人员继续教育基地	1	浙江经济职业技术学院(1)
59.教育部人文社会科学研究一般项目	60	金华职业技术学院(14)、浙江机电职业技术学院(4)、杭州职业技术学院(4)、宁波职业技术学院(7)、浙江金融职业学院(9)、温州职业技术学院(7)、浙江建设职业技术学院(1)、浙江交通职业技术学院(1)、浙江经济职业技术学院(3)、浙江旅游职业学院(5)、浙江警官职业学院(1)、浙江商业职业技术学院(3)、浙江艺术职业学院(1)
60.首批市域产教联合体	1	杭州职业技术学院(1)
61.全国文明校园	0	/
62.全国公共机构水效领跑者	0	/
63.国家节约型公共机构示范单位、公共机构能效领跑者	1	金华职业技术学院(1)
64.全国急救教育试点学校公示名单	2	杭州职业技术学院(1)、浙江警官职业学院(1)

续表

成果		数量	院校分布
65.全国职业教育信息化标杆校、全国职业院校数字校园建设样板校		10	金华职业技术学院(1)、浙江机电职业技术学院(1)、杭州职业技术学院(1)、宁波职业技术学院(1)、浙江金融职业学院(1)、温州职业技术学院(1)、浙江建设职业技术学院(1)、浙江经济职业技术学院(1)、浙江旅游职业学院(1)、浙江警官职业学院(1)
66.国家精品在线开放课程(未统计 2018 年度课程,2019 年 1 月下文)		64	金华职业技术学院(11)、浙江机电职业技术学院(7)、杭州职业技术学院(2)、宁波职业技术学院(5)、浙江金融职业学院(4)、温州职业技术学院(3)、浙江建设职业技术学院(2)、浙江交通职业技术学院(3)、浙江经济职业技术学院(4)、浙江经贸职业技术学院(6)、浙江旅游职业学院(5)、浙江工贸职业技术学院(6)、浙江警官职业学院(1)、浙江商业职业技术学院(4)、浙江艺术职业学院(1)
67.国家级职业教育专业教学资源库(仅统计 2019—2020 年,全国 273 项,浙江 21 项)		14	金华职业技术学院(3)、杭州职业技术学院(1)、宁波职业技术学院(2)、浙江金融职业学院(3)、温州职业技术学院(1)、浙江建设职业技术学院(2)、浙江交通职业技术学院(1)、浙江旅游职业学院(1)
68.网络学习空间应用普及优秀学校		0	/
69.职业教育示范性虚拟仿真实训基地培育项目		7	金华职业技术学院(1)、浙江机电职业技术学院(1)、杭州职业技术学院(1)、温州职业技术学院(1)、浙江建设职业技术学院(1)、浙江交通职业技术学院(1)、浙江旅游职业学院(1)
70.教育信息化教学应用实践共同体项目		0	
71."一带一路"暨金砖国家技能发展与技术创新大赛获奖	金牌	31	金华职业技术学院(3)、浙江机电职业技术学院(2)、杭州职业技术学院(3)、宁波职业技术学院(3)、浙江金融职业学院(2)、温州职业技术学院(9)、浙江交通职业技术学院(2)、浙江经济职业技术学院(4)、浙江经贸职业技术学院(1)、浙江工贸职业技术学院(2)
	银牌	71	金华职业技术学院(6)、浙江机电职业技术学院(3)、杭州职业技术学院(2)、宁波职业技术学院(7)、浙江金融职业学院(8)、温州职业技术学院(8)、浙江建设职业技术学院(2)、浙江交通职业技术学院(5)、浙江经济职业技术学院(14)、浙江经贸职业技术学院(3)、浙江旅游职业学院(1)、浙江工贸职业技术学院(4)、浙江商业职业技术学院(8)

成果		数量	院校分布
71."一带一路"暨金砖国家技能发展与技术创新大赛获奖	铜牌	74	金华职业技术学院(7)、浙江机电职业技术学院(3)、杭州职业技术学院(5)、宁波职业技术学院(9)、浙江金融职业技术学院(4)、温州职业技术学院(8)、浙江建设职业技术学院(4)、浙江交通职业技术学院(2)、浙江经济职业技术学院(21)、浙江经贸职业技术学院(4)、浙江工贸职业技术学院(3)、浙江商业职业技术学院(4)
	优胜奖	15	金华职业技术学院(4)、温州职业技术学院(1)、浙江建设职业技术学院(1)、浙江经济职业技术学院(6)、浙江经贸职业技术学院(3)
72."人文交流经世项目"首批"经世国际学院"		2	杭州职业技术学院(1)、温州职业技术学院(1)
73.职业教育"走出去"试点项目学校		0	/
74."中文工坊"项目		1	金华职业技术学院(1)
75."中文＋职业技能"教学资源建设项目		4	浙江机电职业技术学院(1)、杭州职业技术学院(1)、宁波职业技术学院(1)、浙江旅游职业学院(1)
76.汉语桥"中文＋职业技能"线上团组交流项目		22	金华职业技术学院(3)、杭州职业技术学院(3)、宁波职业技术学院(1)、温州职业技术学院(2)、浙江建设职业技术学院(1)、浙江经济职业技术学院(3)、浙江商业职业技术学院(9)

第二篇　十大建设任务案例

一、加强党的建设

金华职业技术学院：

党建联建"五融五共"，助力共同富裕先行示范

为高质量实施"红色根脉强基工程"和高校党建"四个融合"行动，金华职业技术学院党委主动扛起共同富裕先行示范的使命担当，以党建共建共享共融为主线，深入开展"五融五共"（融入红色基因，共建基层党建学院；融入"三全育人"，共创实践教育基地；融入协同发展，共育产教融合项目；融入共同富裕，共谋区域智库联盟；融入智慧互联，共探基层治理模式）校企地党建联建，不断深化校企地在产业布局、科研孵化、学科建设、人才培养、创业就业等方面的合作，为高质量建设共同富裕示范区贡献职教力量。

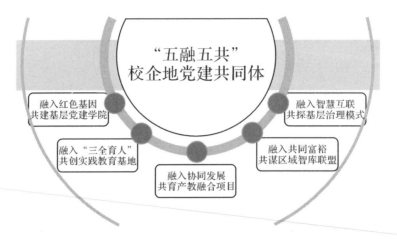

图 2-1 "五融五共"校企地党建共同体建设机制

（一）创设党建联建机制，统领共富同行

按照"党建引领、优势互补、资源共享、共进共赢"的原则，建立党组织三级联动模式，学校与浙江山区 26 县之一的武义县共建党建共同体，各二级党委、党支部结合专业特点，全部与市属国企、产业联盟、行业龙头企业、乡镇（街道）、村（社区）等基层党组织结对共建。充分发挥校企地三方参与的党建共建领导小组功能，党委书记亲自挂帅，定期召开联席会议推进重大事项，建立季度例会机制、活动轮办机制和联合揭榜机制。紧扣"五融五共"，实行清单式管理，促使党建共同体建设项目化、具体化、责任化，组织部门对照联建清单督查任务落实进度，定期对任务指标完成情况进行调度推进、分析研判，做到问题清、任务明、责任实、成效佳，联建情况纳入双方党组织书记年度党建工作述职评议重要内容，通过"晒拼创"激发党组织争先动能推动组织联建、资源联享、人才联育、发展联动等各方面协同发力。

图 2-2　学校党委与中共武义县委成立党建共同体

(二)深化产教融合项目,推动共富提速

学校各级党组织与地方、企业党组织共同建立政产学研用紧密结合的战略合作模式,形成地方、企业资源优势与高校科技人才优势紧密结合、互补互促的良性机制。目前,学校与金华经济技术开发区管委会、武义县等签订多层次多领域全方位战略合作协议,学校 11 个二级学院党组织与地方企业党组织共建乡村振兴学院、社区学院、企业学院、家长学院、退役军人学院等五类共 16 所学院。围绕地方重点支柱产业,共建智能电器工具行业产教融合共同体、道地中药材产业化协同创新中心等实体化创新平台 7 个。免费许可实用新型专利 20 余个,帮助中小微企业降低专利技术成本,推动其专精特新发展。发挥学校高层次人才智力优势参与科技人才揭榜挂帅,建立更为紧密的科研成果共享机制,获批金华市揭榜挂帅项目 1 个,组建红色文化研究中心、电动(园林)知识产权服务联盟等专家智库 4 个,共同参与地方政府和企业的重大课题研究、关键技术难题突破。

图 2-3　学校农学院专家向养殖企业和养殖户传授珍珠育种新技术

（三）聚焦技能人才培养，构筑共富力量

以培养复合型、创新型技术技能人才为目标，紧紧抓住"针对产业需求、地方需要提供有效的人力资源供给"这一校企地合作的动力机制，探索合作育人多元路径。全力打造区域职教集团标杆，金华首所全日制中高职一体化职业院校——金华职业技术学院武义学院成立，首批开设机械制造及自动化、学前教育、康复治疗技术等 3 个专业，全部对接武义支柱产业，160 名新生全部来自武义。拓展实践教学平台，共建实践基地 124 个。举办实习双选会、书记校长访企拓岗、专场招聘会等 50 余场，吸引近 300 名非本地生源毕业生就业。发挥职业技能培训优势，探索面向各类社会人员的人才培养路径，建立个性化、开放式的继续教育学习模式和柔性管理办法，每年开展致富带头人、退役军人、企业职工等技能提升培训 2000 余人次，"订单式"培养紧缺技术技能型人才。

图 2-4　学校科技助农队赴武义县青坑村开展农业技术现场培训

校企地三方依托"五融五共"党建联建机制,充分发挥资源优势与各级党组织内生动力,打造"融创先锋　共富莹乡"等党建品牌 31 个,以党建联建为牵引,通过人才链、教育链、产业链有机衔接,实现人才培养、技术服务、产业发展、基层治理等全方位融合。选派 70 余名博士教授担任国企赛考项目导师、投入科技攻关和美丽乡村建设等行动,相关调研成果获省级领导肯定性批示 3 个,签订技术服务合同总价款达 120 余万元。对接 11 个村 20 余个富民项目,促进增收 300 余万元。组织 13 支大学生社会服务实践队,利用暑期赴武义开展"访企下乡探寻共富密码"活动,充分发挥专业特长为群众办实事、解难题,惠及群众逾万人。获"学习强国"、浙江新闻官网等省级以上媒体报道 33 篇,入选全省高校校企地党建联建典型案例、全省高校干部人才助力山区 26 县高质量发展创新案例。

浙江金融职业学院：

深化党建迭代跃迁，全力打造高职党建标杆校

(一)实施背景

聚焦学校"十四五"办学发展目标，深入学习贯彻习近平新时代中国特色社会主义思想和党的二十大精神，按照新时代党的建设总要求，以政治建设为统领，弘扬伟大建党精神，落实浙江省委"红色根脉强基工程"，深入推进高校党建"四个融合"行动，以高质量党建助力学校高水平发展。

(二)主要举措

1. 坚持政治引领，优化党建体系引领发展大局

学校党委始终把政治建设放在首位，认真学习贯彻习近平总书记两封贺信精神，积极完善学校党委、二级党总支、基层党支部和党员"四位一体"党建工作体系，实施"理论学习、工作布置、经验交流"党建工作月度例会制度，推行"一周碰头、一月例会、一季盘点、半年小结、一年考核"机制，强化党建工作纵向到底、横向到边、全域覆盖，进一步优化学校党委全面引领、党总支承上启下、党支部战斗堡垒和党员先锋模范作用，确立学校党建工作总基调。

2. 坚持固本强基，细化两级联动筑强战斗堡垒

学校党委扎实开展"不忘初心，牢记使命"主题教育、党史学习教育和学习贯彻习近平新时代中国特色社会主义思想主题教育，强化思想铸魂，提高政治站位。深入实施"一流党建"工作计划，强化党建工作责任制，坚持"第一议题"制度，落实好校院两级理论学习中心组学习、"三

图 2-5　学校实施"理论学习、工作布置、经验交流"党建工作月度例会制度

会一课"等,高标准开展基层党组织换届,实施党建工作任务清单制、书记领办制、定期晾晒制等,强化基层党组织政治功能和组织功能。在师生党员中广泛开展"五带头",带领教师党员争当育人先锋、学生党员争做成才示范,切实提高党员发展和管理水平。

图 2-6　党委书记深入基层一线、深入师生讲党课

3.坚持树特创优,强化项目培育打造品牌体系

强化党建工作品牌化意识,积极构建国家、省、校三级党建精品项目培育体系。大力培育校级党建"双创"项目、党建特色品牌、党支部书

记工作室，定期征求党建联建典型案例，做大党建优质项目培育池。加大国家级、省级党建项目培育的竞争性选拔力度和建设经费投入力度，发放党务干部工作补贴，将党建业绩纳入任期目标责任制、等效评价、年度综合考核体系、职称评聘等，提高党建评价权重，发挥党建绩效"杠杆"作用，激发基层党建提标扩面、品牌塑造的积极性和主动性。

4. 坚持靶向发力，深化协同并进助推提质增效

坚持党建引领，一体协同推进干部工作、人才工作、意识形态工作、党风廉政建设。落实党管干部原则，坚持正确的选人用人导向，大力选用优秀年轻干部，健全干部选育管用全链条机制，推进干部队伍系统重塑。突出引育并重，完善制度加强博士自主培育，拓宽路径加大高层次人才引进力度，加强师资团队、博士平台、名师队伍建设。构建"大思政"格局，强化"大思政"工作领导小组作用，建强马克思主义学院，夯实课程思政体系；强化意识形态工作责任制，健全校园网络舆情搜集研判机制，构建警校企校园安全治理共同体。纵深推进全面从严治党，坚持"五政"同构、"五风"同建、"五廉"并重，扎实推进"五清"清廉校园建设。

（三）成果成效

1. 党建质量显著提升

学校成为全省唯一通过全省高校党建工作示范高校、标杆院系、样板支部首批验收的高职院校，入选国家课程思政教学研究示范中心、浙江省课程思政示范校，获批浙江省习近平新时代中国特色社会主义思想研究中心首批研究基地（全省唯一获批的职业院校）。主题教育"省管干部政治建设调研分析"获评优秀，主题教育工作得到省委巡回指导组充分肯定。入选和建成省级高校党建工作"双创"项目9个，71%的

二级学院入选省级党建"双创"项目,获省级"两优一先"表彰6个。在《光明日报》《浙江日报》等报刊媒体上发表理论宣传文章10余篇,牵头成功举办中国特色高水平高职学校党委书记论坛,连续主办全国高职高专院校马克思主义学院书记院长论坛。

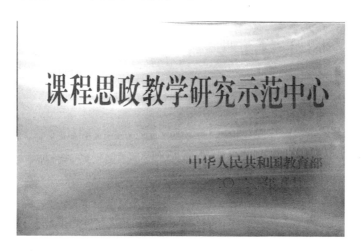

图 2-7　学校入选国家课程思政教学研究示范中心

2.师资队伍卓越发展

推进"国家—省—校"教师团队体系建设,国际经济与贸易专业教师团队入选全国高校黄大年式教学团队,电子商务专业国家级职业教育教师教学创新团队顺利通过教育部验收,新增省职业教育教师创新团队2个、全国技术能手1名,为人才发展提供有力平台支撑。强化引进高层次人才投入和科研经费支撑,年均引育博士20人,博士数量实现2年翻番,达到创建职业本科高层次师资标准。建设2个国家级产学研平台,获国家级、省级荣誉70余项,"师资队伍"指数位居全国第二。党员教师先锋示范引领贡献卓越。7名党员干部教师援青援疆,获评教育援青先进1人、最美援青人1人、援疆记功2人,学校在2023年全省援青工作推进会上作典型经验发言。

图 2-8　国际经济与贸易专业教师团队入选第三批

全国高校黄大年式教师团队

3."四个融合"全面加强

强化党建"统合力"，引领教学事业高质量开展。学校获国家级教学成果奖二等奖 5 项、国家首届优秀教材奖 3 项，入选"十四五"规划教材 28 本，获第二届全国高校思政理论课教学展示一等奖，立项教育部高校思政理论课教师研究专项 1 项、教育部中华优秀传统文化专项 1 项，2023 立项教育部人文社科研究项目数居全国高职院校首位。发挥党建"聚合力"，积极对接行业需求，与杭州银行等单位成立全国普惠金融行业产教融合共同体，与商务部国际贸易经济合作研究院共建电子商务与新消费研究院等智库平台，高效开展资政资企服务。深化党建"嵌合力"融进地方，运用"千万工程"经验持续 15 年帮扶天台县黄水村和淳安县幸福村，助力村集体经济收入增幅达 100%、低收入人群收入增幅超过全县平均水平；在《中国教育报》上发布《助力乡村振兴　推进共同富裕》年度社会责任报告，并广受好评。增强党建"耦合力"，与学校事业融为一体。学校在"2023 软科中国高职院校排名"中位居全国高职财经类院校第二、金融类院校第一，在全国高职院校综合竞争力排行榜中居第 12 位。

图 2-9　《光明日报》刊发《浙江金融职业学院：彰显金融特色　培养高素质
应用型人才》

图 2-10　《中国教育报》发布《助力乡村振兴　推进共同富裕》

浙江旅游职业学院：

党建引领，先锋争创，堡垒建强不断提升基层党建质量

学校坚持以党的政治建设为统领，把党的领导贯穿办学治校和教育教学全过程，围绕立德树人根本任务，大力实施"红色根脉强基工程"，以学校"先锋工程"为引领，通过"政治铸魂、强基固本、效能聚力、头雁培优、思政育人"五大行动，推动党建工作与学校事业发展"互融共促"。

（一）主要做法

1. 聚焦"政治铸魂"，守好"红色根脉"

坚持用新思想武装头脑、指导实践、推动工作。一是深化党委理论学习中心组学习，全面落实基层党组织"第一议题"制度，建立"领、讲、研、测、促"五学联动模式，高质量开展"两学一做""不忘初心、牢记使命""党史学习教育""学习贯彻习近平新时代中国特色社会主义思想"等主题教育。二是推进学习教育常态化制度化，每月实行政治理论学习重点提醒，实施政治理论学习巡听旁听制度，以"红色讲坛""先锋夜学"等形式深入开展集中轮训。三是形成多维协同"三全育人"长效机制。构建"思政课创优361"模式，全面实施"人文铸旅"工程，打造"中国服务之美"劳动教育品牌，建成全国首个旅游类高校"红色之旅"思政教育数字化主题馆，成立"六个协同"大、中、小学思政课一体化理实中心。

图 2-11　浙江旅游职业学院党委书记韦国潭讲授学习贯彻习近平
新时代中国特色社会主义思想主题教育专题党课

2.聚焦"抓院促系",筑强组织堡垒

形成"上下贯通联动、横向协同互动"的学校党建工作大格局。一是修订党委会、校长办公会议事规则及二级单位党组织会、党政联席会议事规则,出台党委会、校长办公会议事清单。二是制定《落实〈关于深化推进新时代高校党建工作的意见〉的任务分工和具体举措》,建立基层党组织书记述党建、领导干部联系学生"七个一"和讲党课等制度,定期开展"书记面对面""校长有约"等师生交流活动。三是实施基层党建"堡垒指数"和"先锋指数"考评管理,通过"智慧党建"平台建设,形成实时反馈和过程优化的工作体系。

图 2-12 党员师生在学生公寓"沐心书院"开展政治理论学习

3.聚焦"对标对表",擦亮党建品牌

深入贯彻落实基层党组织建设"两个标准"要求。一是以"先锋工程"推动党建工作项目制、清单化。稳步开展国家、省、校三级"对标争先"活动,"双带头人"教师党支部书记全覆盖。二是以"中国服务 先锋领航"党建品牌为统领,打造"一总支一品牌、一支部一特色"纵横一体的品牌矩阵,以"先锋奖章"评选引领激发奋进力量。三是形成质量较高的党建研究成果,编写《"七个一百"献给党》《"疫"起行动》《知行祖国:新时代高校思政课教学实践》,2 个课题研究报告获省直机关工委党建研究优秀成果二、三等奖。

图 2-13　学校在庆祝中国共产党成立 100 周年表彰大会上

发布学校党建品牌

序号	基层党建子品牌	所属基层组织
1	心服务　星先锋	酒店管理学院党总支
2	e导华夏 聚力先锋	旅行服务与管理学院党总支
3	红雁领 先锋行	旅游规划与设计学院党总支
4	红炉先锋	厨艺学院党总支
5	先锋辉映党旗红	旅游外语学院党总支
6	美丽人生 艺路先锋	艺术学院党总支
7	三心三力 红心接力	工商管理学院党总支
8	五美先锋 心心向党	千岛湖校区党总支
9	知行祖国	马克思主义学院党支部
10	"融·育"先锋	公共教学部党支部
11	红潮涌进	办公室发规处党支部
12	红纽带 巾帼心	组宣纪委办党支部
13	心耀阳光	团学党支部
14	红色铸旅	科研质控审计党支部

图 2-14　学校"中国服务　先锋领航"党建品牌矩阵

(二)成果成效

学校获评国家级党建工作样板支部 2 个,省级高校党建工作标杆院系 4 个、样板支部 5 个,省级高校"双带头人"教师党支部书记工作室 2 个,获省直机关工委"先锋支部""先进基层党组织"等党建类荣誉 14 项。学校入选省职业教育"三全育人"典型学校、省"清廉学校"示范校,入选首批省级课程思政示范校,6 个案例入选中国职业技术教育学会党建工作委员会典型案例集,2 个案例入选全省高校党史学习教育"三为"活动最佳案例、全省高校校企地党建联建典型案例,培育高校思想政治工作质量提升综合改革与精品建设项目 7 项。

(三)经验与推广

学校不断推进基层党组织全面进步、全面过硬,受到《光明日报》《浙江教育报》《浙江共产党员》《青年时报》《钱江晚报》和中国蓝新闻、网易新闻、浙江在线等多家新闻媒体报道,获得了社会的广泛关注与认可。

二、打造技术技能人才培养高地

浙江机电职业技术学院:

开展中德工业 4.0 产教融合,探索本土化特色"双元制"人才培养模式

(一)实施背景

运用国际合作,借鉴海外优秀职业教育培养方式,发展中国特色的校企合作、产教融合育人模式。德国"双元制"人才培养模式,将理论与实践作为学习内容的双元,将高职院校与企业作为学习场所的双元,能

有效增强学生对理论知识的活用,锻炼实践技能,实现理论教学和实践教学并重,全面培养人才技术技能。

(二)主要做法

1. 校、企、协会三方合作"中德工业4.0产教融合项目"

中国国际交流协会联合德国莱茵TÜV集团,探索中国特色职教"双元制"育人模式,打造"中德工业4.0产教融合项目"。项目聚焦智能制造技术,以机电一体化、智能制造等专业为载体,针对专业规划与建设、优秀师资队伍培养、高水平技术技能人才培育和产教融合基地建设等领域,提升职业院校校企合作、产教融合和国际化办学等方面的水平。

图2-15 "中德工业4.0产教融合项目"签约现场

双方建立华东首家"德国莱茵TÜV工业机器人培训考试中心",通过引进、借鉴先进的培训体系、课程开发标准和方法,引进包括"工业4.0"与智能制造、质量管理、精益生产、技术与售后服务、管理与领导力等在内的莱茵TÜV优质课程体系。引入德国"双元制"人才培养模式的精髓,校企共编专业人才培养方案。

2. 引入德国优秀育人模式，校企合作共育"莱茵双元班"

学校与企业签订协议共建"莱茵双元班"，在学校和企业两地开展协作教学，周期为3年。引入德国"双元制"人才培养模式，采取理论教学与实践教学相结合的方式，实行分段教学，安排岗位技术、实操技能、企业文化、企业制度、安全生产等课程，共同培养人才。学生身份持续转变以完成个人的成长。

培养内容	导师	其他	身份
夯实基础，开设基础课、通识课、专业基础课等（如形势与政策、大学英语、高等数学、体育、电工电子基础、电机与电气控制技术等）	以学校导师为主	以校内课堂、校内实训基地为主	学生准员工
专业导论（如专业教育、行业发展讲座等）	学校导师企业导师	校内、校外实训基地企业课堂	
企业任职（如企业讲座、企业参观、企业体验实习等）	以企业导师为主	校外实训基地	

第一学年

培养内容	导师	其他	身份
开设专业课程，如可编程序控制器技术、工业机器人工作站结构设计、自动线与机器人工作站系统集成实训	以学校导师为主，企业导师作为兼职教师进课堂	以校内实训基地为主	学生学徒

培养内容	导师	其他	身份
开设专业课程，如可编程序控制器技术、工业机器人工作站结构设计、自动线与机器人工作站系统集成实训	以企业导师为主，学校导师辅导及兼带技术服务、科技研发、进企业锻炼	校外实训基地合作企业：德国莱茵TÜV	学生学徒

第二学年

培养内容	导师	其他	身份
针对岗位的考证与综合时间环节（如见习工程师考证、毕业设计、毕业实习等）	学校导师、企业导师协同，针对就业岗位设计真实的毕业设计课题，指导学生完成	就业企业：德国莱茵TÜV	员工学生

第三学年

图 2-16 "莱茵双元班"人才培养过程

　　大一实施"以学校为主,企业为辅"的培养模式。夯实学生专业基础,融入专业导论、企业介绍、岗位介绍等系列讲座以及企业实地考察等环节,学生主要身份是"学生+准员工"。大二实施"1+1"的培养模式。即以一个月为单位,将学生分成两批,在企业和学校交替学习,学生主要身份是"学生+学徒"。大三实施"以企业为主,学校为辅"的培养模式。开设岗位核心能力课程,根据实习、就业岗位开展综合项目设计、毕业设计、毕业实习,学生主要身份是"(准)员工+学生"。

　　3.携手德国莱茵 TÜV,共创"双元制"教学设计

　　学校协同中国教育国际交流协会及德国莱茵 TÜV,校行企共同推进人才培养、校地合作、技术研发等方面工作。课程教学内容由中德"双元制"教育专家和智能制造领域专家共同设计,中德教师团队共同实施,采用"3-4-3""双元制"教学模式,保证30%理论教学、70%实践教学。专业教学过程中,提供国际质量管理标准、相关专业课程及考核认证,确保专业培养的人才符合工业4.0时代的人才规格。

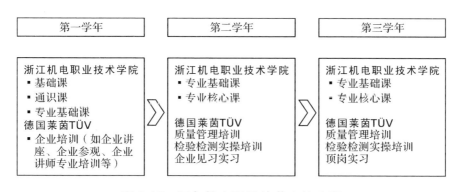

图 2-17　三年校企双元培养实施方案

（三）成果成效

1.引进德国莱茵标准体系，打造国际"双元制"师资队伍

落地"中德工业4.0产教融合项目"，通过引进、借鉴德国莱茵先进的培训体系、课程开发标准和方法，培养一批工业机器人领域国际化技术技能人才。专业群15名骨干教师参加了多期滚动递进的德国莱茵TÜV工业机器人技师师资培训，全部一次性通过理论、实操考核，获得德国莱茵TÜV工业机器人技师和培训师证书。

2.本土化"双元制"方案，构建中国特色培养新模式

联合杭州朗讯科技股份有限公司、浙江晶盛机电股份有限公司签订协议，将引入的德国"双元制"培养标准和方案进行本土化实践，培养"莱茵双元班"学生。校企双方合作开展"双元制"专业教学、职业技能认证、实习与就业，创新融入中德"双元制"合作模式，服务浙江省打造全球先进制造业高地。

3.建立"双元制"培养基地，树立复合型高技能人才新标杆

联合冠名"莱茵双元班"实践人才培养基地，培养一批有能力从事电气自动化相关产品检验检测领域工作的复合型高素质高技能人才。学生在攻读学校专业基础课程后进入联合人才培养基地实习、实训，在基地内完成中德双元实践学习、轮岗锻炼及定岗深化后，优秀学员可借由此平台直接进入德国莱茵TÜV公司实习、工作。该项目建设入选教育部"TÜV莱茵数字创新赋能计划"。

宁波职业技术学院：

打造"三认证"人才培养体系,赋能教学改革提速进位

(一)建设背景

为适应新形势和技术技能人才的新要求,学校以岗位需求为导向,以实践能力培养为重点,将人才培养目标与职场需求相对接,提高教育教学水平。学校坚持"以生为本、能力为重、质量为要、守正创新"的原则,2017年起率先开始探索开发基于专业建设实践和实证研究的专业认证指标体系,实践基于教师教学能力和课堂教学实效提升的有效课堂认证,实施基于学生技能发展的技能考核认证等以人才培养质量提升为核心的"三认证"人才培养体系,打造高水平技术技能人才培养优质生态系统。

(二)建设举措

1.构建本土化专业认证指标体系,赋能"金专"建设

以"国际标准、中国特色、宁职实践"为指导思想,学校坚持人才培养规格与职业需求相适应,围绕"学生发展"系统设计专业认证指标体系,更新迭代5个版本,构建本土化高职院校专业认证指标体系。一是参考《华盛顿协议》《悉尼协议》等国际标准,历时5年,通过实践、调研、实证研究等开发全国第一套经过实证验证的本土化《高等职业院校专业认证指标体系》,体系包含"学生发展""课程体系"等8个一级指标、24个二级指标。二是发挥专业认证指标体系的指导和引领作用,系统谋划专业定位分析、专业课程体系建设、专业教材编制、专业教学设计、专业办学效益评估等关键环节,整体推动专业

建设提质升级，为学校高水平专业群高质量发展提供有效支撑。三是专业认证特征鲜明，具有职业能力贯穿始终、化繁为简及以学生发展为中心等特征，使职场岗位与专业人才培养目标岗位相对应，职场需求指标与人才培养规格、课程目标相一致；简化和规范认证书表的设计，使教师从繁杂的日常工作事务中解脱出来；以学生学习为根本，围绕学生学习需求开发专业教材、规划教学空间、优化教学设备等。专业认证指标体系已辐射至四川水利职业技术学院、宁夏职业技术学院、咸宁职业技术学院等30余所中西部高职院校的专业设置、人才培养等。

2.开展"有效课堂认证"，全面提高"金课"建设质量

学校聚焦"课程设计能否有效匹配人才培养规格""教学实施能否有效落实课程目标""评价体系能否有效提升课堂教学质量"等问题，将提升教师教学能力和课堂教学实效作为打造职业教育"金课"的起点和依归，采用产品质量认证方式全面开展"有效课堂认证"，通过课程优化、"一师一课"、学习分析、信息化管理等手段，对所有教师的课堂教学进行"质量认证"，形成了具有宁职特色的"有效课堂认证"指标体系。一是设计认证规范与流程。通过课程优化、"一师一课"、学习分析、信息化管理等手段，对教师课堂教学进行"质量认证"，设计了由课程设计、教学资源建设及应用、课堂实施、课程评价等4个维度12个方面52个指标组成的认证规范，并建立制定行动方案和系列保障制度等共11项认证工作流程，构筑了涵盖课程设计、课堂实施及课程教学反馈评价的全流程评价体系。二是推行"推门听课"过程评价。认证专家和督导通过实行"推门听课"，以实际效果为依据评价课堂教学质量。同时，结合学生专业技能考核，强化学生学习效果检

测,力争实现课堂教学高质量、高效率,把教师评价改革落实到课堂中,落实到学生学习实效上。"有效课堂认证"创新发展了线上线下混合式教学模式,建立了科学的课堂教学评价机制,建立了一批优质课程,打造了一批优质高效课堂,充分提升了学校人才培养质量与师资队伍水平,毕业生薪资、用人单位满意度、竞赛获奖数等均呈现较大水平的提升。

3. 开展"技能考核认证",持续提升人才培养质量

为全面提高学生专业技能水平,学校在总结校企双主体育人、现代学徒制的经验基础上,出台了《加强学生专业技能考核工作的指导意见》,进一步深化学生专业技能评价方式改革。专业技能考核按照"教考分离、多元评价,能力递进、素能融合"的原则开展,完成实践教学体系建设的落地。一是以企业真实项目为载体,建设专业技能考核标准和题库。学校各专业群组建校行企合作的开发团队,开发团队成员30%以上来自相关行业协会和代表性企业,至少有1名影响力大的行业企业专家作为标准开发首席专家,确保岗位要求和技能等级证书要求在考核标准中落地。考核标准和题库根据行业技术发展趋势及时更新,考核试题主要以企业典型工作任务(项目)的方式呈现;试题难度适中,综合性强,考核时间控制在1~3小时,确保全面考核各项专业技能。二是引入第三方评价,建立"三随机"考核机制。专业(群)组建由行业企业专家和其他高职院校同行组成的测评专家团队,每年组织一次学生专业技能考核,考核采用"随机"模式。"三随机"常态化考核一方面提升了学生技术技能水平,另一方面促进了教师专业实践能力提升,同时也有效推进了企业新技术、新工艺、新规范、新服务模式等融入专业教学,整体提升了专业人才培养质量。

（三）主要成效

"三认证"人才培养体系全面提升了专业建设质量、课堂教学质量和学生专业技能水平，为学校"金专""金课""金地"建设注入充足的发展动力，切实解决了高职教育人才培养匹配企业岗位需求问题。五年来，"专业规范认证"在四川、湖北、山东等多地高职院校推广应用，通过职教省培、送教上门等方式辐射全国高职战线，产生广泛影响，对于建立专业规范认证的中国方案、规范高职院校专业建设、提升高职院校整体办学水平产生了重要的现实意义。"有效课堂认证"共计开展16批次，357名教师顺利通过认证，通过率达95.45%，学生课堂满意率达96%，面向兄弟院校开展培训累计3623人次。学校以"有效课堂认证"为抓手，推动教师获得国家级教学能力大赛一等奖1项，学生竞赛获国家级一等奖14项，建设国家精品在线课程20门，开发国家级规划教材20本。"技能考核认证"有效提升了学生适应相应专业技术岗位的能力，实现了学生专业技能认证全覆盖，学生获国家级技能大赛奖项25项，案例《全面推进专业技能考核，完善学生专业实践能力评价体系》入选浙江省第二批评价改革典型案例。

浙江金融职业学院：

使命担当，筑起财经类技术技能人才培养"金"高地

（一）实施背景

培养什么人、怎样培养人、为谁培养人是教育的根本问题，也是"双高计划"建设的核心命题。浙江金融职业学院将贯彻习近平总书记贺信精神和技术技能人才培养高地建设相融合，领悟思想伟力，强化立德

树人,认真书写价值引领、知识传授、能力培养三融合的文章,奋力建设能够担当金融强国建设所需的技术技能人才培养高地。

(二)主要做法

1.课程思政方向领航,系统构建全课程育人体系

全面推进课程思政是落实立德树人根本任务的战略举措。学校坚持"门门有思政,天天好课堂"理念,系统构建课程思政育人体系。强化组织保障。建立课程思政组织体系,率先成立课程思政育人工作领导小组,实行党委书记、校长双组长制度,架构"校-院-课"三级课程思政教学研究组织。优化制度体系。持续优化课程思政工作体系、教学体系和内容体系,出台《课程思政规范化建设基本标准(试行)》等7套制度,编制专业课程思政教学指南、课程思政实施方案,将课程思政建设要求融入专业教学标准、课程标准、岗位实习标准,写进授课计划和教案,设置为教学诊断与改进工作的重要指标。深化分类推进。实施高品质公共基础课程思政、高水平专业课程思政、高质量实践类课程思政建设计划,开展课程思政领航项目,以一年级金院学子、二年级院部学友、三年级行业学徒为分段培养目标,结合专业课程内容挖掘德育元素,每学期形成全校课程思政教学设计并开展评比活动。

2."岗课赛证"技能精进,持续优化人才培养核心要素

学校牢记习近平总书记"努力培养经济和金融高等应用型人才"的寄语,持续优化技能人才培养核心要素。高质量开展教学标准建设。推进"岗课赛证"综合育人示范学院、示范专业建设。围绕"岗课赛证"综合育人目标,开展行业岗位调研,将真实情境的岗位典型工作任务融入课程、富有趣味的技能竞赛融入案例和情境训练、具有含金量的职业证书融入学习成果评价，以成果导向课程范式开发模块化、系统化的财经商贸专业大类课程标准体系。高标准推进教学资源建设。开展数字化赋能专业建设、"人工智能＋财经"教学改革，以"国家—省—校"三级精品课程建设推进数字化教学资源建设与应用，专项资助推进数字化教材出版。高融合创建技能竞赛平台。发挥学校国家投资者教育基地优势，"社政行企校"连续五年举办"黄炎培杯"职业院校财富管理（投资理财）知识技能大赛，有效贯通股票、基金、期货、银行、保险等金融子市场；对接岗位工作任务，融入银行、期货、基金等行业从业资格及"1＋X"证书标准，创新"模拟操盘＋风险控制＋规划实践＋量化交易＋知识竞答"赛项体系，为全国财经大类专业学生搭建技能提升新平台。

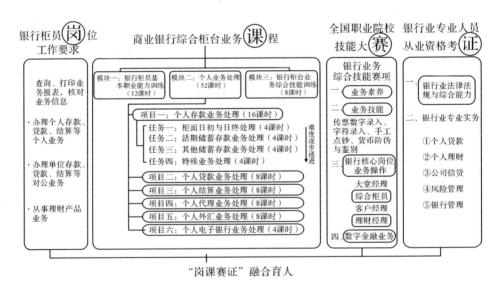

图 2-18　课程层面的"岗课赛证"融合育人机制

图 2-19　投资理财大赛层面的"岗课赛证"融合

3. 千日成长素养提升,升级建设素质教育专门学院

学校全面推进素质教育,持续深化以"品德优化、专业深化、能力强化、形象美化"为目标的"千日成长工程",升级建设素质教育专门学院。依托大数据实施精准育人。自主开发学生千日成长素质养成平台,将立德树人落实到千日成长指南、规划、记录和评估全过程,为精准育人提供决策依据。升级建设素质教育专门学院。健全银领学院订单人才培养运行机制,与杭州银行等 46 家金融机构深化订单培养,构建"五金"工程育人载体,提升学生综合职业能力;推进明理学院素质教育与专业教育融合,将"明理人生通论"等明理课程纳入人才培养方案;依托明理大讲堂、知名校友论坛,开展"五明理"教育;深化淑女学院"五美"育人目标,依托国家级技能大师工作室,优化"内修、外塑、才技"三大教学模块和"春意、夏趣、秋思、冬悟"四季课程体系。

(三)成果成效

1.打造国家课程思政教研平台,引领战线课程思政建设

获批国家课程思政教学研究示范中心、浙江省课程思政教学研究示范中心、浙江省课程思政示范校,入选国家职业院校文化素质教育指导委员会课程思政研究中心主任单位,1门课程荣获国家课程思政示范课程,连续主办三届全国职业教育财经商贸大类课程思政集体备课活动,引领战线课程思政建设。

2.建成国家级优质教学资源,引领战线数字化教学改革

主持教育部职业教育财经商贸大类专业目录修订,以及8个职教本科和专科专业标准研制,荣获全国教材建设奖一等奖2项、二等奖1项,牵头主持国家级职业教育专业教学资源库4个、国家级课程8门,立项48本规划教材,为1200多所高职院校供给优质数字教学资源。

3.实现校内学生增值赋能,引领战线素质教育共提升

获全国职业院校技能大赛一等奖4项、二等奖4项,近五届毕业生年均就业落实率高达98.23%,3000余名金融订单学生实现高质量就业,荣获2023年度高质量就业最佳创新与实践高校奖。牵头发起全国高职院校"千日成长联合行动",建成全国高职学生"千日成长"研修平台,覆盖院校800余所,有效推进高职战线素质教育共发展。

浙江旅游职业学院：

提升素养,迭代技能　跨界"四融"探索"中国服务"旅游人才培养体系

在经济转型升级背景下,旅游业面临着产业行业变革,需要具备文化素养、德技并修、复合技能、接轨国际的新旅游人才。学校在旅游人才培养方面进行了有益的探索,提出要致力于培养高素质的复合型旅游人才,深化"四融"人才培养模式改革。

(一)主要做法

学校以跨界融合型旅游人才为培养目标,构建"融合文旅、融汇德技、融通校企、融入国际"的跨界融合型旅游人才培养模式,实现以促进就业和适应产业发展需求为导向的技术技能人才培养供给侧改革。

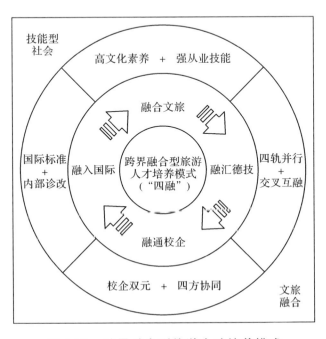

图 2-20　跨界融合型旅游人才培养模式

1.融合文旅,锚定"高文化素养＋强从业技能"跨界培养目标

学校以培养"高文化素养＋强从业技能"的跨界融合型人才为目标,整体重构课程体系、师资队伍和学生评价制度。一是重构"两横三纵"网状课程体系。围绕跨界融合型人才培养目标,形成横向跨越专业边界、纵向链接职业能力的"两横三纵"网状课程体系。二是分层次优化"双师型"教师队伍。从文化素养、职业能力和师资结构三个层面优化"双师型"教师队伍,打造一支高素质"双师型"教师队伍。三是多样化创新学生综合评价制度。实施以毕业证、职业技能等级证书和综合素质学分证书为主体的"三证制"学生综合评价制度,形成以综合评价为导向的人才培养闭环。

2.融汇德技,探索"四轨并行＋交叉互融"多维育人路径

学校以"德育"为内核,从"德、体、美、劳"四方面探索"德育"与"技能培养"深度交叉融合的育人路径。一是推进课程思政建设。通过建立课程思政建设框架和课程思政教学平台,优化教育教学体系,全面推进课程思政建设。二是构建体育教育体系。通过体育课程内容改革、提升体育教学效果、实施"阳光体育"行动计划,推进体育教育改革。三是打造美育教学生态。通过"人文铸旅"工程及"人文旅院"建设,打造由行政、知识、校园、学术四大文化系统构成的美育教学生态。四是形成劳动育人模式。从劳动育人主体、育人模式和考评体系出发,形成自成体系的劳动育人模式。

3.融通校企,丰富"校企双元＋四方协同"协作育人主体

学校深化产业学院、生产性实训基地、职教集团和协同创新中心四种合作模式,使人才培养从"自治"走向"共治"。一是产业学院模式。

依托优势特色专业与行业龙头企业共建 14 家产业学院,建立 30 个"校企师资命运共同体"。二是生产性实训基地模式。与行业企业共建共管阿里巴巴新旅游人才孵化基地、钱江高尔大练习场等生产性实训基地,实现实践教学与社会生产零距离对接。三是职教集团模式。组建浙江旅游职业教育集团,实现资源共享、市场共享、信息共享、成果共享和品牌共享。四是协同创新中心模式。建立现代旅行协同创新中心、住宿业协同创新中心、餐饮业协同创新中心等 10 个协同创新中心。

4.融入国际,建立"国际标准＋内部诊改"双向评价机制

学校创新打造国际化育人新模式,结合国际标准双向输送和内部质量诊改工作将教育国际化,为旅游企业"走出去"提供人才保障。一是创新打造国际化育人新模式。创新"汉语＋职业"模式实现"走出去"办学,逐步建成中俄、中塞、中意三个境外办学机构。二是输入输出国际旅游教育标准。积极引入国际旅游教育质量认证,输出旅游职业教育国际标准,形成一批可借鉴、可推广的旅游职业教育高质量发展标准。三是构建教学质量内部诊改常态化工作体系。制定教学质量内部评价标准,搭建内部质量诊断与改进平台实现信息实时更新,构建教学质量内部诊改工作体系。

(二)成果成效

自实施"四融"人才培养模式以来,我校育人成效显著。从就业结果来看,近 5 年就业率保持在 98％以上,就业竞争力、专业对口率、起薪率、用人单位满意率、母校满意率均位居全省高职院校前列;从技能竞赛来看,近 5 年在校生共获得国际级奖项 70 余项、国家级奖项 300 余项;从学生发展来看,赴境外高校、国际顶级旅游企业留学、实习、研修的学生占毕业生总数的 10％以上。

图 2-21 学生获得的国内外奖项(部分)

（三）推广应用

一是覆盖面广。旅游人才培养体系的探索与实践涉及文化素养、实践教学、课程思政、课程体系、国际化水平等方方面面，通过多方因素综合助力提升学校整体的人才培养水平和质量。二是校内广泛应用。"四融"人才培养模式作为学校"双高计划"建设的基本思路，已经广泛应用到学校课程建设、人才培养方案制定、国际化人才培养、课程思政建设等实际工作当中，并取得了良好的成效。三是社会认可度高。学校所培养的人才在各类技能竞赛、企业实习实训、国际志愿者服务、企业用人反馈、毕业生就业率等方面都获得了优异成绩和高度认可。

浙江建设职业技术学院：

五师同行　五育融合　五创并举
——工程造价专业群现代鲁小班"三全"培育模式

根据中共中央、国务院《关于加强和改进新形势下高校思想政治工作的意见》精神和深化"三全育人"综合改革要求，浙江建设职业技术学院工程造价专业群构建了五师同行、五育融合、五创并举"三全"培育模式，打造"德技并修"现代鲁班传人。

（一）坚持以生为本，创新综合培育模式

坚持立德树人，坚持就业导向，坚持质量为本，以"五师同行"为依托，"五育融合"为引领，"五创并举"为抓手，培养具有劳模精神、劳动精神、工匠精神的全面发展的高素质技术技能人才，着力将"三全育人"综合改革引向深入、推向实处。

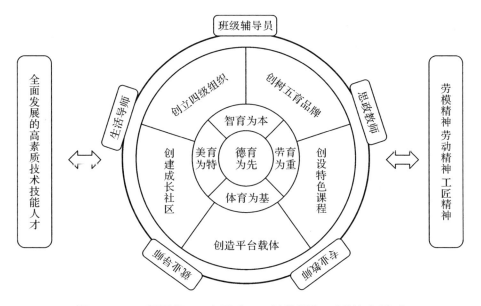

图 2-22　五师同行、五育融合、五创并举"三全"培育模式

（二）实施"三全育人"，创新学生成长路径

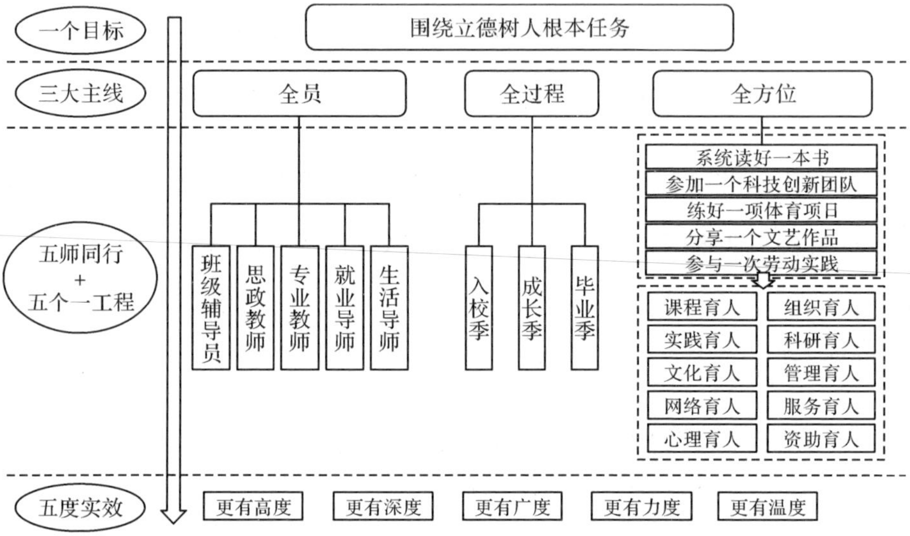

图 2-23 全员、全过程、全方位创新路径

1.以生为本，构建"五师同行"育人新架构

"五师同行"以自然班级为管理单位和组织形式，由 5 位不同学科背景、不同实践经验的教师共同参与学生管理和培养。以班级辅导员日常管理为根本，思政教师实施教育为引领，专业教师技能指导为重点，就业导师促进职业发展为目标，生活导师提供基础保障的协同管理育人队伍，育人路径各有侧重，工作内容各有延展，但又有机联系、相互赋能，共同承担学生教育和管理的责任。

2.双创驱动，实施"五育融合"育人新模式

探索"2+1"创新创业教育模式，融入人才培养全过程。构筑"思政课程＋思政工作室＋红色基地"德创融合课程体系、"专业课程＋创业项目＋技能竞赛"专创融合学科体系、"体育课程＋运动俱乐部＋体育赛事"体创融合培优体系、"美育课程＋美育俱乐部＋文艺展演"美创融

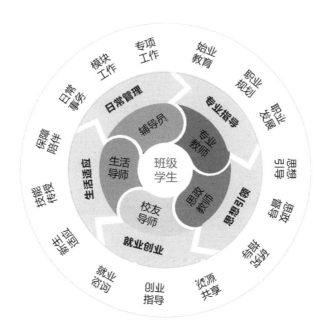

图 2-24　以学生为中心的"五师同行"管理育人新架构

合育人体系和"劳育课程＋社会实践＋创业竞赛"劳创融合实践体系，培养学生成长和职业发展所需的核心素养。

图 2-25　"双创驱动"与"五育融合"的育人模式

3. 多维协同,打造"五创并举"育人新范式

根据学生在校三年,创设培养新工匠的"千日工匠"养成计划;遵循"专业、拓展、技能、赛证"四模块,创设专业群特色课程;开展"精神＋""文化＋""双创＋""服务＋"活动,创立学生"四自"组织;对接产业链,创建数字造价博物馆、安全教育体验馆、全过程咨询创新创业基地等平台;依托工作室、工作坊等创建一主多式"算客社区和智慧学生成长社区",形成全员、全过程、全方位育人格局。

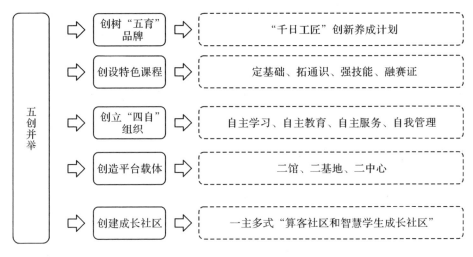

图 2-26 "五创并举"创新培育路径

(三)师生携手前行,全方位彰显培育成效

1. 内培外引,建设了一支多元化的师资队伍

一是从建设目标、任务和措施等进行规划,确保师资队伍建设有计划、有步骤推进。二是完善育人考核评价体系,将考核与个人评奖评聘和晋升挂钩。三是将校内外师资相结合,促进师资队伍的多元化和互补性,形成育人合力。专业群已建成专业型、服务型工作室 14 个,研讨室 5 个;在"五师同所"管理育人模式下,学生申请入党率达 40% 以上,

"1+X"证书获取率达91%,第二课堂活动参与率达100%,毕业生去向落实率达100%,充分发挥"1+1>2"的育人成效。

2.靶向发力,取得了一批有辨识度的成果

一是立足"第一课堂",形成了具有高水平工程造价辨识度的课程体系。打造了5门示范性"劳动+专业"课程;实施了以安全体验课、场中校实践课和校企协同育人课等为代表的校内外技能大师合作一门课;拍摄了74套"五育"教育原创通识课程视频,丰富和完善了"五育"课程的数字化教学资源。二是拓展"第二课堂",通过共建教学基地、课外实践基地,开展建设行业学生行为习惯养成教育、劳模工匠进校园、优秀职教生分享、创新性劳动实践和志愿服务等活动。专业群师生与中西部、东西部、浙江山区26县10余所职业院校开展文化交流4次,实施组团式帮扶200余人次;与绿城物业作为育人双主体,学生参与服务杭州亚运会309名,参与"五育"活动累计10000余人次,覆盖率100%,学生在国家级职业技能竞赛中屡获佳绩,累计取得省级及以上奖项荣誉190余项。

3.多措并举,打造了多条"三全"培育路径

围绕校企融通与产业创新链同向、行业服务链同频、职业岗位链同步、专业人才链同基,坚持产业和教育、企业和学校、生产和教学的"三融合"。立足课程、实践、文化、网络、心理、组织、科研、管理、服务、资助十大育人环节,将专业技能与校园文化、志愿服务、社会实践、美育劳育等教育活动有机融合,建设了五育融通学生素质培养实践基地、学生教育文化长廊、i3done产创融合工作社区等,上接专业群通识课程,下沿建筑技能课程,提升学生能力素养。

浙江建设职业技术学院工程造价专业群不断深化"三全育人"理

念，构建了模式创新、架构新颖、内容完善、思路清晰、运行科学、成效显著的具有专业群特色的五师同行、五育融合、五创并举"三全"培育模式，构建了全员、全方位、全过程的思想政治工作良好生态和新格局。

浙江交通职业技术学院：

标准引领　技术赋能　多元协同
——国际化航海职业教育人才培养中国方案

(一)实施背景

船舶是人类重要的运输工具之一，在海中运行的船舶一旦发生事故，将会造成重大后果。为了防止海难事故，国际海事组织（IMO）和各国政府通过不断修改国际公约、制定标准等方式对航海人才提出新要求。为契合航运发展需求，国际海事组织不断修改相关国际公约、标准，对航海教育、船员素质提出新要求，从而出现了专业教学内容与国际公约、行业标准适配性不足的问题；航海技能实船训练不具备试错性、验证性等实践教学特点，航海技术技能训练存在高风险、高成本的问题；因船员工作离岸远、相对闭塞等职业特殊性，航海职业教育存在受时空限制较大的问题。

(二)主要做法

学校以国际公约、行业标准对航海人才的要求为培养准则，以国家级虚拟仿真实训中心、国家级教学资源库建设为基础，不断优化航海技术专业人才培养模式，通过系列虚拟仿真实训建设项目，持续优化"标准引领、技术赋能、多元协同"新时代航海技术人才培养体系，为中国航海职业教育走出国门做出重要贡献。

1.主持国家级专业教学标准,引领航海技术职业教育发展

为解决国际公约修正频繁、航运产业快速升级、行业标准迭代更新所导致的航海技术专业教学内容与国际公约、行业标准适配性不足问题。学校联合航海类高职院校和行业企业制定国家级航海技术专业教学标准,建立动态更新机制,确保标准的科学性、实用性,引领全国航海技术职业教育发展。

2.主持国家级专业教学资源库,构建国际航海教学资源共享平台

为解决船员工作离岸远、相对闭塞等职业特殊性所导致的航海职业教育受时空限制问题,学校主持建设职业教育国家级航海技术专业教学资源库,整合世界海事大学、合作企业和相关院校优质教学资源,建有39门专业课程,完成217个微课案例,建设各类教学资源4万余条,占中国航海职业教学线上资源70%以上,活跃用户学员6万余人,形成国际化航海教学资源共享平台,已推广到全国航海类职业院校,同时辐射至巴基斯坦、荷兰海事大学等60余家国内外航海院校及企事业单位。

3.建设国家级虚拟仿真实训中心,形成航海技术人才培养体系

根据海员培训、发证和值班标准国际公约(简称STCW公约)和国内法规对船员岗位职业知识的要求,以"支持级—操作级—管理级"三级岗位专业证书重构"基础层—提升层—高阶层"知识课程,形成"三级三层"航海教育课程体系;为解决航海人员实船训练不具备试错性、验证性等特点所导致的航海技术专业学员实船训练存在高风险、高成本问题,运用系统论的方法,以"三层三级"航海教育课程体系为基础,从"基本技能—职业核心技能—综合应用能力"系列化层层递进的视角,

构建了实物、半实物、全仿真的"逐层递进"航海实践教学体系，航运技术虚拟仿真中心被认定为国家级虚拟仿真实训中心。多年实践中，"逐层递进"航海实践教学体系通过中国海事服务中心推广应用，使约79万人次船员受益。

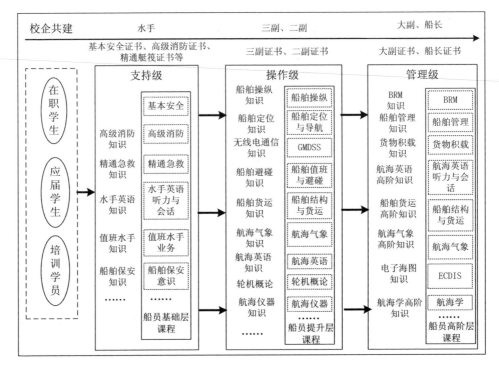

图 2-27 "三层三级"航海教育课程体系

(三)成果成效

1.有效提升了航海技术人才培养质量，成效显著

学生获第三届全国海员技能大比武航海知识竞赛高职类第一、中国航海日青少年航海知识竞赛高职类第一等比赛成果，学生就业率均在98%以上，毕业生起薪达8000元/月以上，培育了以"浙江省劳动模范""金锚船长"为代表的2万余名高素质航海人才。主持的国家级"航海技术专业教学资源库"辐射全国70%以上培训学员，覆盖100余家港

航企事业单位和培训机构,年访问量近 2000 万人次,学校航海教育培训质量评估被交通运输部海事局评为"优秀"。

2.有力促进了校企命运共同体和谐发展,成果丰硕

累计开展社会培训 2 万余人次,培育省级教科研项目 20 余项,承担各类水运工程评估和论证等项目 60 余项,获得科研经费突破 500 余万元,获得各类省级以上竞赛奖项 20 余项,教师科研和社会服务能力迅速提升,有力促进了校企命运共同体和谐发展。"标准引领　技术赋能　多元协同"新时代航海技术人才培养模式的探索与实践获国家级教学成果奖二等奖。

(四)推广应用

1.明显提高了我国航海职业教育教学水平

主持建设的国家级专业教学标准、人才培养体系得到中国海事服务中心和主管机关的认可,辐射到 60 余家航海教育培训机构,应用于79 万名船员培训、考试和发证;2 门示范课程被国际海事组织采纳,教学理念、培训方案、课程标准借助中国—东盟联盟等平台推广到巴基斯坦等国的船员培训中,成为影响广泛的"国际名片"。

2.丰富拓展了学校"多元协同—产教融合"的内涵

国际化"多元协同"育人理念,丰富了学校产教融合、校企合作的内涵,在全校推广应用后,为学校"双高计划"建设,以及获全国高等职业院校"国际影响力 50 强""服务贡献 50 强""育人成效 50 强"等荣誉提供强有力的支撑。

三、打造技术技能创新服务平台

浙江金融职业学院：

科教融汇，打造技术技能创新服务"金"样板

（一）实施背景

为贯彻落实党的二十大关于"推进职普融通、产教融合、科教融汇，优化职业教育类型定位"的精神，学校紧紧围绕《教育部 财政部关于实施中国特色高水平高职学校和专业建设计划的意见》（教职成〔2019〕5号），夯实平台建设、强化团队建设、锚定机制建设，以图深化科教融汇、产教融合，实现同频共振、协同发力，建成高水平技术技能创新服务样板，全方位服务国家战略、地方政府决策和行业企业发展。

（二）主要做法

1. 整合优化，搭建一个高层次技术技能创新服务大平台

以"2 院 2 协同 4 中心"为核，通过整合优化，搭建一个高层次技术技能创新服务大平台。依托国家级跨境电商综合服务应用技术协同创新中心，与商务部国际贸易经济合作研究院（国家高端智库）战略合作共建电子商务与新消费研究院高端智库；融合浙江省服务万亿金融产业协同创新中心、浙江省软科学研究基地、科技金融创新研究基地和浙江地方金融发展研究中心，与中国人民大学重阳金融研究院（国家高端智库）战略合作共建中国金融发展与监管研究院高端智库，服务区域金融试点改革和转型发展；融汇捷克研究中心和浙江省软科学研究基地中东欧研究基地，打造国家级重点智库，开展"一带一路"咨政、咨企、咨民服务。

2.外引内育,组建一批高水平技术技能创新服务团队

"筑巢引凤"、引育结合,柔性引进一批国内经济金融领域的知名专家担任团队负责人;建立聚智的"三双"模式,即组建研究机构的专兼职"双院长"、"双课题"子方向带头人、"双研究项目"团队负责人的服务团队;与商务部国际贸易经济合作研究院、中国人民大学重阳金融研究院两大国家高端智库共建,开展技术技能服务项目合作申报、博士后培养等;组建学术领军型、社会服务型、青年学术能力提升型三类技术技能创新服务团队。

3.项目驱动,构建一套高标准技术技能创新服务赋能机制

围绕国家战略所需、地方政府所急、行业企业所盼,建立以解决实际问题为导向、项目化驱动的技术技能创新服务项目发布机制;搭建高质量技术技能创新服务交流平台,创设技术技能服务"三金"(即"金讲座"、"金博士"沙龙、"金讲坛")交流机制,增强团队技术技能创新服务能力;优化校内外联合开展技术技能创新服务攻关和科技成果转化机制,拓广多方位国家战略项目申报通道,拓展多元化智库成果报送渠道,拓宽多领域行业企业服务轨道。

(三)成果成效

1.高水平技术技能创新成果有质有量

高水平技术技能服务平台建设引领示范,获批国家级跨境电商综合服务应用技术协同创新中心、教育部国别和区域研究高水平建设单位(系全国唯一获批职业院校)等国家级、省部级平台8个。完成国家级项目8项,教育部人文社科项目21项(2023年全国职业院校第一),累计获省部级以上项目立项73项,通过结题验收的有国家

级项目 4 项（1 项以优秀成绩结题）、教育部人文社科项目 11 项，出版专著 100 余部。

图 2-28　学校被认定为教育部国别和区域研究高水平建设单位

图 2-29　国家社会科学基金项目结项证书

2.高水平技术技能咨询服务有声有色

学校获得省级以上批示采纳 33 份,多项成果建议被受中央、国务院纳入政策文件。中标世界银行咨询项目,开启学校为世界银行服务的新路径。成功举办"'一带一路'十年金融合作与浙江贡献"国际研讨会、"中国式现代化与新消费学术研讨会"等国际、国内学术会议 20 余场,获杭州综试区跨境电商人才培养最高奖 100 万元。

图 2-30　提交的决策咨询研究报告获得批示采纳情况(部分)

图 2-31　举办"'一带一路'金融合作十年回望与浙江贡献"国际研讨会

3. 高质量技术技能服务输出有力有效

完成行业企业服务项目 90 项，输出行业标准 3 项，授权国家知识产权 150 余项。完成嘉兴市金融业"十四五"发展规划编制，指导嘉兴金融机构数字化转型 4 家，发布科技金融发展报告 4 份，服务衢州绿色金融创新试点改革。围绕 5 篇金融大文章，率先出版《数字普惠金融：中国的创新与实践》《数字金融：智能与风险的平衡》《绿色金融：结构优化与绿色发展》《科技金融：金融促进科技创新》《农村金融：金融发展与农民收入》系列图书。新建行业信用评级指标体系 5 个，全方位服务杭州市全域信用监测与评价，形成地方信用治理样板，得到《人民日报》、中国教育电视台等主流媒体广泛报道。

图 2-32 出版"全面建设小康社会新金融系列丛书"

图 2-33 学校信用与社会治理研究院院长楼裕胜教授解读方案

宁波职业技术学院：

搭建技术技能创新服务平台，打造"地方离不开"服务链

（一）实施背景

区域经济高质量发展依赖于重点产业转型升级，只有产业兴，才能经济富、区域强。搭建技术技能创新服务平台，既是满足国家战略、产业转型升级和企业发展的需求，也是高职院校主动适应当前中国经济转型升级形势、提升职业教育及其人才培养竞争力，从而切实增强职业教育吸引力的需要。高职院校作为科技创新的重要主体，必须紧密对接地方产业发展需求，促进产业升级，助推区域经济高质量发展。学校充分汇聚海天塑机集团有限公司、宁波帅特龙集团（宁波帅特龙系统股份有限公司前身）等头部企业资源，联合塑料模具、智能控制等领域高水平技术技能创新服务平台，助力宁波市打造"361"万千亿级产业集群。

（二）实施举措

1. 校企共建国家级技术研发平台，打造国家"单项冠军"企业

学校与海天塑机集团有限公司等共建塑料模具工程技术研究中心，与宁波舒普机电股份有限公司合作共建智能缝制成套设备工程技术研究中心，聚焦汽车零部件产业的塑料模具结构优化、精密制造、检测和成型工艺技术，运用工程技术研究开发优势，开展工程技术研究、设计和试验工作，实现 C919 大飞机部件生产工艺等关键技术突破，先后被中国轻工业联合会认定为中国轻工业工程技术研究中心，助力企业成长为国家"单项冠军"企业。

2.校企共建省级技术创新平台,服务区域产业技术升级

学校与宁波金凯机床股份有限公司共建省级高新技术企业研发中心,开展数控机床关键共性技术、共性部件生产工艺等研发应用,承担宁波市科技攻关重大专项"基于直驱力矩电机的多轴联动加工中心"(项目经费 775 万元),承担市攻关项目成功转让专利 1 项,到账 34.8 万元。学校与宁波帅特龙集团有限公司共建国家级博士后工作站,与余姚市机器人研究中心共建省级博士后工作站等,熊瑞斌教授担任国家级博士后工作站负责人,学校已有 4 名博士入站开展汽车智能控制系统开发研究工作,起草并发布了行业技术标准。

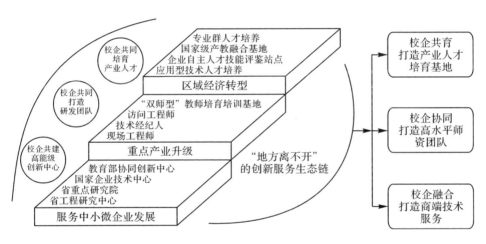

图 2-34　技术技能创新服务平台

3.政校企共建地方产业技术应用综合体,服务中小企业发展

学校以西校区为依托,与宁波市经信局、宁波经济技术开发区三方共建数字科技园,建有北仑区工业设计促进中心、北仑外贸跨境供应链促进中心等产业服务载体 10 余个,深入推进产学研合作,打造集人才培养、产业培育、技术开发为一体的产业孵化平台,累计培育与服务中小微企业近 1700 家,园区孵化的微科光电、大正电子等已成功上市。

(三)主要成效

1.高端技术服务助推科技成果产业化

学校依托技术技能创新服务平台开展高端技术服务,2019—2023年横向科技服务到账经费达 1.21 亿元,科技成果转化 505 项,技术服务实现产业化增加值累计 118 亿元。阳明学院桑凌峰博士联合浙江佑仁智能机器人有限公司、智昌科技集团股份有限公司等多家企业公司共建智能医疗养老护理技术研究所,研发单、双侧可分离式患者搬移机器人、整体患者搬移机器人以及多功能柔性翻身护理床等多个护理类产品,获批医疗产品注册证 2 项,实现产品的产业化,营业额突破千万元,有力推动了该行业的技术革新。研发的产品获主流媒体报道,获河北省科技进步奖一等奖、宁波市科技进步奖三等奖。

2.科教融汇反哺锻造高水平师资队伍

校企共建技术技能创新服务平台,充分发挥教育功能,科教融汇反哺教育教学及师资队伍建设,依托多个高端创新服务平台共培育国家级教学名师 2 名,创建国家级职业教育教师教学创新团队 2 支、省级黄大年式教学团队 2 支及省级职业教育教师教学创新团队 1 支。电子信息工程学院与杭州朗讯科技股份有限公司组建研发团队,致力于机器学习、模式识别等方面的创新研究工作,团队成员主持或重点参与国家基金项目 2 项、省部级基金项目 9 项等;在 *Pattern Recognition*、*Neural Networks*、《中国科学》、《软件学报》、《自动化学报》、《电子学报》等国内外重要期刊上以第一作者发表学术论文 60 余篇,获省自然科学奖三等奖;申请发明专利 20 余项,授权发明专利 10 余项。

3.产教共振校企协同育良匠

学校通过政校企共建地方产业技术应用综合体,服务中小微企业发展,构建系列技术技能创新服务平台,产教融合协同育人,阳明学院与舜宇集团有限公司在人才培养、技术交流、教学实践等方面开展合作,实现优势互补、合作共赢,校企战略合作得到余姚市政府的大力支持。双方共建宁职院阳明学院实训基地和舜宇集团人才培养基地,开展现代学徒制订单式人才培养。阳明学院每年选定 200—300 名学生组建舜宇集团有限公司学徒制班,企业给予学生"准员工"身份,并设立舜宇集团奖学金,用于舜宇班优秀学生的各类奖励和资助。5 年来,阳明学院向舜宇集团生产一线核心岗位培养输送高素质复合型技术技能人才 1000 名,助力舜宇集团产值达到"千亿元"。

温州职业技术学院:

推进"三融合",实现"三互动"

——打造科教融汇的高职技术技能创新服务平台"温州样本"

(一)基本情况

学校主动对接国家、省、市重大发展战略,借助区域行业纽带和产业基础,汇聚科技资源,整合优化校内 57 个国家、省、市、校级研发平台,校政行企联动搭建"三工一文"四大科研平台,推进科技研发、创新创业、成果转化"三融合",实现平台建设与区域发展、人才培养、产业升级"双向互动",打造科教融汇的高职技术技能创新服务平台"温州样本",服务区域经济高质量发展。多次入选"全国高职院校服务贡献 50强",名列 2021 中国高等职业院校改革活力指数科技创新榜第一、2021

中国高职院校科研与社会服务竞争力总榜单第二、2022 武书连中国高职高专评价教师科研能力第一、2023 武书连中国高职高专评价科学研究第二。

（二）做法成效

1.做强科技研发，实现与区域发展"双向互动"

建成技术研创大楼，对接产业链部署技术创新链，开展立地式研发服务，实现科产融入，助力区域高质量发展。

（1）对接国家、省、市重大发展战略，服务区域发展需求。汇聚浙江大学、华中科技大学温州先进制造技术研究院、中国联通等高校、科研院所和头部企业科技资源，建成浙南轻工装备智能技术国家级协同创新中心、温州时尚产业设计智造协同创新中心以及区域经济与文化融合创新发展研究省级基地等"三工一文"四大科研平台。以第一完成单位获浙江省科技进步奖一等奖、中国发明协会创业成果奖一等奖和第十五届中国商业联合会服务业科技创新奖一等奖各 1 项，2018—2021连续四年发明专利授权数名列全国高职院校第一，近 5 年投入科研等社会服务总经费超 2 亿元，助企增效超 93 亿元。

图 2-35　浙南轻工装备智能技术国家级协同创新中心

(2)聚焦行业产业关键共性问题,开展有组织的科研。以二级学院为团组单位、科研平台为基层科研组织,以科技带头人为引领,文科教师和理科教师分别实施"3个1"和"4个1"工程,促进传统科研工作从"单兵作战"模式向"团队作战"模式转变,开展有组织的科研。近5年获批温州市"揭榜挂帅"重大科技攻关项目立项近30项。

(3)与大型企业共建企业研究院,服务规模企业。与龙头企业共建省级企业研究院(研发中心)28家,其中,与企业共建的浙江省康奈鞋类技术研究院、意尔康鞋类技术研究院和红蜻蜓研究院,已为企业开发省级创新产品110余项,为企业增加产值超20亿元。校行介共建产业园区协同创新联盟、产业创新服务综合体,服务区域产业发展。

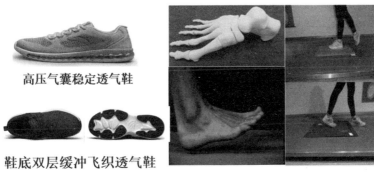

高压气囊稳定透气鞋

鞋底双层缓冲飞织透气鞋

测试场景

图 2-36 校企共建的浙江省康奈鞋类技术研究院研发成果

(4)与中小微企业共建研发中心,服务中小企业。与中小微企业共建研发中心170余家,助力企业转型发展。依托学校运营的温州市企业综合服务平台,惠企数达53.6万余家次,连续六年获评省级优秀平台,连续两年获评国家级示范中小企业公共服务平台。

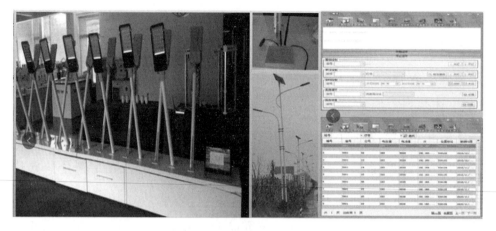

图 2-37　校企共建研发中心研发成果——城市智能路灯照明系统

2.做优创新创业,实现与人才培养"双向互动"

积极响应国家"双创"战略,对接人才链,打造国家级众创空间,实现科教融通,助力创新人才培养。毕业生就业率连续 18 年达 98% 以上,留浙率达 90%。

(1)升级实践教学体系,提升学生实践能力。开设新技术应用"2+1"创业实验班,以实战项目为牵引,实施全程"专业课程导师"和"企业创业导师"双导师制。

(2)建立国家级众创空间,提升学生创业能力。打造国家级众创空间"温州产业科技众创空间",对接一个大学生创业团队,近 5 年成功孵化企业 14 家,获中国国际"互联网+"大学生创新创业大赛金奖、"挑战杯"创业大赛金奖和银奖等国家级大赛奖项 150 余项,以及德国红点奖等国际奖项 60 余项。

(3)促进科研反哺教学,提升学生创新能力。以科研赋能教育教学,构建"产学训研创用"一体化人才培养模式,每年开展研发反哺教学专项研究,建立科研反哺教学"六融"机制。

3.做大成果转化,实现与产业升级"双向互动"

对接创新链,发挥国家大学科技园平台优势,实现科创融合,完善科技成果转化链条,建立以市场为主导的技术转移转化体系,助力产业升级。

(1)创新体制机制,激发科研活力。创新校企共建共享、科技研发、成果转化与创新创业运作新模式,完善"需求—技术—成果"循环递进的产业化运作新机制。学校在2021年中国高等职业院校改革活力指数科技创新榜上名列第 。

(2)优化管理模式,激发团队活力。对接市场需求,以校企共建研发中心为纽带,以开发任务为方向组建校企双元研发团队;合资成立名创启博温职技术转移转化(温州)有限公司等混合所有制科技服务公司。

(3)拓展平台功能,激发溢出活力。拓展现有科技成果转移转化中心功能,升级开放性成果转化信息管理平台,打造科技成果转移转化网络。近5年,授权专利1054项,转让730项,转让金额达1942.46万元,科技成果转让数位列全国所有高校第61位,超过75%的"双一流"高校。

(三)经验启示

打造科教融汇的技术技能创新服务综合平台,破解科教融汇如何"融"、怎样"汇"等问题。

1.对接产业链,实现科产融入

以立地式研发服务为根本,面向区域产业技术创新需求,围绕产业链部署技术创新链,汇聚高校、科研院所、头部企业科技资源,校政行企共建科研平台,提升研发实力,实现科产融入。

2.对接创新链，实现科创融合

围绕创新链布局成果转化链实现科创融合，打造成果推介、"五找"（找资金、找技术、找人才、找场地、找政策）服务、技术交易和创业孵化的全链条成果转化链。

3.对接人才链，实现科教融通

建立科研反哺教学机制，以科技赋能专业升级，以科研赋能教育教学，推进科研、教学融通发展。

四、打造高水平专业群

金华职业技术学院：

"循产组群、以群建院、依群治理"专业群的构建与发展

金华职业技术学院坚持"区域服务型高职"办学定位，按照"突出重点、集群发展"原则，积极推动区域产业链与人才链的衔接联动，重构专业群体系，全面实施以群建院。以专业群建设为抓手，深化产教融合，形成"一专业群一平台"的良好生态；构建分类评价体系，推动专业（群）"分层分类、梯级发展"，实现专业群治理现代化，有效提升了专业服务产业发展能力和关键办学能力，为助力"两个先行"提供强力支撑，为中国式职业教育现代化贡献金职力量。

（一）循产组群：基于人才链匹配产业链构建高职院校专业群逻辑

以人才链匹配产业链为目标，围绕产业需求、知识关联以及有效治理"三重逻辑"，建构"弱产业聚焦—强知识关联—强组织管理"的学科

技术型、"强产业聚焦—强知识关联—强组织管理"的复合紧密型、"强产业聚焦—弱知识关联—强组织管理"的行业聚集型、"强产业聚焦—弱知识关联—弱组织管理"的行业松散型四种专业群模式,探索高职院校专业群组建的内在机理及组群模式。

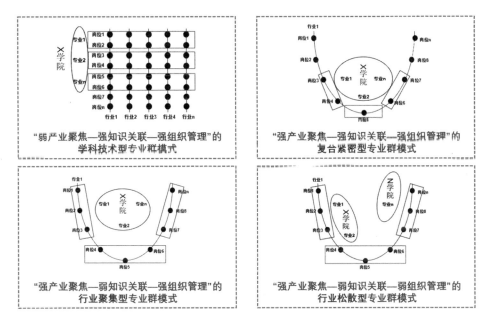

图2-38 四种专业群建构模式

例如,学校机械制造与自动化专业群属学科技术型模式,以制造终端技术链为纽带,融合工业大数据和物联网相关技术,聚焦产品设计、工艺装备、制造检测和数据管理等四大环节,面向精密模具设计、多轴数控加工、系统集成和生产过程数据分析等岗位群,培养应用层面的技术技能人才,实现技术链全覆盖,为制造业转型升级提供人才支撑。

(二)以群建院,基于区域支柱产业和重大民生领域规划专业群布局

学校融入区域新经济发展进程,基于支柱产业和重大民生领域,重构"4222"十大专业群体系。即面向先进制造业及战略性新兴产业的机械制造与自动化、电子信息、生物制药、新能源汽车4个专业群,面向重

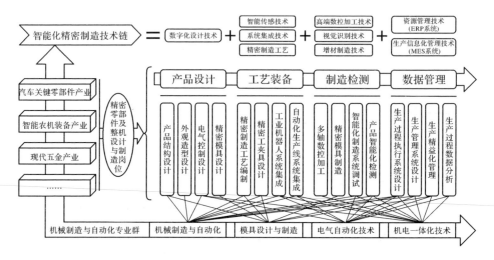

图 2-39　学科技术型的机械制造与自动化专业群

大民生工程领域的学前教育、医养健康 2 个专业群，面向现代服务业的文旅创意、网络经济 2 个专业群，面向乡村振兴战略的现代农业、智慧建造 2 个专业群。

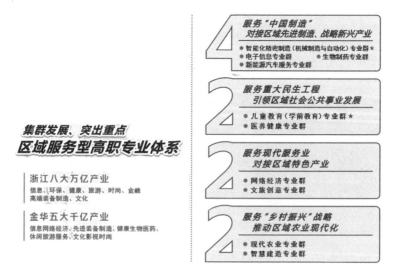

图 2-40　"4222"十大专业群体系

通过建立"专业人才需求预测与评估"和"招生指标测算综合评价"双模型，不断完善"增、调、稳、退"的专业动态调整机制。学校在十大专业群布局基础上,大力发展智能制造、人工智能、新能源汽车等战略性新兴产业相关专业,提升专业适应性、先进性。以推进中国式现代化为新要求,立足新经济、新技术、新业态、新职业的"四新"发展需求,主动服务区域经济发展和产业转型升级,推动专业数字化转型、专业绿色化改造、中高职一体化发展和学科专业融合化建设"四化"升级。

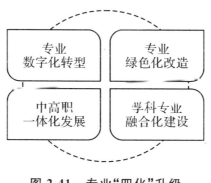

图 2-41 专业"四化"升级

(三)依群治理:重塑治理结构体系,分类打造专业群发展新高峰

学校为破解专业群建设"群而不集"的工作难题,以评价改革为牵引,不断优化分层分类评价标准,构建基于专业群建设目标与产业需求契合度、专业群资源投入协调度、专业群运行实施顺畅度和专业群建设成效美誉度的"四度"评价体系,实施以专业群为单位的目标责任制考核;推动专业群基层教学组织模式创新,以专业群为单位设置专业群带头人,以群内专业为单位分别设立专业级机构,推动专业群内涵建设。

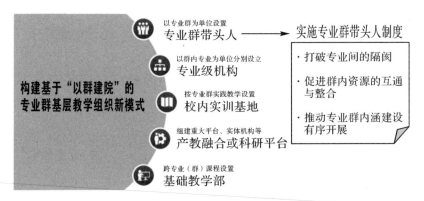

图 2-42　专业群基层教学组织新模式

同时，建设智能化精密制造、儿童教育、人工智能、生物医药、文旅创意 5 大产教综合体，浙江省现代农业职业教育集团、新能源汽车产教联盟、浙中医养健康职教联盟 3 个职教集团（联盟），金义网络经济学院、智慧建造学院 2 个特色产业学院，形成"一专业群一平台"的"532"产教融合高端平台。从实体化、产学研创训一体化破题，着力"产教利益共同体"建设，牵头成立金义都市区产教联合体、全国托幼行业和智能电器工具行业产教融合共同体，联合成立新能源汽车技术联盟等。

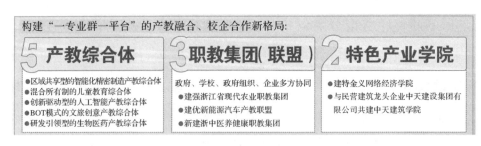

图 2-43　基于十大专业群的"532"产教融合高端平台

学校通过"十个高"的标志性成果打造，推进专业群"分层分类、梯级发展"。其中，机制、学前、护理 3 个"卓越"级专业群综合实力居全国前列；电子信息、网络经济、现代农业、生物制药 4 个"品牌"级专业群综合实力居省内前列；智慧建造、文旅创意、新能源汽车 3 个"优势"级专业群在产教融合、社会服务等方面形成特色。

近 5 年,学校参建国家专业教学资源库 6 个(并列居全国第一),获批国家在线精品课程 9 门、国家规划教材 56 本、全国优秀教材 2 本、国家级课程思政示范项目 4 门;获国家级教科研项目立项 10 项;新建技术创新服务中心 32 个,服务到款 1.39 亿元;授权专利 1482 件,科技成果(含专利)转化 96 件,技术交易到款 2694.9 万元;探索"培训＋"模式,打造社会人员终身学习高地,培训规模 167 万人·天,培训到款 3.05 亿元。

浙江金融职业学院:

聚焦"高·特·新",高水平专业群实现三级跃升

(一)实施背景

高水平专业群建设是"双高计划"建设的关键,高水平专业群的建设质量决定着高水平学校的建设与发展水平。打造高水平专业群旨在谋求专业建设集群发展与整体跃升,构建了以两个国家级高水平专业群建设为核心引领,聚焦"五金"建设,形成共同体发展范式,带动五个校级专业群协同发展。

(二)主要举措

高水平专业群建设聚焦"金专、金课、金师、金地、金教材"五大教学基建,坚持生态化、精细化、数智化、标杆化、国际化建设原则,以金融管理、国际贸易实务两个国家高水平专业群为引领,确立"协同、引领、融合"三种带动模式,实行"双院长"和"双专业带头人"建设管理制度,组群创建、跨群创效、集群创优,凝心聚力打造"2 带 5"专业群共同体发展范式,实现"三级跃升"。

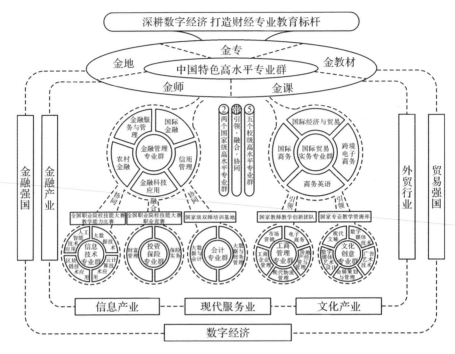

图 2-44　"2 带 5"专业群共同体发展范式

1. 聚焦高，适应产业，夯实高水平专业群有机体

树立"紧贴产业建专业"的理念，服务国家金融强国、贸易强国与数字经济发展战略，对接浙江区域产业转型升级需要，依托"行业、校友、集团"共生态办学模式，聚焦产业新动向，以"高适应、强支撑、融合紧"逻辑重构专业群，从封闭式、学科导向式向开放型、能力本位型转变，以产业耦合度高、资源整合共享度高、人才培养产出度高为基准，盯紧岗位群，跨二级学院重构，树立金融管理等 7 个高度适应产业生态、持续转型升级的高水平专业群有机体。

2. 聚焦特，标杆引领，凝聚高水平专业群联合体

秉持标杆管理理念，对标职业教育国家标杆项目，挖掘金融特色、职教类型特色、区域经济特色，以国家级职业教育专业教学资源库、国

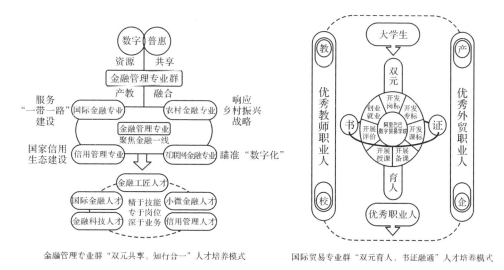

金融管理专业群"双元共享、知行合一"人才培养模式　　国际贸易专业群"双元育人、书证融通"人才培养模式

图 2-45　金融管理、国际贸易两大专业群育人模式

家优秀教材、国家级职业教育教学创新团队等学校优势项目深化为纽带,金融管理国家高水平专业群引领投资保险、会计、信息技术等 3 个校级高水平专业群建设,国际贸易实务国家级高水平专业群引领工商管理、文化创意等 2 个校级高水平专业群建设;深化专业群建设委员会集体议事制度,以"制度共立、资金共用、平台共建、资源共享、师资共通"为支撑,引产业活水,强强联合、优势互补,打造"资源集聚强、商工融合深、交叉赋能强"的 2 个高水平专业群联合体。

3.聚焦新,数字赋能,铸就高水平专业群共同体

践行数字治理理念,依托智慧金院大脑 2.0,融合新技术、新场景以及教育新需求,提升专业群课程、师资、基地、教材数字化转型质效,创新路径、重塑形态、增值赋能,推动共同体融合发展与整体跃升;深化智慧财经虚拟仿真实训基地、资源库的智能化应用;推行基于人工智能的智慧型教学模式和自适应学习模式,建设虚拟教研室和智慧产学研虚拟空间,基于教学资源数字化、资源融合化、场景丰富化、管理智能

化、应用多元化的新生态数字治理理念，打造 7 个专业群数字赋能、共生共长式的高水平专业群数智共同体。

(三)成果成效

1.一级跃升：高水平专业群有机体立起来

金融管理高水平专业群与杭州银行、浙江财经大学等组建全国普惠金融行业产教融合共同体，致力于数字金融惠民生的发展愿景；国际贸易实务专业群与阿里巴巴集团控股有限公司成立阿里巴巴数字商贸产业学院，致力于数字贸易通天下的发展愿景。两大高水平专业群牵头全国金融类、国际贸易类专业教学标准研制，主持国家级职业教育专业教学资源库建设，成为全国财经类专业群的领航者。

2.二级跃升：高水平专业群联合体融起来

金融管理、信息技术专业群共建成金融科技国家级职业教育专业教学资源库；国际贸易实务、工商管理专业群共组国家级电子商务教师教学创新团队，培育了全国技术能手、全国职业院校技能大赛教学能力比赛一等奖团队，获得国家级教学成果奖；金融管理、投资保险专业群共育全国职业院校学科竞赛智慧金融赛项冠军，获四连冠，成为全国财经类专业群的领跑者。

3.三级跃升：高水平专业群共同体强起来

高水平专业群数智共同体紧扣"金专、金课、金师、金地、金教材"五金建设，建成国家级骨干专业 7 个、国家级高水平专业群专业 9 个，国家级在线精品课程 4 门、国家级课程思政示范课程 1 门；国家级职业教育教师教学创新团队 1 支、全国高校黄大年式教学团队 1 支、国家级课程思政教学名师和团队 1 个、全国职业院校技能大赛教学能力比赛教学团队 6 支;获得国家首届优秀教材奖 3 项,编写"十四五"职业教育国家规划教材 28 本;打造国家级职业教育"双师型"教师培训基地 3 个、国家级生产型实训基地 2 个;树立"五金"标杆。

历经 5 年的砥砺奋进,学校"2 带 5"高水平专业群建设紧贴产业发展,紧盯标杆管理,强化数字赋能,实现整体跃升,创立了高水平专业群共同体发展新范式,铸就了教学内涵新品牌,树立了财经职教新标杆。

浙江交通职业技术学院:

打造四中心、五对接、六融合的专业群实训体系

(一)实施背景

在国家大力发展交通新基建的新形势下,在推动交通基础设施数字转型、智能升级的背景下,智慧公路建造产业复合型技能人才紧缺是公路行业企业向高端化、智能化发展的瓶颈。因此,浙江交通职业技术学院围绕"双高计划"道路与桥梁工程技术专业群高质量建设要求,以"交通强国"建设和"一带一路"建设为契机,以"技术技能人才＋创新人才"培养为根本目标,通过"引企入教"实现人才培养供给侧有效对接产业需求,通过产教融合、形成校企合作命运共同体,共建共享生产性实践基地,构建实训体系,不断建立与健全实践教学基地运行机制。汇聚学校、行业企业、政府和社会力量,协同推进、开放合作,打造政、产、学、研、转、创"六位一体"功能集约的实践性教育平台,为促进浙江省交通工程建设和经济社会发展提供优质人才支撑。

(二)主要做法

1.对接产业复合型技能人才需求,校企共建4个实训中心

专业群聚焦"交通强国"建设和"一带一路"建设,对接智慧公路建造产业复合型技能人才的需求,依托"双高计划"建设,通过整合现有资源,联合浙江交工集团股份有限公司(浙江省产教融合型企业)、新大陆科技集团有限公司(国家产教融合型企业)等行业领军企业共建智能道路新技术实训中心、传感通信大数据实训中心、智能车辆新技术实训中心和车路协同新技术实训中心。

4个实训中心围绕智慧公路建造产业创建,由国家"双高计划"建设单位联合深耕智慧交通建设领域的国家、省两级产教融合型企业共建共管,校企各方分工协作、职责清晰,通过提供专业的培训和实践机会,培养具备智慧公路建造产业复合型技能的专业人才,以支持智慧公路建造产业的发展。

2.以四中心为载体,实现五对接,增强育人实效

聚焦智慧公路人才培养,以4个实训中心为载体,以"多学科交叉融合"为特色,保持与产业发展同步,根据智慧公路建造产业的需求和职业标准,制定实训内容,并确保其实用性和针对性。将校企资源转化为教学优势,将企业的实际需求和技术标准引入教学中,实现专业与产业、职业岗位对接,专业课程内容与职业标准对接,教学过程与生产过程对接,学历证书与职业技能等级证书对接,职业教育与终身学习对接,提高实训教学的社会认可度和影响力,助力学生提升全方位能力。

3.实施六融合工程,全力打造功能集约的实践性教育平台

通过企业校中厂、学校厂中校结合,创新实训教学工作机制,激活校企优质资源,建立协同创新成果与学生创新教学融合制度,课程思政与第一课堂、第二课堂结合,产学研一体化、实行学分银行制度等方式,推进产教融合、校企融合、育训融合、职普融合、科教融合、研创融合。实施六融合工程,全力打造政、产、学、研、转、创"六位一体"功能集约的实践性教育平台,从而实现提高人才培养质量、加强师资队伍建设、促进企业技术创新和产业升级,进而推动职业教育改革和促进社会经济发展,为提升学生的实践能力和创新创业精神提供有力支撑。

(三)成果成效

在四中心、五对接、六融合的专业群实训体系指导下,校企各方分工协作、职责清晰,构建形成了"多元投入、成本共担、利益共享"的长效机制,制定出台了《多元化产教融合实践教学基地建设运营管理办法》等一系列政策制度,从运行场地、仪器设备、人员配备、经费投入与激励保障政策等多方面支持实践教学基地建设。近5年累计建成高水平实训室60个,新增工位1267个,培养"双师型"教师20余人,引进技能人才3人,吸引多家产教融合型企业入驻,吸纳学生岗位实习1000余人、就业300余人。

学校获批国家级生产性实训基地3个、职业教育示范性虚拟仿真实训基地1个,获评浙江省高校实验室工作先进集体1个、浙江省高校实验室工作先进个人1名。支撑专业群模块化课程体系建设,道桥、现代通信技术教师教学创新团队建设,教育部中德SGAVE新一代信息技术软件测试项目建设,交通运输安全职业教育示范性虚拟仿真实训基地建设,完成智能交通技术省级教学资源库建设,完成道路工程、工

程测量技术、智慧交通概论、道路交通控制技术等课程和教材建设。

育人效果提升快。首先,通过实践教学基地,增加实训课程和实践环节,学生的理论知识得到了更好的应用和实践,加深了学生对专业知识的理解。其次,实践教学基地为学生提供了真实的职业环境,帮助学生在校期间学习行业前沿技术和设备,培养学生的职业技能和职业素养。

社会服务能力强。实践教学基地面向企业员工和社会人员开展技能培训,提升员工的职业技能和就业竞争力,为社会经济发展提供了有力支持。同时与企业合作开展技术研发和成果转化,推动了行业技术进步和创新发展。

创新创业成果优。实践教学基地鼓励学生参与智能交通类创新创业项目,基地为其提供项目孵化、技术支持、资金扶持等资源和服务。该校学生获得中国国际"互联网＋"大学生创新创业大赛金奖 1 项、国家级大赛一等奖多项,学生的创新精神和创业能力不断得到培养。

实践教学基地建设及运营成效显著,在人才培养、社会培训与科技创新等方面取得了优异成果。实施"百千双万"工程,累计服务百余家院校师生,对接千余家企业,助力培养万余名优秀大学生、培训万余名企业技术能手。四中心、五对接、六融合的专业群实训体系构建的浙江交通方案,为培育壮大交通产业工人队伍作出了巨大贡献。

(四)推广应用

1.校内引领

成果在道路与桥梁工程技术专业群中得以应用,充分利用四中心、五对接、六融合的专业群实训体系指导实践教学基地建设和开展实训教学,将交通产业转型需求对应智能建造技术,促进以路桥为引领的智慧公路专业群建设。同时,成果可为学校其他专业群实践教学基地建设提供思路及指导经验。

2.国内一流

以浙江省交通建设行业人才需求为导向,通过全方位融合,依托4个实训中心为人才培养主要载体,以实现开放共享的"一体两翼"基地建设为格局,深化产教融合与经济社会发展"同频共振",打造一流的实践教学基地。实践教学基地建设案例在《中国交通报》等国内主流媒体上刊登,形成具有浙江交通特色的经典案例。实践教学基地实训设备先进,实训条件优越,实训基地对外开放,向国内行业企业、高职院校同类型专业和企业辐射推广,累计对外开放并辐射企业或同类型高校达82家。

3.国际辐射

随着鲁班工坊和"丝路学院"在吉尔吉斯斯坦、南非、柬埔寨、泰国等国家的落地,教学团队赴海外协助建立实践教学基地,对在校学生、项目部外籍员工等开展实训教学,推广中国教学标准与方案,赢得了当地的一致认可。

五、打造高水平"双师"队伍

金华职业技术学院:

多元多维"4＋X"教师评价破"五唯"困局

唯分数、唯升学、唯文凭、唯论文、唯帽子的"五唯"是教师评价体系存在的突出问题。金华职业技术学院以破"五唯"评价为导向,立足"四有"教师要求和职教师资特点，坚持"师德为先、教学为要、科研为基、发展为本"改革方向，系统建构教学与技能兼顾、评审与聘期衔接、共性与个性结合的"4＋X"教师考核评价多维化体系，设计"四注重"考核评价实施路径，健全"四维度"考核评价保障举措。

(一)构建"4＋X"教师考核评价多维化体系

学校构建由4种定期评价，即教师教学业绩考核、聘期考核、职称评聘、"双师双能"认定，以及若干个单项不定期考核，如高层次人才考核、专项技能竞赛等构成的"4＋X"教师考核评价多维化体系。

教学工作业绩考核。高校教师育人的"基本牌"，突出教书育人实绩导向，重点从教学工作量、教学效果和教科研等情况，开展教师教学业绩的年度性评价。

"双师"评价认定。职教教师特色的"身份牌"，将技术技能水平和专业教学能力的"双师"素质纳入教师评价体系，定期开展教师专业技术技能水平认定，体现职业院校教师的特色和优势。

专业技术职务评聘。教师综合评价的"升级牌"，对教师品德、能力和业绩的系统性考评，特别是教育教学、教改科研、育人成果、社会服务等方面的综合性评价，是教师职业发展的阶梯和通道。

岗位聘期考核。教师岗位胜任的"合格牌"，通过对不同层级、不同类型的教师履职能力、教书育人能力、科学研究能力和社会服务能力等指标进行考核，评价3年聘期的岗位胜任力，构建学校"能上能下"的用人机制。

多元化的单项考核(X)。教师激励评价的"个性牌"，根据教师成长的规律和工作特点，对不同发展阶段和不同类型教师进行个性化、不定期的单项评价，包括指导学生竞赛、教学能力竞赛等，激励教师尽展其才。

通过"定期＋单项""长效＋阶段""定量＋定性"相结合的考核形式,综合考虑专业带头人、骨干教师、青年教师等不同类型教师的发展需求,以多维度评价全面衡量教师贡献,系统推进教师评价改革实践。

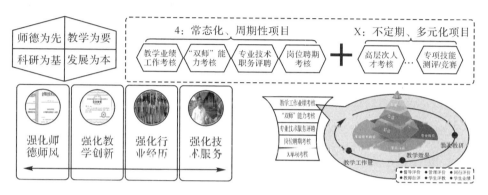

图 2-46　"4＋X"教师考核评价多维化体系

(二)设计"四注重"考核评价多元化实施路径

注重师德师风。把师德师风作为教师评价的第一标准,出台师德师风建设管理办法,建立"师德师风负面清单",严格执行"师德失范一票否决制",实施师德师风"三大"工程,铸魂固本强根基。

注重标准设置。结合学校实际,设置专业技术职务评聘的基本条件、业绩条件、破格条件、直聘条件等系列标准,提升评价指标的标准化与科学化。实施"尖峰""攀峰"特聘岗制度,探索以"能力、业绩、贡献"为导向的人员聘用机制。

注重分层分类。依据不同岗位建立科学合理的分类分层评价体系,如在专业技术职务评聘中,除教学为主型、科研为主型、教学科研并重型、社会服务与推广型四类教师外,学校创新岗位类型,增设技术技能型。

注重结果应用。"4＋X"考评项目互为支撑,构成教师评价的有机整体。教学业绩考核和"双师"评价是专业技术职务评聘的基本条件和指标,聘期考核与专业技术职务评聘相互衔接、紧密配套,"X"单项考核成果既可用于专业技术职务评聘,也可用于聘期考核。

(三)健全"四维度"考核评价协同化保障举措

实行分级的组织管理。学校和学院层面分别成立教师考核评价领导小组和工作小组,健全考核评价组织架构,实现教师考核评价工作的部门与部门、部门与学院联动。同时,学院结合专业发展特点探索符合自身专业特色的教师考核评价方式。

构建分项的制度体系。以制度"废改立"为契机,构建师德师风建设、人事管理、师资建设等制度体系,为考核评价工作有序推进提供制度保障。

创设分类的培训项目。依托浙江省示范性教师发展中心,开发适应新教师、骨干教师、专业带头人、兼职教师需求的"四维五航"教师分层分类培训体系。

完善分明的奖惩机制。"4＋X"考核评价结果与教师绩效分配、职称评聘、岗位晋级、评优评奖等直接挂钩,形成"岗位能上能下、人员能进能出、待遇能高能低"的机制。

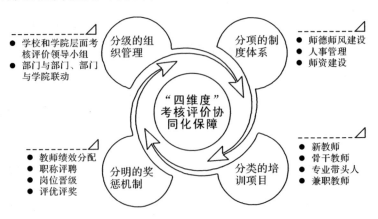

图 2-47 "四维度"考核评价协同化保障

学校通过"4＋X"教师评价体系改革的实践,解决了教师"五唯"评价的绝对化、片面化、形式化等问题,强化了教师分类考核和过程评价,建立了"岗位能上能下、人员能进能出、待遇能高能低"的用人管理机制,激发了人才创新创造活力,取得了系列成果:学校入选国家级团队4个,国家级职业教育"双师型"教师培训基地3个,国家级技能大师工作室、国家级职业学校校长培训基地、高等职业院校名师(名匠)培养基地各1个;学校有高级职称教师达502人、博士等高层次人才110余名,培养获国家级、省级荣誉称号的专业(群)带头人28人,行业"高精尖缺"的技能大师51人,"双师"比例连续5年达90％以上,教师教学发展指数居全国第二;《构建"334"引育工作体系,建设高水平"双师"队伍》等5个案例入选教育部等部委典型案例,形成了可示范、可复制的分层分类、多元多维的教师评价模式,建设成果辐射全国100多所院校。

浙江机电职业技术学院:

深化教师评价改革,构建高水平教师队伍建设体系

(一)主要做法

1.师德为先,完善师德师风建设长效机制

学校成立党委教师工作委员会,把师德师风作为第一标准,建立师德档案,实行师德"一票否决"制,完善相关制度,先后出台《师德师风建设实施方案》《浙江机电职业技术学院师德专题教育实施方案》《关于进一步做好师德师风建设工作的通知》和《师德师风问题整治工作方案》,对相关工作进行推动落实。

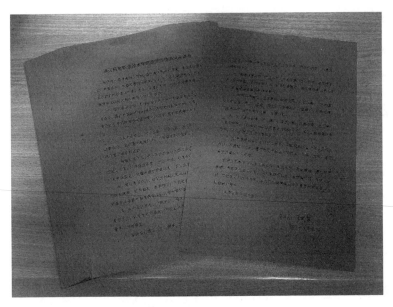

图 2-48　师德师风承诺书

2.数字赋能,健全一体式业绩导向评价体系

为深化教师评价体系改革,学校从职称评聘、岗位聘任、业绩考核、绩效分配等方面构建一体式业绩导向评价体系,出台相关制度,完善教师评价标准。

(1)分类评价,打造职称评聘量化考评机制。积极落实上级关于破除"五唯"的要求,以教育教学实绩为标准,推进职称评聘制度改革。修订《专业技术职务自主评聘办法》,实行分类评价、量化考评、论文代表作全面替代,突出"不写论文也能评职称"。对职称评聘全面实行业绩成果赋分,根据评聘专家业绩得分高低确定推荐意见。设定破格晋升条件和直接晋升条件,有力促进人才不断突破自我。

(2)业绩优先,遵循成果排序的晋升推优原则。在岗位设置与聘任中,出台《第三轮岗位设置与聘任实施办法》,实行业绩优先的竞聘导向,设定具有职业教育特点和符合"双高计划"A 档层次的业绩等级体系,将教育教学实绩、人才荣誉项目分别对应业绩等级标准,对竞聘和考核分别确定业绩等级要求,竞聘排序时以业绩为序。

出台《中层以下教职工年度考核办法》和《先进教师和先进教育工作者评选办法》,中层以下教职工的年度考核和"两先"评选工作由二级教学部门执行,学校审核无误后予以认定。

(3)优绩优酬,构建多元化绩效分配体系。坚持按岗取酬、优劳优得,先后制定出台《绩效分配改革实施管理办法》《二级管理经费分配实施办法》,以"权力下移、激发活力"为总目标,以"预算管理、统一分配"为经费分配原则,同时遵循鼓励优质办学、激励优先、体现公平等原则,核拨二级教学部门的人员经费,推进二级管理。分配制度充分体现业绩导向,向业绩考核优秀者倾斜,取消绩效分配直接与人才荣誉和论文、课题挂钩的方式,制定突出贡献奖励标准。出台《高层次人才年薪制试点工作实施办法》,对特殊人才设定结构工资制度,实行高层次人才年薪制,两批聘任 14 人,实行协议管理,根据聘期任务完成情况发放薪酬,激发人才干事创新的积极性。结合各类人员特点,建立多元化分配体系。

(4)分类认定,引导人才称号回归平凡。修订高层次人才引进管理办法,明确人才层次分类标准,根据学校发展需要区分紧缺类型、设定聘期任务指标,实行协议管理。具体引进待遇不以人才称号为依据,而以人才紧缺程度和业绩指标为依据。

(5)项目驱动,推进教师应用能力提升。从教师培训、进修、下企业锻炼、科研攻关等全方位落实项目驱动模式,以教师工程意识和工程能力为重点方向,切实推广带项目下企业闭环管理,组建校级团队和专家工作室,以教促产、以产助教,深化产教融合、校企合作。

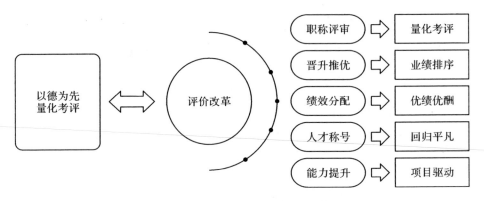

图 2-49　高水平教师队伍建设体系

（二）成效与成果

学校教师评价改革强化人才分类考核与培育，取得了高水平"双师"教师队伍建设的丰硕成果。

以全国高校黄大年式教师团队为引领，以教学创新团队为重点，通过校级团队积累，孕育了多个高水平教师团队。累计拥有全国高校黄大年式教师团队 2 个、国家级职业教育教师教学创新团队 2 个、国家课程思政教学团队 1 个、国家课程思政教学名师和团队 5 个、浙江省职业教育教师教学创新团队 3 个、浙江省中高职一体化教师教学创新团队 1 个，高水平教师团队建设成果位于国内职业院校前列。

拥有国家"万人计划"教学名师 1 人、享受国务院政府特殊津贴者 1 人、入选教育部新时代职业学校名师培养计划者 1 人、国家课程思政教学名师和团队 5 个、全国技术能手 2 人、获第八届黄炎培职业教育奖杰出教师奖者 1 人、全国职业教育先进个人 1 人、入选教育部职业院校优秀教师代表全国巡回宣讲团者 1 人，入选国家级"双师型"教师培训基地 3 个，入选国家级职业教师教学创新团队建设典型案例 1 个。拥有

图 2-50 第二批全国高校黄大年式教师团队成员合影

省级职业教育教师教学创新团队 2 个、省级"万人计划"教学名师 3 人、省级技术能手 7 名、浙江工匠 2 人、浙江青年工匠 4 人。

还拥有省制造业首台(套)重点项目 1 项,低温流体装备研发浙江省工程研究中心 1 个,"尖兵""领雁"等省重点科技研发项目 19 项。

浙江经济职业技术学院:

"四步走"创建高水平师资团队

(一)实施背景

高水平、结构化教师教学创新团队建设既是"双高计划"建设的重要目标,也是引领新时代高职院校高素质"双师型"教师队伍建设、深化"三教"改革的关键和保障。学校立足"双高计划"建设,坚持人才强校战略,创新人才建设、管理、服务机制,努力打造高水平职业教育师资团队。

(二)主要做法

1.定方向——锚定高水平师资团队培养定位

充分依托作为产业学院理论提出者的创新优势,以国家高水平专业群建设为载体,积极融入供应链集成服务产业发展,发挥"双高计划"高水平专业群、高技能人才培训基地雄厚实力,以开发教师教学创新团队能力模型为引领,形成教学岗位和企业经营管理岗位双向动态循环的教师素质提升机制,努力打造对标国际、中国特色的高水平师资团队。

2.研标准——构建高水平师资团队建设标尺

一是首创国家级职业教育教师教学创新团队教师胜任力模型。针对职业教育的特点和智能化时代的新要求,提出了"一德、四师、三能"教师素质模型,以"德"为中心,首创开发了含引领变革、即时学习、团队合作、积极主动、教学与教学诊改等内容的国家级职业教育教师教学创新团队教师胜任力模型。

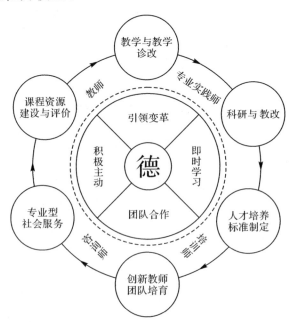

图 2-51　国家级职业教育教师教学创新团队教师胜任力模型

二是开发"双师型"教师团队培训标准。根据"双师"特质与团队属性,开发了基于产教融合的初级、中级、高级三级"双师型"教师团队培训标准2套、课程标准8套,作为高职院校开展"双师型"教师团队培训、考核与评价工作的参考,以及教师落实立德树人根本任务的行动指南。

3.建机制——探索高水平师资团队建设范式

一是完善师德师风长效机制。成立以党委书记、校长为组长的师德师风建设委员会,完善师德师风监督机制与预警机制。开展师德师风专题教育活动,邀请师德模范、专家学者作专题报告60余期,组织开展制度宣讲50余次、集中警示教育60余场。

二是构建双向动态循环机制。依托浙江省机电集团、浙江省职教集团和企业大学等,构建团队与企业"龙头引领、战略融合、功能对接、机制保障、人才共用、信息互通、设施共享"的双向动态循环团队建设机制,校企共建教师实践基地以及共同开展项目研究、开发教学课程等,形成校企命运共同体。获批国家级"双师型"教师培训基地2个,"双师"多能培训实现全员覆盖,"双师型"专业课教师占比达92.05%。

三是建立分层分类培育机制。围绕教师职业生涯发展路径,建立了新教师岗前培训、青年教师导师制、学历进修、访工访学、企业实践、专业带头人培训等分层分类培育机制。近5年,组织教师参加各级各类培训共4568人次,合计36807.2天。

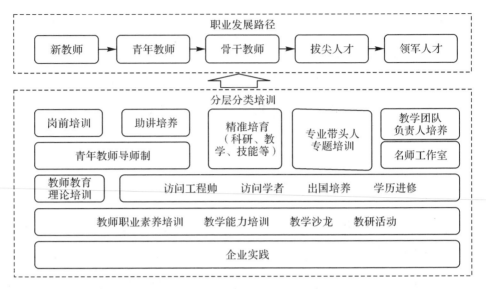

图 5-52　基于教师职业发展的分层分类培训机制

四是建立团队发展动力机制。建立多元参与的教师评价考核体系，将师德师风、教育教学实绩作为教师考核的主要依据；建立"定量＋定性"考核评价机制，坚持过程考核和成果考核相结合，定期开展评估诊断；推进学校工资体系改革，出台"1＋3"绩效分配改革方案，建立以岗位绩效和实际贡献为导向的校内两级分配制度。

4. 强保障——夯实高水平师资团队建设基础

一是组织保障。完善内部治理体系，成立由学校书记、院长牵头的团队工作领导小组，全面负责团队建设的总体安排与部署。教师发展中心为团队建设和教师发展提供平台与服务支撑。

二是政策支持。深化人事制度改革，在师德师风、人才引进、考核评估、职称评聘、教师发展等方面营造良好的制度环境。近 5 年，新出台或修订制度方案 20 余项。

三是数字赋能。作为全国第一批职业院校数字校园建设试点院校，学校教师团队服务的效率和质量得到有效提升。在浙江省高职院校中率先推行一站式数字化、智能化、过程化人事薪酬系统建设,目前此系统已进入调试阶段。

(三)经验成果

近年来,获批国家级职业教育教师教学创新团队 2 个、省级职业教育教师教学创新团队 3 个、浙江省高校黄大年式教师团队 1 个,形成了 2 个国家级、7 个省级、20 个校级的三级团队体系。首批物流管理专业国家级职业教育教师教学创新团队于 2023 年上半年顺利完成验收,验收成绩在 10 个物流管理专业创新团队中排名第一,获得唯一"良好"的成绩。团队建设相关经验做法得到《中国教育报》《光明日报》等媒体多次报道,现代物流管理团队建设经验入选教育部创新团队建设典型案例。

在国家级团队的引领下,学校教师入选新一届全国行业职业教育教学指导委员会委员 11 名(2 名副主任),入选人数位列全国第八、浙江省第一。主持和参与开发教育部专业标准 11 项,参与开发人力资源和社会保障部国家职业技能标准 3 项。获批教育部首批国家级职业教育教师教学创新团队专业领域重点课题 1 项和公共领域课题 1 项并顺利结项。

(四)推广应用

高水平师资团队建设是辐射推动"双师型"教师队伍整体高质量发展的有力抓手和重要举措。本案例中关于职业院校教师教学创新团队建设的举措方法具有较强的推广示范效应,"双师型"教师团队培训和课程标准在职教师资国培和省培项目中开展应用实践,并在江苏旅游职业学院、福建信息职业技术学院等省内外 10 余所高职院校中予以借鉴和试点应用。

浙江警官职业学院:

多措并举,打造人民教师和人民警察双重身份的高水平"双师型"教师队伍

(一)实施背景

教育大计,教师为本。作为司法警官院校,学院主要培养监狱、戒毒人民警察、基层法律服务工作者和安全防范、司法信息安全等应用型人才,建校以来实现了又好又快发展,是全国同类院校的排头兵,同时也在办学体制、办学层次、专业结构、师资队伍等方面面临突出问题。处在高质量发展高水平建设的关键时期,建设一支绝对忠诚、专兼结合、能教善战、充满活力的高水平"双师型"教师队伍是学院提升核心竞争力,打造现代化、高水平、有特色的一流司法警官院校的基础。有力保障学院高质量完成省委、省政府赋予的加强司法干警队伍建设、提升法治工作队伍整体素质,为平安浙江、法治浙江建设提供高层次人才支持,奋力推进"两个示范区"建设等诸多办学重任。

(二)主要做法

1. 锻造绝对忠诚的政治素质

弘扬"政治建校"办学特色和历史传统,不断提高政治判断力、政治领悟力、政治执行力,通过警务督察、教学督办及各类宣誓仪式,把习近平总书记对人民警察的训辞精神和关于职业教育的重要指示有机融入职业素养培养培训工作。扎实做好政法队伍教育整顿、党史学习教育、政治轮训等专项工作,不断强化人民警察、人民公务员、人民教师三重身份意识,努力践行"忠诚、责任、奉献"的警院核心价值观,着力锻造"绝对忠诚、绝对纯洁、绝对可靠"的司法行政教育铁军。

2.塑造"忠勇严实新"的职业道德和职业精神

坚持警院教师队伍道德建设的独特性和高标准,更加突出职业素养的政治属性、政治标准、政治内涵。结合明德大讲堂、党史学习教育、建党百年纪念、教师节表彰大会、主题党日、课程思政教学改革和党建文化长廊建设等活动平台,开展形式多样的师德师风日常教育。实施"七个一"举措,即"一方案、一承诺、一报告、一问卷、一考核、一手册、一节日",大力开展师德师风主题教育与问题整治,增强依法从教意识,严格规范从教行为。完善师德建设长效机制,将师德师风作为教师招聘引进、职称评审、岗位聘用、导师遴选、评优奖励、聘期考核、项目申报等的首要要求和第一标准,严格师德考核,注重运用师德考核结果。全面推进课程思政建设,切实增强教师课程思政的意识和能力,使课程教学与思政教育同向同行,协调发挥育人功效。选优配强教师党支部书记,深入实施教师党支部书记"双带头人"培育工程。探索新形势下警院师德建设的特点和规律,在内容、形式、方法、手段和机制等方面不断改进和创新,引导教师增强全员育人、全方位育人、全过程育人意识和能力。

3.培育能教善战的能力素质

(1)筑巢引凤,高端引领。积极打造高水平"双师型"职业教育教师教学创新团队和名师名家工作室。选拔选聘爱岗敬业、师德高尚、成果突出、育人水平高超的名师名家,构建名师专家库及其联系扶持机制,主动为这样的人才搭舞台、配梯队,加强人才的领军能力培养,扶持他们申请各种课题和资助项目,为人才的成长创造条件和环境,帮助他们"唱好戏、唱大戏",从而培育出一批在行业内有较大知名度、美誉度、认可度和影响度的教学名师、行业专家型名师和高级教官。充分发挥辐射带动和示范引领作用，推进学院职业教育教学模式和人才培养模式改革。

立足学院实际，用好政策工具，通过公务员和事业编制公开招录、基层（行业）遴选、"双一流"高校选调、高层次人才引进等形式，拓宽人才引进渠道。面向监狱、戒毒所及法院、公安系统，公开遴选一批行业执法标兵、管教能手和警界精英等实战型人才；面向大型安防、IT企业，聘请能工巧匠、技术骨干、高级管理人员来校任教。

（2）校局（企）融通，协同发展。与省监狱管理局签署战略合作框架协议，加强顶层设计，制订并完善促进校局（企）双向交流的互惠保障制度，细化并落实省监狱管理局的相关意见和合作协议，多措并举打造校局（企）双向交流协作共同体，努力构建高水平"双师型"教师队伍合作发展新模式，培养既有扎实理论知识和专业教学能力，又有丰富的行业工作经验和实战能力的"双师型"教学多面手，打造业务技能精、实战能力强、德技并修的高水平"双师型"教师（官）队伍。

学院先后与浙江省金华监狱、杭州市司法局、大华技术股份有限公司等24家行业（企业）龙头单位合作共建教师培养培训基地和行业（企业）实践流动站；与省金华监狱、省十里丰监狱、省十里坪监狱等共建产教融合实践基地；与省监狱管理局合作共建警务实战、司法警务等技术技能名家工作室；积极争取司法行政主管部门支持，建立健全符合行业管理特点的优秀兼职教官（师）聘任办法，深化人员双向流动、相互兼职常态运行机制，畅通行业优秀教官与企业高层次技术技能人才兼职从教渠道，聘请一批行业（企业）高技能人才、能工巧匠等到学院兼职任教。

（3）分层分类，构建"青蓝工程""远航工程"和"深蓝工程"三级培养培育体系。通过打造"青年教师助长计划"暨"青蓝工程"、"骨干教师助推行动"暨"远航工程"和"名师培育工程"暨"深蓝工程"三级培养培育体系,帮助处于不同成长阶段的教师设立不同的职业成长目标,为不同年龄段教师提供不同的职业发展平台,实现教师教育培训、专业实践、教育研讨全覆盖,服务不同层次不同类别的人才培养。分级打造师德高尚、技艺精湛、育人水平高超的教学名师、专业带头人、中青年骨干教师等高层次人才队伍。

(4)严管厚爱,激发活力。严格落实各类师德师风与教学科研考核奖惩规定。修订完善专业技术职务评聘和教师分类管理与考核制度,适度加大教学业绩、行业服务实绩在教师专业技术评聘、年度综合考核中的权重。在同等条件下,专业技术职务评聘工作向长期在教学、科研、行业服务一线的教师倾斜。着重考量教师职业道德、创新能力、业绩水平和实际贡献,教师考核不唯学历、资历、论文。强化正向激励,适当增加教师荣誉类别,增设教研专项奖励种类,提高教师奖励标准,适度扩大获奖教师受众面。创新建设学院教师发展中心智能化管理与服务平台,实现师资队伍管理与建设的信息化、数据化、智能化、科学化、规范化,持续赋能教师职业成长发展的能力。

(三)成果成效

(1)"双师型"教师队伍结构和水平稳步提升。根据高职院校人才培养工作数据采集与管理平台数据统计,"双师型"专业专任教师占比由 2019 年的 90.45% 提升到 2022 年的 92.12%,排名位居省内"双高计划"建设院校第一,全国第十。实现了教师五年一周期的全员轮训,专业专任教师 100% 实现了每年至少累计 1 个月以多种形式参与行业(企业)实践或实训基地实训。新增客座教授 3 人、兼职教授 18 人,其中国家重点研发计划首席科学家 1 人、奥运冠军 2 人、世界冠军 1 人。

建设兼职教师(官)师资库,聘请了一大批行业执法标兵、管教能手和警界精英等行业实战型人才和能工巧匠、技术骨干、高级管理人员等企业技术技能名家来校任教。

(2)建成公安司法大类职业院校唯一国家级"双师型"教师培训基地。打造了类型特色鲜明、培训模式先进、服务保障全面的辐射全国公安与司法大类院校及专业的"双师型"教师培训样板基地。该基地整合了众多行业优质资源,构建了警、法、安、信各具专业特色的校局(企)合作培养模式,打造了教、学、练、战、研、训一体化虚拟仿真实训培养模式,创新了"双线混合、智慧服务"培训模式。

(3)"双师型"教师队伍建设取得一系列标志性成果。学院教师团队获得全国高等职业院校教学能力比赛一等奖,先后入选国家课程思政教学名师和团队(2个)、省级职业教育教师教学创新团队、省级职业教育技能大师工作室。学院教师先后荣获"全国司法行政系统先进工作者""国家课程思政教学名师""省司法行政系统第六届百名司法为民标兵""浙江省最美司法行政人""浙江省黄炎培职业教育杰出教师奖""浙江省高校网络教育名师""浙江省师德楷模"。学院教师主持的科研项目2次入选国重点研发计划重点专项并首次获得"尖兵""领雁"省级重大科技攻关项目立项。学院教师当选全国行(教)指委委员(3人)、全国行业协会专委会委员(1人)、全国司法行(教)指委专门(专业)委员会委员11人。学院教师牵头成立了全国安防职业教育联盟,担任理事长、秘书长者各1人。学院教师牵头成立了省应急产业产教融合联盟,担任理事长、秘书长者各1人。

六、提升校企合作水平

杭州职业技术学院：

以数字技术构建市域产教联合体"杭州样板"

（一）实施背景

中共中央办公厅、国务院办公厅印发的《关于深化现代职业教育体系建设改革的意见》明确提出"以产业园区为基础，打造兼具人才培养、创新创业、促进产业经济高质量发展功能的市域产教联合体"，为杭州推进职业教育高质量发展指明了方向。

杭州经济技术开发区是全国唯一集产业园区、出口加工区、高教园区于一体的国家级开发区，区内的钱塘高教园区是浙江省最大的高校园区，拥有高校 14 所，学生 30 余万名，省部级重点学科 109 个，国家高新技术企业、产教融合型企业超过 1000 家。杭州职业技术学院作为首批入驻钱塘高教园区的高校，自建校以来就与开发区、高教园区同生共长、互融互促。

当前，产业结构出现的高端化和融合化趋势，对人力资源结构提出了新要求，促使职业教育层次结构、体系结构、专业结构等都必须进行相应调整，亟需深化产教融合，构建高水平区域产教联合体。面临目前存在的产教融合主体失位、资源错配、人才失衡等现象，杭州经济技术开发区和杭州职业技术学院牵头组建的杭州经济技术开发区（钱塘科学城）产教联合体坚持服务学生全面发展和经济社会发展，强化政府统筹、产业聚合、企业牵引、学校主体作用，着力打造市域产教联合体"杭州样板"。

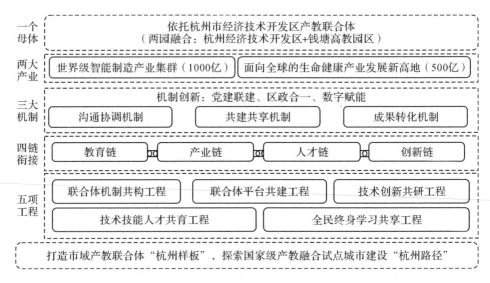

一个母体　依托杭州市经济技术开发区产教联合体
（两园融合：杭州经济技术开发区+钱塘高教园区）

两大产业　世界级智能制造产业集群（1000亿）　面向全球的生命健康产业发展新高地（500亿）

三大机制　机制创新：党建联建、区政合一、数字赋能
沟通协调机制　共建共享机制　成果转化机制

四链衔接　教育链　产业链　人才链　创新链

五项工程　联合体机制共构工程　联合体平台共建工程　技术创新共研工程
技术技能人才共育工程　全民终身学习共享工程

打造市域产教联合体"杭州样板"，探索国家级产教融合试点城市建设"杭州路径"

图 2-53　市域产教联合体"杭州样板"示意图

（二）实施路径

1. 以政府强统筹构建精准政策供给机制，建立全方位保障机制

依托杭州市国家产教融合试点城市建设优势，发挥"区政合一"叠加优势和政策牵引作用，建立市域产权联合体指导委员会，指导理事会稳步推进市域产教联合体的发展，出台明确支持市域产教联合体发展的法律法规和政策框架。建立可持续的融资机制，探索除政府拨款外的如企业赞助等其他收入来源，资产划定、产权明晰，确保资源配置公平合理。成立钱塘科学城，推进市域产教联合体发展，确保联合体规模化建设和运营，形成资金保障、配置均衡、监管有效、风险可控的长效发展机制。

2. 以党建统领产教联合体建设创新协同育人模式，服务学生全面发展

以党建联建破除壁垒，凝聚不同主体合力。通过联合区内不同主体党组织，搭建政行企校园协作的互动平台，创建市域产教联合体党建联建示范阵地,着力构建全覆盖、一体化的基层党建工作整体格局。发挥政治组织优势推动党建与产教联合体建设同向同行,实现政治与服务功能相统一。坚持立德树人,提升联建实效。坚定"为党育人、为国育才"共同目标,构建"党建联建联合体",开展"党课联学、人才联育、活动联谊"等活动,以党建联建引领人才模式改革,设计全程、全链路学徒制模式下人才联合培养路径,提升"举旗帜、育新人"实效。

3. 以数字技术构建"共治共享、共引共创"产教联合体运行体系,服务区域经济社会发展

以数字技术推进多方资源集聚融合,建立资源共建共享机制。由杭州经济技术开发区管理委员会牵头成立市域产教联合体理事会,理事会成员由钱塘新区内重点企业、职业院校、科研机构等多方构成;理事会中各高校分别设立"产教融合促进领导小组",负责管控协议执行情况,布局新领域、推进新项目;将产教融合、校企合作等内容列入企业评级、评价体系的重要指标,量化企业参与人才培养、技术开发、知识转化、创新创业等方面的广度、深度和效度,根据量化结果制定税收优惠政策,并在企业发展、员工培训等方面给予支持和激励。联合体内园区搭建科技、人才供需信息数字化共享平台,动态监测全域人才现状,定期发布人才需求报告,推动高层次技术技能型人才与园区产业供需对接。发挥数字化改革的变革重塑效应,打通联合体内单位各类平台资源,进一步增强平台开放共享功能,打造"校融产学研一体化合作平台"。

(三)实施成效

1. 撬动出台了一批政策

出台《杭州市钱塘区打造全省产才融合示范高地行动计划》《关于实施钱塘"领飞计划"打造新时代高能级产业发展战略平台若干政策意

见》《杭州市钱塘区关于深化政校企合作推进卓越工程师培养的工作方案》等若干文件，促进人才供给侧和产业需求侧结构要素全方位融合。

2. 打造了联合体人才培养新高地

成立"环杭州湾医药产业人才培养联盟""大江东汽车产业培养联盟"等，培养了一批现场工程师；联合区内 7 所高校定制近 50 门技工亟需的技能课程，推动职业教育与技能培训有机衔接；推进长学制联合办学，长学制招生规模超过 100 人，联合体内普通本科学校招收中高职毕业生和企业一线优秀员工就读本科和专业学位研究生超过 100 人，联合体学校整体就业率超 98％。建成多个集实践教学、社会培训、真实生产和技术服务功能于一体的市域开放型技术技能人才实训中心。

图 2-54　成立杭州医药港学院杭职产教融合基地

3. 激发了联合体可持续发展驱动力

组建生物医药、先进电子技术 2 个创新联合体，建成 3000 平方米的科技成果转化服务综合体，打造以"1＋6＋X"为核心的省域同步共享技转经纪服务体系，对接高校企业 1800 余次，缩短成果转化周期近 30％；建成"钱塘校融·产学研一体化合作"数字化平台，融合"领飞计划"建成校企高效对接中继站。

浙江经济职业技术学院：

服务行业发展　创新构建特色产业学院

（一）实施背景

浙江省物流协会是浙江省物流行业具有代表性和服务性的行业协会，是具有社团法人资格的非营利性全省性行业组织。浙江经济职业技术学院依托浙江省物流协会的产业优势，与其共建浙江物流产业学院（简称"物流产业学院"），旨在推动浙江省物流业人才培养的供给侧和产业需求侧在结构、质量、水平上的平衡。促进教育链、人才链与产业链、创新链有机衔接。以"产教融合"为主题，发挥各自的资源要素、信息、渠道的互补优势，校企协同、合作育人、创新发展。

（二）主要做法

1. 深度产教融合，创建新型人才培养模式

物流产业学院遵循物流产业发展规律，紧跟时代变化，将物流、信息、供应链、教育等技术应用于专业规划、课程设置、实习实训、教学设计、教学方法、教材开发等课程体系建设，实现全新课程体系与产业相对接。

物流产业学院参与学校主持的《浙江省物流管理专业中高职一体化课程改革》重点课题，完成《浙江省物流管理专业人才需求调研报告》中108家行业企业的调研问卷，了解了浙江省物流行业人才和岗位需求情况，为下一步浙江省物流管理专业中高职一体化课程改革指明了方向。物流产业学院参与学校物联网专业培养方案修订工作，完成30家物流企业人才需求调研问卷，为人才培养方案的修订提供了依据。

2.加强校企合作,推进产教协同育人

营造产教融合创新新生态,树立能力培养理念,增强学生个人能力与物流行业需求的吻合度。

物流产业学院推进"学徒制"和"订单班"的人才培养工作,引入英赋嘉(浙江)供应链科技有限公司、海盟控股集团有限公司、浙商中拓集团物流科技有限公司等 10 家行业头部企业参加学校人才联合培养工作,加强学校教学的针对性和实用性,提高学生的综合素质,培养学生的技术技能,进一步加大对现代物流应用型人才的培养力度,真正为学生成为物流领域内的行家里手奠定良好基础。

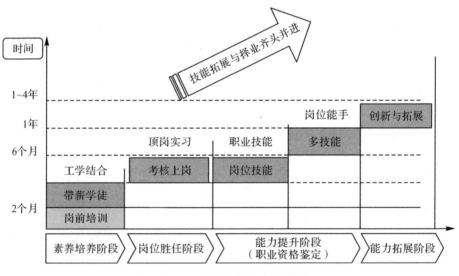

图 2-55 "学徒制"人才培养模式

3.完善教学资源,共建教育培训中心

围绕物流业高质量发展,对标新产业、新业态、新技术、新标准、新规范,服务国家数字经济转型和产业升级的人才需求。

物流产业学院与继续教育学院共同完成了海南省国培项目高职"双高计划"建设学习交流培训,全面展示了浙江省"双高计划"建设的高质量发展水平,搭建了省际间"双高计划"建设经验研讨交流与互相学习的平台。物流产业学院设计培训项目,制定培训方案,开发资源库,开展浙江省物流协会A级物流企业员工职业培训工作。

1.构建智能物流实训场景,共同建设智能物流实训室

构建了智能物流环境下,以物流数字化管理和人工智能为依托的物流机器人大规模作业的工作场景,满足学生在工作任务导向下进行物流工序、作业流程、物流设备认知操作、WMS仓系统、WCS设备控制系统、ERP系统、仓内KPI业务关键指标、IOT物联网技术、大数据技术、云计算技术、AI技术等实训,同时可以为"三通一达"等物流企业提供员工培训。

5.构建数字化物流场景,共同建设物流产业数据中心

建设物流产业数据中心,它融合了菜鸟物流公司超过1000家快递企业的物流数据,是菜鸟物流科技打造的物流数据实时在线平台。建设物流产业数据中心的主要目标是帮助学校系统全面且直观地展示地方物流产业的实时数据,通过对产业发展细颗粒度的数据展示,深入挖掘产业全链路价值及潜在消费市场,为企业、政府等提供决策依据,驱动区域产业发展资源优化配置,打造产业特色品牌,提高产品竞争力,为产业整体健康高速发展增添动力。在数字物流实训场景建设中,通过数字孪生技术,实现智能物流实训基地的数字化管理。

(三)成果成效

物流产业学院发展模式在实践过程中,大大强化了校企合作、工学结合人才培养模式的机制保障,大幅度拓展了校企合作的内涵,提升了校企合作的层次。物流产业学院通过服务行业发展,体现了高等职业院校教育服务输出的丰富性和独有特色,提升了职业教育的针对性和适应性,并示范引领产业学院向规范化、国际化发展,推进学校高质量发展。

（四）推广应用

目前建设产业学院的职业院校有很多，但可借鉴的模式并不多。物流产业学院的模式探索在物流行业领域具有一定的引领性和创新性。学校的强势专业能够紧密契合行业企业的产业背景，并且具备为行业企业提供技术研发、人才培训等的资源与实力，与行业企业共同打造校企合作命运共同体，为培养区域产业需求的高素质应用型人才，支撑地方产业经济发展贡献职业教育的力量。该案例的创新做法已被《中国教育报》刊发。

浙江工贸职业技术学院：

创新"行业协会＋产教融合"范式　服务中小微企业发展

（一）背景和问题

增强适应性是新时代党和人民对职业教育发展的重要期望。其不仅能够提升技术技能人才培养质量，还能够促进产业升级转型，实现更加充分的高质量就业，扩大中等收入群体，促进共同富裕。浙江作为民营经济发祥地，中小微企业占比超99％。如何精准契合民营经济和中小微企业特征，促进职业教育链与中小微企业人才需求链、技术创新链的有机衔接，是地方性高职院校发展面临的重要课题。然而，职业院校与中小微企业合作往往存在不少难点、痛点。一方面，高职院校往往更加青睐与大型企业开展校企合作，以充分彰显学校实力，提升影响力与协同育人水平。另一方面，中小微企业岗位数量少、业务变化快、发展不稳定，且作为市场经济的主体，精力和资源主要集中投入到生产经营活动中，追求短平快的投资回报，参与职业教育的动力与能力均显不足。行业协会作为一种非营利性民间组织,在政府与企业之间发挥着重要的桥梁纽带作用。搭建以行业协会为纽带的产教融合平台,能够集聚更多企业力量,表达企业诉求、规范企业行为、调和校企矛盾,同时激发职业学校办学活力,增进资源共享,提升人才培养质量。

(二)措施和方法

1.发挥行业协会"连接器"作用,校行企共建产教融合平台

围绕"服务区域优势特色产业集群以及中小微企业价值链",以眼视光技术、人工智能等6个专业(群)为试点,学校与温州市总商会开展战略合作,共同发起成立或实质性参与温州市眼镜商会、温州市人工智能协会等6个行业协会,并选拔专业骨干担任副会长、副秘书长等要职。通过协会的牵引,联合代表性会员企业,采用"产业学院+实训/培训基地"和"研究院+协同创新中心"两种形式共建产教融合实践教学基地。在满足教与学基本功能的基础上,结合各专业(群)优势禀赋以及对应产业(集群)需求特征,差异性强化基地的产、训、研、创等功能。

2.发挥行业协会"聚宝盆"作用,多方联合开发优质教学资源

联合行业协会遴选行业企业专家组建专业(群)教学指导委员会,依据行业最新标准规范,研制并动态更新专业(群)标准、课程标准、实训标准等教学标准。将企业新规范、新技术、新工艺等生产要素转化为教学要素,校企双元开发专业(群)教学资源库、精品在线课程、工作手册式教材、实训指导书、微课等教学资源。

校行共同研制实习合作企业遴选标准,组建企业库,建立基于大数据的星级企业评定规范;共同研制企业导师遴选标准,组建导师库,选

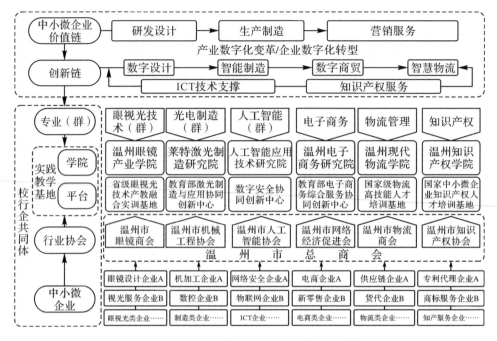

图 2-56 校行企共建多功能产教融合基地

拔德技双馨的企业能工巧匠担任实习导师。以协会为"调度台"，打破院系、专业、行政班级和企业人事壁垒，组建多个混编式企业班和学徒班，以轮企轮岗联动方式实施模块化协作式教学。

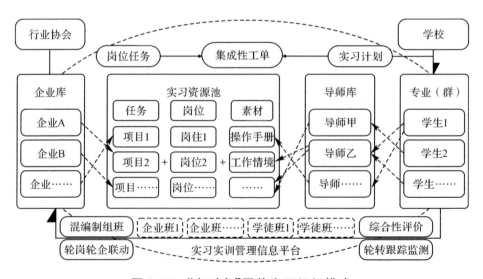

图 2-57 "多对多"网状实习组织模式

3.发挥行业协会"润滑剂"作用,完善校行企协同育人长效机制

一是健全多方共建共管机制,基于市场契约共建多功能实训基地;以章程为引领,实行理事会领导下的院长负责制,多方共同实质性参与产业学院(基地、研究院)运行管理。二是经政府授权、总商会与学校落实,强化行业协会对企业参与实践教学绩效的考核评价功能;采取正负面清单制和积分制,将企业岗位推荐、岗前培训、多岗轮换、导师带教、实习鉴定等工作绩效纳入考核指标。三是建立专业教师与企业导师的"双岗、双薪、双师"制度以及"教学与生产联动"的绩效考核体系,形成激励专业教师服务企业、企业骨干投入育人的双向长效机制。

(三)成果和成效

1.服务产业能力大幅提升

受益专业(群)毕业生90%服务于中小微民营企业。近5年,共为企业培养15000余名人才,他们大多担任技术、管理骨干,成为支撑中小微企业转型发展的中坚力量。

2.学生就业竞争力显著增强

校行企共建产教融合平台,为人才培养创设真实产业环境,丰富中小微企业资源,人才培养质量大幅提升。2014年以来,毕业生人才培养质量跟踪调查结果中,学校9次位列浙江省高职院校前两名,2022届毕业生月薪资位列"双高院校"Top100全国第三。

(四)影响和推广

1.理论成果有高度

总结经验做法,形成产教融合的"浙江模式"。出版学术专著2部,在《中国高教研究》等期刊上发表论文 12 篇；模式得到时任浙江省委常委刘小涛、中国工程院副院长钟志华等领导专家高度认可；被 *China Daily*、CCTV-1 等媒体专题报道，引起积极的社会反响。

2.实践应用有价值

"浙江模式"是产教融合理论结合浙江实践的突破创新，具有重要推广价值。该做法入选全国 50 个职业教育产教融合典型案例，获国家级教学成果奖二等奖。在国家教育行政学院、各类职教会议上交流 56 次。近 3 年，接待兄弟院校来访考察 183 批次 1100 余人次。模式在浙、闽、粤等民营经济发展地区广泛被借鉴应用，影响深远。

七、提升服务发展水平

金华职业技术学院：

建设"5＋N"学院　服务全民终身学习

为助力建设学习型社会和技能型社会，金华职业技术学院主动服务国家战略、区域经济社会和人的发展，充分发挥学校优势，通过打造服务平台、开发培训资源、健全保障机制等措施，将职业培训与服务全民终身学习工作有机融合。

(一)政校行企共力打造"5＋N"学院

学校主动服务乡村振兴、军民融合等战略，联合政府、行业、企业、街道等主体，打造一个综合服务窗口——"5＋N"学院。

与金华市农业农村局合作共建乡村振兴学院，举办"米袋子、菜篮子"、现代农(林)业特色产业等系列培训，助力美丽乡村建设；成功入选全国乡村振兴人才培养优质校、省示范性继续教育基地,《做实农民职业培训 促进农村共同富裕》在《中国教育报》上发表。

与金华市退役军人事务局合作共建退役军人学院,聚焦"五化"模式,面向退役士兵、转业士官、金华市退役军人事务局管理人员开展适应性、就(创)业、技能提升等培训,为退役军人高质量就业贡献力量;成功入选省首批退役军人就业创业基地,志愿服务项目获得省首届退役军人志愿服务大赛金奖等荣誉,并入选2023年退役军人事务部"传承红色基因 赓续红色血脉"——退役军人关爱青少年志愿服务项目。

与皇冠、华为等行业龙头企业及金华市应急管理局合作共建皇冠学院、应急管理学院等企业学院5所,面向当地企业开展"回炉班"(获省政府领导阅示)、"技能提升班"、"工种考证班"、"安全生产班"等培训,探索全产业链企业员工培训模式;成功入选省示范性职工培训基地、省数字技术工程师培育项目第二批培训机构、职业院校服务全民终身学习项目第二批实验校等。

与乡镇、街道合作共建8所社区学院、1所家长学院,为社区居民、社区工作者、儿童家长提供党建、康养、文艺、少儿教育等培训;该经验做法"四力四共"推动高校与社区党建一体化建设在《光明日报》上发表,基地成功入选省示范性社区教育基地。

在校内成立老年教育、社区教育、家庭教育等3所"N"学院,服务老人、居民、家长等人群。根据共建方人才培养需求,"送教入企""送教入社区""送教下乡"等方式,让企业职工、社区居民、农民等在家门口即可享受优质服务,精准实现特定人群的"学历+技能"双提升,并向广大师生宣传、推广相关成果。

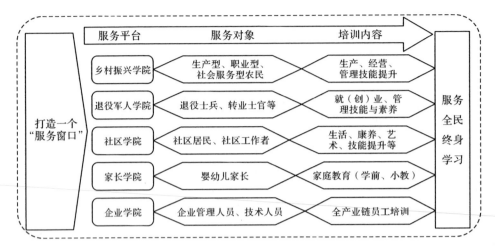

图 2-58　"5＋N"学院服务功能

(二)资源融汇建设培训资源库

为全面实现继续教育工作数字化,学校开发终身学习系统,提供个性化学习、管理服务、信息查询等功能,推广"线上＋线下"的混合式培训。分层分类组织开发培训项目群与相关资源,面向重点社会群体,整合学院和职能部门资源,开发职业院校类、乡村振兴类、退役军人类、职业技能类、社区居民类等 7 大培训项目群;整合校外师资、基地等资源,结合线上教育培训需求,开发培训课程视频 150 余个,获批国家级继续教育思政课程 1 门、教育部首批社区教育"能者为师"特色课程 4 门。

(三)分层分类完善服务保障机制

学校非常重视服务全民终身学习工作,建立健全 5 大制度为其保驾护航。

"管办分离":学校成立继续教育处,二级学院成立继续教育部,学校负责统筹、协调、管理、服务,二级学院负责项目洽谈、承接、实施,双方各司其职,确保培训规模与质量。

"目标导向":学校将职业培训工作列入年度目标考核,指标逐年递增,对高精尖项目予以考核加分。

"畅通通道":学校设立以社会服务为主的高级职称类型,将社会服务业绩作为重要成果,激发教师的工作积极性。

"效益引导":学校设立不同的校院经费分成,重点支持全民终身学习工作开展,并将培训管理费全部返还、奖励给二级学院;向市里争取政策支持,将培训收入的 25% 分配给培训参与者,进一步提升学院与教职工参与职业培训工作的积极性。

"分工协作":学校出台牵头负责、分工对接制度,配套"项目公告板"办法,促使二级学院互相合作承接项目,实现各学院承办项目的良性竞争。

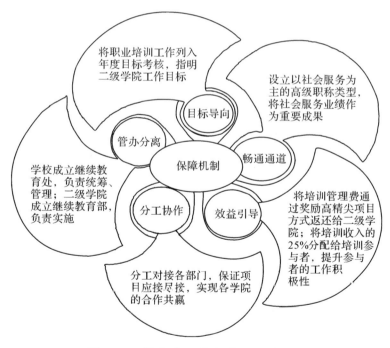

图 2-59　服务全民终身学习保障机制

近五年,学校依托"5＋N"学院平台,持续做大职业培训规模,不断提升质量,成功申报国家级"双师型"教师培训基地、"职教国培"示范项目承担基地、国家级职业学校校长培训基地、新时代职业学校名师(名匠）名校长培养计划培养对象和培养基地，"职教国培"（全省高校唯一入选项目）、全国赋能乡村振兴典型案例、红传项目等典型案例共 12 项，省级基地、项目等 70 多项，入选全国高职院校社区教育联盟常务理事单位，为助力全民终身学习体系构建夯实基础；开展各类职业技能、职业院校、乡村振兴、退役军人等培训项目 4000 余项，培训学员 49 万人次、167 万人·天，打造面向农民、企业员工、教师等对象的培训品牌 14 个，为服务全民终身学习贡献力量。学校连续多年入围全国高职院校"服务贡献 50 强"。

浙江旅游职业学院：

以"千万工程"为指引让乡村旅游更富诗意、更具活力

"千万工程"是习近平总书记在浙江工作期间亲自谋划、亲自部署、亲自推动的一项重大决策，推动浙江探索走出了一条加强农村人居环境整治、全面推进乡村振兴、建设美丽中国的科学路径。学校紧紧围绕国家发展战略，全面落实省委、省政府决策部署，与时代同行、与人民同心，以赋能"千万工程"为指引，坚持目标导向、强化特色创新、发挥平台优势，为乡村旅游"美而有韵、美而有味、美而有范"贡献"浙旅力量"。

（一）主要做法

1. 坚持目标导向：聚力乡村旅游品质，让乡村"美而有韵"

学校紧紧围绕省委、省政府重大战略，不断迭代创新服务载体，通过相继推进实施"服务万亿旅游产业五年行动计划""师生助力全省万村景区化建设行动""旅游业'微改造、精提升'服务计划"等，已指导全省 11 个地市 84 个县（市、区）的 286 个村庄发展乡村旅游。其中全面

协助 94 个村庄成功创建 3A 级景区村庄,全程指导"绿山青山就是金山银山"理念发源地安吉余村等 4 个村庄成功创建国家 4A 级旅游景区。编制村镇旅游发展规划 121 项,打造乡村特色旅游产品和文创产品 216 项,指导乡村旅游特色服务运营项目 67 个,打造乡村旅游 IP32 个,为 86 个县区举办乡村旅游培训 600 余场次,培训乡村旅游从业人员 6 万余人次。2022 年浙江省第十五次党代会提出"两个先行"的奋斗目标,并提出浙江山区 26 县是实现共富的重要场景和主攻方向。2021 年,学校启动实施校地携手助力山区 26 县共同富裕行动,出台《助力山区 26 县共同富裕二年行动计划》,通过实施"党建领富、人才强富、产业创富、就业增富、智业聚富、文化润富"六大行动,努力在三年内实现"11519"目标任务,即成立 1 个山区 26 县共同富裕学院、重点开展 100 项精准服务实施、落实 500 名教师助力计划、完成 1000 人次乡村管理者培训、开展 9000 人次专业培训,不断夯实助力乡村振兴的体制机制和工作成效。

2. 强化特色创新:打造"百县千碗"品牌,让乡村"美而有味"

学校充分发挥专业优势,注重载体创新,主动服务"百县千碗"工程,2019 年参与起草浙江省《做实做好"诗画浙江・百县千碗"工程三年行动计划》,牵头起草《"百县千碗"评价和认定规范》并于 2022 年 11 月正式实施,研制《开化菜制作技术规范》等 50 个团体标准,参与"百县千碗"特色美食进亚运村活动,主持编写"百县千碗"系列培训教材。"'百县千碗'进社区,共同富裕食先行"项目入选教育部首批启动的社区教育"能者为师"实践创新项目。学校依托学校中俄旅游学院、中塞旅游学院和中意厨艺学院 3 家境外办学机构,将"百县千碗"美食文化传播海外,讲好浙江餐饮文化、中国美食文化的故事,

"塞尔维亚鲁班工坊"入选全国首批鲁班工坊运营项目,牵头主持的"'百县千碗'与浙江饮食文化研究"项目被立为2023年度浙江文化研究工程重大项目。

3.发挥平台优势:提升行业标准品格,让乡村"美而有范"

学校充分发挥中国旅游研究院旅游标准化研究基地、浙江省文化和旅游标准化技术委员会秘书处承担单位的平台优势,把推进行业标准建设作为提高服务乡村振兴效能的重要抓手。牵头起草的中国首个国际旅游标准《旅游及其相关服务—线上线下旅游咨询服务与要求》在ISO官网公开发布,牵头制定《旅游民宿基本要求与等级划分》等国家标准3项、国家职业技能标准2项、国家教学标准4项、行业标准11项、地方标准和团体标准近百项。作为牵头申报且最早设置"研学旅行管理与服务"专业的高职院校,学校紧扣行业发展需求,先后制定中国旅行社协会团体标准《研学旅行指导师(中小学)专业标准》《研学旅行指导师国家职业技能标准》和行业标准《研学旅游课程与线路设计指南》。主导起草的长三角通用地方标准《采摘体验基地旅游服务规范》入选浙江省重大领域标准制修订项目,获文化和旅游部优秀地方标准三等奖。对行业发展标准的积极推动,不仅为教师打通了科研新路径,也为教师参与社会服务提供了多样化平台,学校获评"全国旅游标准化工作优秀组织"和"全国文化和旅游标准化示范典型经验单位"。

(二)成果成效

浙江旅游职业学院赋能"千万工程"助力乡村振兴工作入选教育部、文化和旅游部服务乡村振兴典型案例,《世界旅游联盟——旅游助力乡村振兴案例》,浙江省文化和旅游助力乡村振兴典型案例,浙江省高校干部人才助力山区26县高质量发展创新案例,浙江省高校助力乡村振兴优秀案例,得到 7 个省部级领导的肯定性批示,学校成为浙江省高校服务"千万工程"教育实践基地。

(三)经验推广

浙江旅游职业学院受邀在全省高校助力乡村振兴推进大会和教育部组织的全国部属高校和省教育主管部门相关负责人参加的专题培训班上作专题报告,得到《人民日报》《光明日报》《中国教育报》《中国旅游报》等媒体广泛报道。

浙江工贸职业技术学院:

打造世界知识产权组织技术与创新支持中心　赋能创新城市发展

(一)背景和问题

习近平总书记强调,保护知识产权就是保护创新。《知识产权强国建设纲要》明确提出要建设便民利民的知识产权公共服务体系,提高知识产权公共服务效率。技术与创新支持中心(Technology and Innovation Support Center,TISC)是世界知识产权组织(WIPO)知识产权信息公共服务体系的重要组成部分,其主旨是面向创新主体提供全方位、高水平的知识产权信息服务。高端知识产权信息服务能力一直是温州知识产权的短板,主要高端资源集聚在北京、上海、杭州等一线城市,严重制约了温州中小企业创新发展。为了提升温州知识产权信息公共服务能力,温州市知识产权服务园积极申报、筹建世界知识产权组织"技术与创新支持中心",2021 年 11 月成功获批成为 TISC 正式运行机构,成为全球知识产权信息服务重要网点之一,为温州企业构筑了通向世界知识产权信息服务的桥梁。

（二）措施和方法

依据"边建设、边发挥作用"的思路，设置了创新信息服务、海外维权援助、专利导航预警、专利转移服务、产业知识产权联盟等五大功能模块，以专利信息服务温州创新发展，为中小企业打通技术转移渠道。

1.构建立体化布局，打造知识产权全链条

投入专用场地 500 平方米用于 TISC 建设，对服务内容进行立体化布局、链条式服务，面向中小型创新企业设置服务窗口，开展专利信息及非专利文献检索咨询，打造专利转移转化平台、专利导航及预警中心、知识产权纠纷调解室、知识产权直播间、产业知识产权联盟服务处等。

图 2-60　技术与创新支持中心服务大厅

2.坚持数字化建设，提供知识产权专业化服务

TISC 以培训、讲座、媒体等多种形式，向创新用户提供行业创新信息，宣传普及专利信息，帮助用户及时掌握行业动态和新技术信息；提供信息分析，开展高级或进阶培训；拓展增值服务，建立特色资源数据库，服务创新主体快速获取知识产权信息。

图 2-61　TISC 知识产权培训

3.开展专利导航预警,助推重点产业发展

为了充分发挥 TISC 资源和品牌优势,针对区域主导产业和战略性新兴产业开展 10 多项专利导航、专利预警分析等专项研究,注重专利导航成果运用,为产业发展、企业创新以及政府部门决策提供依据,科学规划产业发展。

图 2-62　TISC 专利信息服务传播刊物

4.推进联盟建设,提升重点产业专利协同运用

积极参与温州12家重点产业知识产权联盟的建设,在TISC设立了联盟联络处,建立联盟交流机制,促进联盟专利池建设,助力产业创新发展和转型升级,以联盟为抓手,服务更多的创新主体。同时,温州教育装备产业知识产权联盟与TISC合署办公,共同谋划发展。

(三)成果和成效

1.一串惊艳的数字

合计提供基础检索服务650余次,提供专利信息12000余条,开展公益培训133期,累计培训53747人次,为中小企业提供高级或进阶培训30多期,开展高级或进阶培训累计达到4500人次,为中小企业开通知识产权质押融资快速通道服务,助力全市质押融资金额突破100亿元。

2.一批专利导航预警分析成果

开展了一批重点产业专利导航、预警项目,开展知识产权分析评议、专利侵权纠纷行政裁决、知识产权保护全链条集成改革等调研项目,为温州知识产权战略的制定提供了决策参考。

3.一片广阔的天地

先后培育中国低压智能电气产业、泵阀教育装备等产业知识产权联盟,作为产业知识产权联盟服务处共服务汽车零部件产业、浙南鞋革产业等12个知识产权联盟,强化了产学研的联系,为产学研合作、园区化育人提供了广阔的天地。

4.一条园区化育人之路

坚持协同育人,服务社会,探索"菜单式"人才培养方法,推出精品课程,与企业合办专利工程师班,打造示范性实践育人基地,提供学生学习实践和创业就业机会,累计培养554名知识产权管理专业大学生,毕业生100%就业,为200多家企业输送知识产权实务人才,为企业、知识产权机构提供高素质的知识产权经营管理人员、法务管理人员、商标代理人等专业人才,走出一条极具特色的园区化人才培养之路。

(四)影响和推广

1.重量级媒体多次报道,入选典型案例

由新华社、《经济日报》、《中国日报》、《解放日报》、环球网等11家媒体组成的采访团专程对温州市知识产权服务园进行采访,中央电视台、《科技日报》、《知识产权报》、《法制晚报》等媒体对园区进行报道。人民日报客户端刊载题为"浙工贸·温州市知识产权服务园'调解有道',助力温州营商环境优化提升"的报道。"知识产权服务园专利导航激光与光电产业集群创新发展与产业安全"入选全省专利导航成果优秀典型案例等。

2.成果辐射全国,形成广泛的影响

温州市知识产权服务园是温州知识产权服务业发展高地,成为温州知识产权形象展示窗口,受到各级领导的高度关注和肯定,先后接待了数百批次各级各部门、兄弟院校的调研考察,服务模式在多地得到复制,荣获"首批首家知识产权服务业集聚发展示范区"称号,成为浙南、闽北、赣东地区规模最大、服务品类最全的知识产权服务集聚中心。

八、提升学院治理水平

杭州职业技术学院：

"四阶魔方"打造"业—财—效—控"一体化内部治理新范式探索

（一）实施背景

党的十八大以来，党中央对我国信息化发展特别是教育信息化发展做出了全面部署。党的二十大首次将"推进教育数字化"写进党代会报告，标志着推进教育数字化已经成为普遍共识、共同任务。2023 年，《数字中国建设整体布局规划》正式印发。其提出，到 2025 年，基本形成横向打通、纵向贯通、协调有力的一体化推进格局，数字中国建设取得重要进展。浙江拥有数字化改革和数字经济先发优势，做出了"数字浙江"建设部署，作为省会城市杭州更是提出要打造全国数字治理第一城。

同时，为落实"进一步加强财会监督工作的意见""财政基础说与支柱说""全面实施预算绩效管理"等精神，探索"管理提效，方法提质，服务提速，监管提档"的重要试验田，杭州职业技术学院主动求变，提出"'四阶魔方'打造'业—财—效—控'一体化"建设思路与目标。通过业财领域流程再造、规则重塑、制度重构、整体优化，解决了学校治理中的热点难点问题，实现"一站式""一张网""一体化""一盘棋"的新解法与新范式。

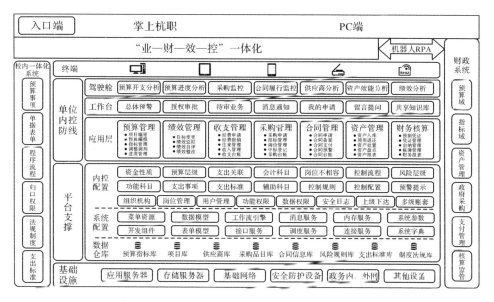

图 2-63 "业—财—效—控"一体化建设整体架构

(二)主要做法

1."一盘棋"协同联动,优化数智财务治理体系

学校秉承"以'数智'提速'财智'"的理念,充分发挥大数据、大平台、大服务、大治理、大协同的优势,实现"财务治理一盘棋","顺向可控、逆向可溯"的精细化管理闭环,做到管理一体化、业务一体化和技术一体化。

2."一站式"需求衔接,搭建数智财务治理中台

通过搭建数智财务治理中台,研制通用基础、数据基座、支撑能力、数字安全、数字信任等标准,助推数据治理标准化建设。通过业务模块流程树设计,分模块建立业务流程编制清单,明确各个流程层级之间、横向之间的关系,打破部门"壁垒",打破平台"围墙",确保流程上下左右关系顺畅。

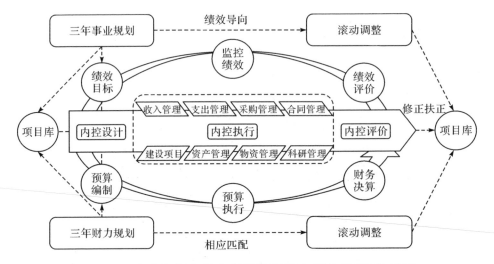

图 2-64 事业规划与财务规划"双循环、双监控"总体思路

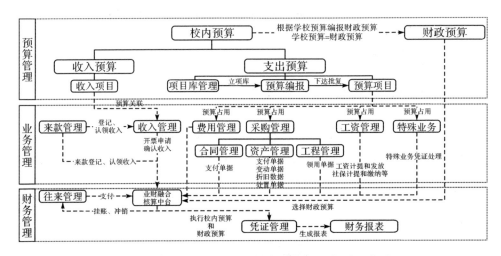

图 2-65 "业—财—效—控"一体化业务流程框架

3．"一体化"系统建设，提升数智财务治理效果

通过"一体化"系统建设与打造，形成了 29 个应用模块，4 个 RPA 应用场景，4 个 AI 人工智能交互应用，逐步实现"四个一"，即财务服务重在"一网通办"、财务治理重在"一网统管"、财务运行重在"一网协同"、数据资源重在"一网共享"。

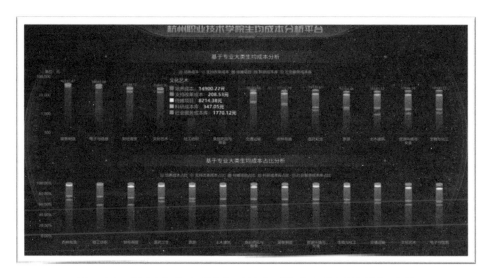

图 2-66　基于专业大类"全口径"办学成本监测数据驾驶舱

(三)成果成效

1.创新构建"四阶魔方"财务治理模型

以"点上聚焦、线上贯通、面上拓展、一体推进"工作思路,突出"四个合",创新构建"四阶魔方"财务治理模型。一是资源上重"整合"。通过 API 接口搭建"数据层＋应用层"模式,打造业财"数据湖",实现数据汇聚融通、自动归集,形成数据"驾驶舱""导航仪",支撑数智财务应用研、产、控一体化,实现全流程风控数智化转型。二是技术上重"联合"。借助"数据分析＋人工智能",实现智能辅助决策,提升财务服务水平。三是思路上重"结合"。探索了"四阶魔方"财务治理理念,实现"三纵四横","三纵"是指集中化管理、专业化服务、数智化赋能,"四横"是指规划、预算、绩效、内控,简称"业—财—效—控"一体化,最终实现支撑战略、支持决策、服务业务、提质增效、防控风险的目标。四是效果上重"融合"。实现了决策支持的实时动态管理转变、从流程驱动到数据驱动的转变、从传统的多层级管理到平台级的扁平化管理的转变、财务人员从价值记录者到价值创造者的转变。

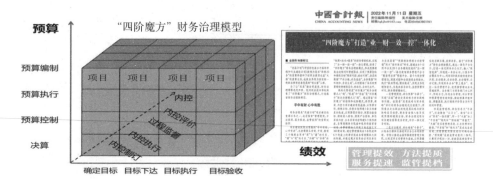

图 2-67　"四阶魔方"财务治理模型

2.以财务发展战略推动"双高计划"建设

牵住预算牛鼻子,实现"双高计划"建设发展战略与财务战略相匹配。一是管理提效,实现资金投入预期绩效目标监控与财务治理过程和建设结果协同;二是方法提质,实现以链条化模块化推进项目全生命周期管理,建立贯穿项目全生命周期的动态项目库管理机制;三是服务提速,消除了信息孤岛,实现信息互联互通、资源共享,提高了各层级预算绩效规范化、标准化、自动化水平;四是监管提档,实现"财经行为一本账""财务监督一张网""诚信监控一码通""数据画像一张图"。

3.研究成果丰硕,示范成效显著

学校"业—财—效—控"一体化建设研究成果丰硕,2 个课题立项中国教育会计学会重点研究课题,1 个课题立为浙江省高校重大人文社科攻关计划规划重点项目,在《中国注册会计师》等核心期刊上发表论文 2 篇。系统入选浙江省教育厅 2022 年教育领域数字化改革创新试点项目与 2023 年全省教育领域数字化改革优秀应用。建设成果示范推广成效显著,该案例有 4 次在《中国会计报》专题版面上被报道,并被编入《高职院校蓝皮书》。案例主要负责人参与编写《基于"双高计划"(2019—2021)职业教育社会贡献度研究》,并在中国会计学会学术年会、全国"双高计划"高级研修班等公开场合多次分享。该案例还得到浙江省教育厅办公室、杭州市财政局相关部门高度认可。

宁波职业技术学院:

推进治理"四化"融合 提升现代治理效能

(一)实施背景

新时代高职院校治理体系和治理能力建设,是高职教育进入内涵建设、高质量发展阶段的迫切要求,是学校改革发展最重要的基本建设。为进一步贯彻落实中共中央办公厅、国务院办公厅印发的《关于深化现代职业教育体系建设改革的意见》,提升关键办学能力,学校聚焦高质量内涵式发展,统筹推进办学模式、育人方式改革,通过治理理念现代化、治理主体多元化、共治机制长效化、共治模式多样化"四化"融合,打造开放治理体系,持续深入推进产教融合、科教融汇,提升学校治理效能。

(二)具体举措

1. 坚持开放治理,推进治理理念现代化

学校以"融港链天下,荟智育匠才"为发展愿景,坚持"立足区域、服务区域、融入区域"的办学定位,充分发挥政府引导、行业企业主导和学校实践作用,整合社会资源,拓宽办学空间,改革体制机制,构建了校企合作办学、合作育人、合作就业"三位一体",政府、学校、企业"三方联动"的"三三"模式。通过对接宁波市"361"万千亿级产业集群建设需求，聚焦化工新材料、智能装备等标志性产业链，以更加开放的姿态和多元共治的理念，持续推进产教协同育人、协同创新，在汇聚校企资源、释放人才活力、推进创新驱动及技术技能积累方面成效显著，现代化治理水平不断提升。

2.集聚多重要素，推进治理主体多元化

学校坚持深化产教融合，整合政行企校育人资源要素，推动产业链、教育链、生产链、人才链和价值链"五链"融合，不断提升治理能力现代化水平。一是完善校院两级理事会组织架构。修订理事会章程，完善理事会成员结构，将人才、科技、产业等丰富的区域资源要素有效聚合起来，深入发挥政府搭台、多元参与作用，持续提升学校服务区域经济社会发展的能力。两个国家高水平专业群成立二级理事会。二是推进区校全面战略合作。在理事会的推动下，学校与北仑区结成全面战略合作联盟，每五年签订一次区校合作协议，形成了政产学研多元主体协同育人的良性机制，区校围绕宁波港口经济圈建设及产业发展布局，在加强人才引进和培养、科技孵化器建设、科技创新成果转移、区域公共创新服务平台建设、文化体育发展等多个领域深度合作。三是推进市域产教联合体、行业产教融合共同体建设，围绕省"415X"先进制造业集群培育工程、市"361"万千亿级产业集群行动方案，牵头组建宁波经济技术开发区现代产业产教联合体，打造形成市域产业、专业、企业、就业"四业联动"的产教融合生态圈。汇聚高校、上下游企业、行业组织、科研机构等的资源，牵头成立全国物流与供应链产教融合共同体、全国模具行业产教融合共同体和中国塑料机械行业产教融合共同体，服务行业高质量发展。

3.优化制度保障,推进共治机制长效化

聚焦治理制度供给保障和机制创新,构建了"学校章程—产教融合基本制度—校企合作运行机制"纵向分层的多元治理制度体系。一是优化制度建设,出台《宁波职业技术学院深化产教融合实施方案》等系列制度及配套制度,推进多元化校企合作模式创新,统筹谋划产业学院建设,完善校企资源共享政策,深化"双主体"人才培养模式改革,以体系化制度确保产教融合深入推进。二是完善工作机制,结合学校内设机构改革"三定"工作,调整成立"就业与产学合作处",成立以校长为组长、相关职能部门主要负责人和二级学院院长为成员的产教融合工作领导小组,加强对学校产教融合发展方向、路径、规划、政策的统筹谋划。各二级学院建立健全产学研工作指导委员会、专业建设指导委员会等组织,构建多元共治"同心圆"。

4.实施创新发展,推进共治模式多样化

通过建设面向区域产业发展的专业群,不断创新校企合作开放共赢的共治模式,多元共育人才。一是深化院园融合育人。与宁波经济技术开发区、宁波市经济和信息化局合作共建的"宁波开发区数字科技园"紧密结合区域产业需求和产业结构特色,实现产业集聚培育与公共服务平台建设、科技合作与企业技术服务、人才培养与企业人力资源服务工作、创业创新教育与实践孵化等方面的多位一体。二是深化校企双主体协同育人。与海天塑机集团有限公司、吉利汽车、宁波舟山港集团有限公司、中芯集成电路(宁波有限公司)等上百家大中型企业长期合作,31 个专业开展现代学徒制人才培养,与宁波建筑协会、海天塑机等行业企业共建产业学院 8 所。三是深化区校党建联建。联合北仑区委持续推进校地党建联建,8 所二级学院与北仑区街道、工业社区结对,滚动

开展产教融合示范园、青年创客孵化基地、文明城市标杆区等合作项目建设,推动人才下乡、科技下沉,以党建聚合平台增强服务发展动能。

(三)主要成效

通过"四化"融合,形成了资源整合能力强、社会参与程度高的开放治理体系,推动专业建设内涵进一步深化,专业对接区域产业的契合度进一步提升,区校全面战略合作持续推进,形成了政产学研多元主体协同育人的良性机制,学校治理效能持续提升。入选教育部职业院校"教学管理 50 强""学生管理 50 强",入选"职业院校教学工作诊断与改进制度建设"优秀案例,获评黄炎培职业教育奖优秀学校奖。

浙江经济职业技术学院:

弘扬新时代"枫桥经验"　打造平安校园新"枫"景

(一)实施背景

党的二十大报告指出,在社会基层坚持和发展新时代"枫桥经验",完善正确处理新形势下人民内部矛盾机制。高校学生社区作为基层治理的特殊单元,创设了警校共建、多元治理的实践场景。把新时代"枫桥经验"运用到学生社区治理领域,建立完善矛盾纠纷多元调处化解机制,是校域治理现代化的创新之举,也是实现多元治理主体共建共治共享的必由之路。

(二)主要做法

1. 一张蓝图绘到底,持续推进学生社区治理创新

(1)推行学生自治管理。20 世纪 90 年代,学校组建学生社区自我管理组织体系,成立"校级学生组织—学生自治会—单元楼—单元层—

寝室"五级学生自治自律委员会机构,自治会主席兼任社区团工委副书记,联合楼长、层长和寝室长等开展学生事务管理。

（2）打造"六位一体"自治模式。2010年成立学生社区管理服务中心,围绕党团管理、日常事务、后勤服务、安全保障、身心健康、文娱服务等开展系统化的自治管理。

（3）成立警校共建机构。2020年学生社区管理服务中心提档升级,联合属地公安机关成立全省首家"枫桥式"警校共建服务站,下设社区警务室、学生事件调解中心、安全服务保障中心、国防教育宣教中心,充分发挥矛盾调解、法律服务、安全咨询、民生帮扶等功能,推动学生自我管理。

2.一面旗帜强引领,推动党组织进社区全覆盖

（1）坚持"大党建"统领"大治理"。成立学生社区党支部,具体负责社区党建工作,每幢公寓楼成立1个学生党员工作站,每个楼层成立1个党小组,构建"社区党支部＋党员工作站＋党小组＋党员"四级组织覆盖模式,通过学生社区基层治理联席会议机制定期研究学生事务,集中处理学生诉求,建立师生"需求清单"36项,盘点社区"资源清单"12项,议定惠生"项目清单"22项。

（2）坚持"小网格"编织"大服务"。根据公寓楼栋数量、学院分布特点、社区学生人数等情况,按照6人一组的标准把学生社区划分为1662个网格,16名社区管理服务中心网格员全面负责基层党建、住宿服务、环境卫生、安全稳定工作。11个党员"创先争优"服务示范点516名党员同步划入网格中,以"线下＋线上"的方式了解学生需求、掌握学生思想动态。

3.一个目标促化解,打造矛盾纠纷调处特色品牌

（1）"属地民警"驻防。警校联合成立白杨青牛工作室,每日安排1名民辅警在学生社区值班,解决园区内各类矛盾纠纷求助、开展反诈宣

传和公安民生服务事项等。目前，工作室已运行1170天，受理矛盾纠纷140余起，开展反诈宣传活动70余次。

图2-68　"枫桥式"警校共建服务站作矛盾受理

（2）"师生团体"助调。整合退役士兵大学生、学生干部、楼长、层长、寝室长、安全信息员等群防群治力量，组建"专业顾问团""教师调解员""老兵联络员""朋辈帮扶员"等4支80人的调解队伍，成立"舒心之家"，创立倾听、共情、找焦点、找结合点、握手言和"五步"调解工作法，形成"铁哥说理""安全青年说"等矛盾调解品牌。"舒心之家"共接待学生150余人次，调解矛盾纠纷40余起，调解满意率达100％。

图2-69　"舒心之家"开展谈心谈话

4.一张网络全覆盖，构建智慧社区平安建设新格局

（1）精准管控校园风险。以数据模型为支撑，分析研判场所设备风险、人员动态风险、管理引导风险等3大类23个方面，对全校的安全隐

患风险实行清单管理。同时,按照风险程度从高到低,分别用红、橙、黄、蓝四种颜色标示,实行各部门风险隐患差异化管控。

(2)动态监测预警信息。以智慧社区建设为抓手,推进校园"平安一件事"数字化应用场景平台建设,积极搭建信息摸排预警网络,平台每天 24 小时处于监控状态,做到快速响应、科学处理。目前,已接收各类安全隐患信息 298 条,均实行闭环化管理。

(三)成果成效

学校创造性地将"枫桥经验"这一中国式基层治理的经验模式运用到学生社区的管理和建设中来,深耕"枫桥式"警校共建服务站这一重要阵地,力争"小事不出校,矛盾不上交",校园纠纷矛盾发生数逐年下降。学校获教育部高校平安校园建设优秀成果一等奖、中央综治委平安校园建设优秀成果三等奖、浙江省首批 5A 级平安校园、浙江省治安安全示范单位、省级智安单位等荣誉。

(四)经验总结

坚持学生自治,发挥自治组织的自我管理作用;坚持党建引领,推动党组织进学生社区全覆盖;坚持警校共建,打造矛盾纠纷调处特色品牌;坚持数字赋能,构建"一站式"智慧社区平安建设新格局,成功破解安全风险监测难、矛盾化解协同难、特殊群体管理难的问题,为校园安全领域数字化改革和高校基层治理体系建设提供了样板和方案。

(五)推广应用

时任浙江省委副书记、政法委书记黄建发,省教育厅原党组书记、厅长毛宏芳,以及浙江省委政法委、省公安厅相关领导专程来校调研学生社区治理创新模式。时任教育部副部长田学军在听取了学校"创新高校基层治理模式　打造平安校园建设标杆"的典型发言后，高度评价"枫桥式"警校共建模式，认为其很有创新，很有针对性，很有成效。近10所兄弟院校来校参观考察"枫桥式"警校共建服务站。

九、提升信息化水平

金华职业技术学院：

系统重塑、数字赋能　"一平台、五场景"推动数字化改革

学校围绕"理架构、夯基础、搭平台、集数据、融应用"的建设目标，致力于智慧校园建设。通过提档升级校园信息化基础设施和五大场景建设，建成以网络化、数字化、智能化等为特征的智慧教育环境，实现信息化教学资源的共建共享、师生信息素养的全面提升、智能治理水平的有效提高。

（一）整体规划，搭建"一平台、五应用、二体系"系统架构

为全面落实立德树人根本任务，学校以数字化改革为契机，以"整合技术的教学科研新模式、基于过程的育人评价新方法、数据驱动的治理决策新体系"为基本内核，构建金职智慧教育新形态。整体规划建设信息化基础平台（一平台），数字决策、数字教学、数字管理、数字服务、数字生活（五应用），以及标准体系、安全体系（二体系）。打造专业设置、基本建设、数字审计、高基状态、综合校情等的数据支持应用场景；以全面覆盖教学管理的"教、管、评、资"为核心系统，对接国家职业教育智慧教育平台架构，建成集基于教学、互动交流、提交作业、在线考试、学生评课、智能教学活动分析于一体的"畅学金职"数字教学场景;基于多跨协同、优化完善教学、人力资源、学生事务、科研、校务、财务、资产等业务,建立跨部门的数字管理场景;着力"减环节、减材料、减跑动、减时间",做到"办事内容全覆盖、事项清单标准化、办事指南规范化、审查工作细致化、业务办理协同化"的数字服务场景;以校园生活为脉络,集成所有生活类事情,增强师生幸福感,实现以"金职易校园"为基础的数字生活场景。

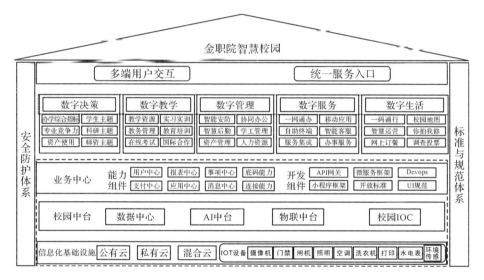

图 2-70　金华职业技术学院数字化改革框架

(二)应用为先,建设"场景化""一件事"的协同应用

学校通过数字化、智能化手段,建设多跨场景应用,实现业务的闭环管理。一是建设以质量为引领、质量标准为抓手的内控管理平台,依托章程统领、跨界融合、智能管理为特征的管理制度体系,加强内部质量管控,提升管控的精细化、精准化,全面提升现代治理能力。二是自主开发建设健康智控平台,关注师生健康史、旅居史、接触史等信息,及时发现"需要关注"的对象。该平台被浙江卫视等多家媒体报道,并被

推广至多所院校，获评浙江省教育厅数字化改革优秀案例。三是集成建设"金色年华"平台，围绕学生"入学—学习—生活—毕业"全过程，实现学生点名、学生查寝、谈心谈话、学生活动、校园生活等与学生相关的服务集成，形成学生管理一屏展现、指令一键下达、执行一贯到底、服务一网通办、监督一览无余的数字化协同工作场景。四是建设校园"8890"服务中心，实现网络、水电、门窗、教学设施等涉及师生教学生活各方面的故障报修及不文明行为监督。

(三)智慧教学，推动产教协同数字资源共建和应用

学校深入贯彻教育信息化建设和"互联网＋"行动计划精神，以问题驱动、职业导向、系统集成为原则，以智慧学习、智慧课堂、智能评价为核心，构建智慧教育新生态。一是构建逻辑清晰、形态多元、内容丰富的智慧教学资源体系。建成"畅学金职"智慧教学平台，实现基于课堂互动、录直播、知识图谱、虚拟仿真、空中课堂及 AI 工具等为基础的教学应用，并面向中高职、行业企业、中西部、海外输出优质教学资源，形成覆盖中高职、校企、中西部、国内外的数字化职教共同体。二是开发立体化虚拟仿真教学资源。系统设计虚拟仿真实训教学链，构建智能化虚拟工厂，推动虚拟仿真中心建设。例如，机制专业群建成"电动工具数字化博物馆"，开发"智能铸造车间"等虚拟仿真教学软件 43 个，入选国家职业教育虚拟仿真示范性实训基地培育项目，承担部省共建国家职业教育虚拟仿真示范实训基地专业课程与教学资源建设项目 3 个。三是大力整合建设"产学研训创"一体化校本教学资源。在"五个一批"和"五个一百"的基础上，组建"纵向贯通、横向联动"的多元合作主体，基于职业工作过程引入典型生产案例，优化教学内容，因院制宜、因课制宜创新多种应用模式。近年来，编写国家规划教材 24 部、省级新形态教材 24 部,入选省级"互联网+教学"优秀案例 9 个,获批省级及以上认定精品在线开放课程 45 门、省级培育课程 55 门。

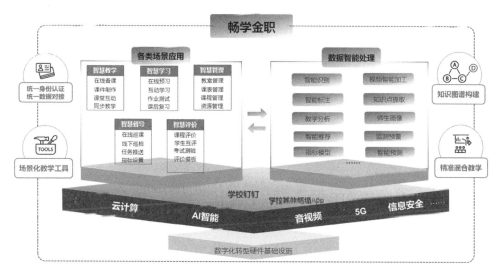

图 2-71 金华职业技术学院智慧教学框架

(四)成立专班、建立机制,全力推动数字化改革

学校成立了以书记、校长为组长的数字化改革领导小组,设立 6 个专班,统筹项目和资金,确保统一规划、分步建设,为数字化改革推进提供组织保障;制定数字化改革方案,多次组织召开全校数字化改革工作会议,强化整体推进;各专班常态化召开信息化相关会议,深入研究业务系统建设、"一件事"、数据治理与分析等问题,逐项有序推进。建设项目管理与督考系统,利用目标责任制考核机制,对职能部门多跨协同一件事、"最多跑一次"服务、数据治理与应用等任务、二级学院信息化特色应用与信息采集进行监督与考核,推动信息化建设和全生命周期管理工作的持续改进和发展。学校先后入选浙江省智慧思政特色应用试点单位、浙江省智慧教育平台地方和学校试点、浙江省职业教育信息化标杆校、教育部第一批职业院校数字校园建设试点。

杭州职业技术学院：

数智杭职——职业教育信息化标杆校探索与实践

(一)实施背景

《中国数字经济发展白皮书》最新数据显示,2022 年数字经济规模达到 50.2 万亿元,数字经济成为"稳增长""促转型"的重要引擎。首先,产业数字化和数字产业化催生"新业态"人才需求,传统职业教育体系培养的人才不能满足数字经济发展的用人需求,复合型数字人才匮乏已成为制约经济数字化转型的关键短板。其次,互联网、大数据、人工智能等技术的应用,使高校能够更好地收集、管理和利用教育资源,为教育提供更多的可能性和创新方式,提供更高质量的教育服务。

学校聚焦数字化带动教育教学和校园治理转型升级,以系统融合、业务融通和数据融汇为路径,构建智慧校园"四横四纵"的建设体系,实现数据赋能智慧"教与学""管与治""服与办""评与研"一体化,建设"数智杭职",打造全国职业教育信息化标杆校。

(二)主要做法

1. 系统设计"四纵四横"全链路智治体系

以数字思维架构智慧校园"四横四纵"治理体系。依托基础支撑、数据支撑、业务应用和决策支持"四横"体系,数字化融通"教、学、管、治、服、办、评、研"全链路业务流程;建立绩效政策、标准规范、组织结构和信息安全"四纵"数字化运行管理体系,有序推进校园治理数字化转型。

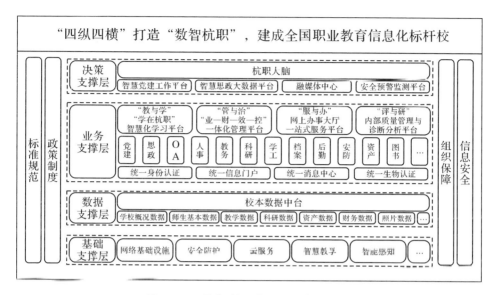

图 2-72　数智杭职"四纵四横"体系

2.强化智慧校园公共支撑体系

全面建设信息化基础设施,实现万兆到楼层、千兆到桌面,无线全覆盖,机房通过三星级绿色数据中心认证,建有私有云平台,智慧教室覆盖率达 100%;建设"网上办事大厅"一站式服务平台,实现"一网通办",涵盖高频办事事项 75 项,已提供服务近 6 万人次;建设"业—财—效—控"一体化管理平台实现"一网统管",通过统一数据联通、业务流程标准化和安全风险管理等促进部门间协作、流程优化和信息流通畅;建设"学在杭职"在线学习平台实现"一网同学",系统构建数字资源、智慧教学、在线学习等全生命周期数字化教学平台;建设一体化"内部质量管理与诊断分析"平台实现"一网动评"。

3.建立数据共享互通机制

建设校本数据中心,实现数据共享互通。完成 18 个核心业务系统的数据归集,实现"一次录入,全校共享",彻底解决数据孤岛问题。对接上级部门,实现数据快速上报。学校数据中心与教育部全国职业教育智慧大脑、浙江省审计厅等完成数据对接,为学校各类数据填报工作提供数据支撑和唯一权威数据来源。

4.提升师生数字化素养

通过实施教师信息化能力提升工程、优化教师数字化教学能力考核评价体系、完善教师信息化素养提升激励机制,系统推进教师数字化教学创新能力提升;通过组建信息技术课程教学团队、构建"数字＋专业"能力培养体系、建立多元数字素养评价体系,推进学生数字化学习能力提升。

5.构建高效的智慧校园管理体系

制定了《数据标准 1.0》;出台了《"数智杭职"建设工作方案》《信息化建设管理办法》《数据及安全管理办法》等文件;建立目标责任考核和激励机制,升级学校数字化改革工作领导小组;落实"事前检测、事中防护、事后追溯"的网络安全要求,强化网络安全预警监测能力。

（三）成果成效

1."数字专业化"和"专业数字化"比翼齐飞

以"数字专业化"升级为引领,提升专业发展层次。学校与杭州安恒信息技术股份有限公司共建杭州数智工程师学院,与华为共建华为云计算学院,与联想共建联想工业互联网研究院等,开设大数据、云计算、信息安全等专业,培养数字经济领域高素质高层次技术技能人才。近 3 年开展云计算、大数据等数字化高端人才培训与认证近 5000 人次,培养数字经济技术人才 2000 余名。

以"专业数字化"改造为统领,优化专业建设路径。深化与达利、中国移动、中国电信等企业的战略合作。主持建设服装设计与工艺专业教学资源库,围绕专业知识和技能图谱开发颗粒化资源超 2.5 万件,引进意大利时尚资源库,建设学生作品数字展销中心成果转化等平台。

图 2-73　"专业数字化"展示组图

2.建成"学在杭职"全生命周期数字化教学平台

将数字化素养融入专业人才培养全过程,以学习者为中心,数字化重构"教"与"学"过程,系统构建数字资源、虚拟仿真实验实训、智慧教学、师生画像等全生命周期数字化教学平台。

图 2-74　"学在杭职"全生命周期数字化教学平台展示

3.建成一批"小切口、高效能"典型应用

关注师生身边关键小事,建设了一批师生关切的小应用,如场地预约、网上报到、校友电子卡、智慧公寓、智能门禁等。

图 2-75　"小切口、高效能"典型应用展示

　　"双高计划"建设期间,学校先后入选教育部第一批职业院校数字校园建设试点校、浙江省职业教育信息化标杆校、教育部职业教育信息化标杆校建设单位、浙江省深化新时代教育评价改革综合试点校、2022年浙江省教育领域数字化改革创新试点项目、2023年浙江省教育领域数字化改革优秀应用等,在《中国信息化周报》《中国会计报》《中国教育报》等报纸上发表了一系列关于数字化改革、内部质量控制、财务数字化治理等专题报道。

温州职业技术学院:

应用为王　共享为先　创新为要
——打造职业教育信息化标杆校

(一)基本情况

　　学校遵照《中国教育现代化 2035》关于"加快信息化时代教育变革"战略任务要求,制定了《温州职业技术学院智慧校园建设"十四五"规划》,明确了学校信息化建设"五横两纵"的总体框架和"一个中心、两个平台、四个体系、两大保障"的建设任务。同时借助高水平职业院校建设契机,开展智慧校园提升工程,着重打造智慧学习工场、深耕特色化职教资源、建设大数据协同中心。通过近几年的努力,学校已经具备了良好的信息化基础,并取得了一系列经验和成果。

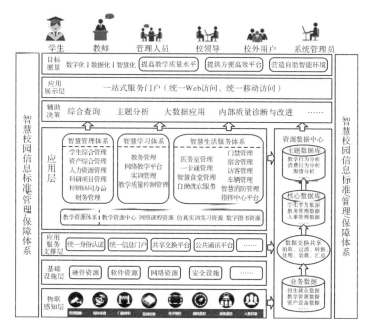

图 2-76　温州职业技术学院信息化建设"五横两纵"总体框架

(二)做法成效

1.做法

一是完善信息化基础设施,支撑数字化转型。学校按照《职业院校数字校园建设规范》完善了信息化基础设施,并在数智大楼建设中精心布局,以虚拟仿真实训为特征,将数字化设计、数字化制造和数字化营销三类实训空间有机融合,构建内涵丰富的数字化实训场景,提供了完整的全产业链实训功能。二是丰富数字化应用场景,赋能教育教学改革。学校紧紧把握产业数字化和数字产业化趋势,围绕人才培养、教学质量提升、教育管理和服务等核心工作,依托牵头成立的产教融合、科教融汇等共同体,采取"系统设计,分步实施,以点带面,逐步完善"的模式，积极引入外部企业资源，对传统专业进行数字化改造与融通。学校通过多元主体协同制度建设、制定资源共建标准、明确教师主导作用、引导学生参与等举措，形成"学校推动、教师主导、学生参与"三方联动的校内线上课程资源协同共建路径。三是拓展校本数据中心规模，提升数字化管理能力。学校落实浙江省委"数字化改革"和"最多跑一次"精神，以数字化转型为统领，探索现代大学管理与服务新模式，树立"分析、综合、迭代"逻辑思维，采用"破点→连线→成面→立体"工作方法，确定"构建一个主体单元、完善三大支撑体系、提升六项关键能力、创新N个应用场景"的建设路径，推动校园整体智治体系的优化和系统性重塑。四是培养师生信息素养，确保数字化转型扎实落地。学校开展常态化的线上线下混合式教学及实习实训，使学生在获取专业知识、训练专业技能的同时，数字化学习和应用能力也得到不断提升。学校指定教师发展中心作为教师数字化能力提升工作的责任部门，以专项培训为基础，以实际应用为落脚点，以效果评价为动力，采取多种举措为教师的教学能力提升提供支持。

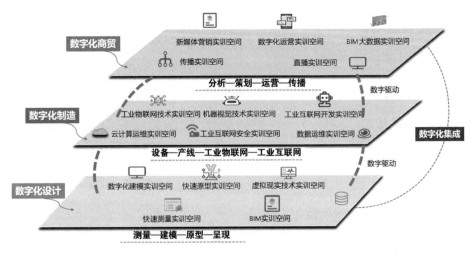

图 2-77　基于"三环一链"构建数字化实训场景

2.成效

学校入选高职院校资源建设优势学校、高职院校教学资源50强，拥有2个国家级专业资源库、11门国家级精品课程、1个国家级虚拟仿真实训基地，拥有省级精品课程54门、省级虚拟仿真实训基地1个、师生在国家级、省级各类大赛中成绩突出。学校入选教育部第一批职业院校数字校园建设试点单位、省职业教育信息化标杆校、省智慧教育综合试点单位、省智慧教育平台学校试点单位，其项目入选省教育领域数字化改革第一批创新试点项目，其做法成为省高校教育信息化优秀案例、省教育领域数字化改革实践案例。

(三)经验启示

数字化是当今时代的大趋势，目前学校的教育数字化已经进入"智慧"阶段，取得了实质性进展，并在"校企合作、产教融合"建设智慧校园方面积累了丰富的经验。一是"双元共建"深融合，探索校企共建共享双赢合作模式。学校在智慧校园建设过程中进行了校导企建、校企共建、校建企辅等多种方式的校企合作模式探索。二是立足"四家"促转型，打造产教数字共同体。学校以温州市企业综合服务平台为基础，在政府主导下，联合广大企业、行业，共同打造产教数字共同体，实现"数字性"与"职教性"有机结合。三是开创"独建共享"模式，建设校园基础网络设施。学校引入中国联通温州分公司1200万元资金，建成了覆盖所有校区的有线无线一体的高性能网络。四是坚持"互利共赢"原则，开发内部质量诊断与改进平台。学校与合作企业共同组织技术研发团队，企业无偿投入人力物力，按学校要求完成平台的开发建设工作。

十、提升国际化水平

金华职业技术学院：

职教出海，高水平建设卢旺达穆桑泽国际学院

金华职业技术学院对接国家职教援外工程，从提升职业教育质量、培养技术技能人才、助力其工业化进程等方面重点破题，聚焦标准资源装备建设，建构境外办学模式、人才培养模式、教学标准体系、实验实训条件等，高水平建设卢旺达穆桑泽国际学院，推动中卢职教合作走深走实。

学校入选"未来非洲—中非职业教育合作计划"首批试点院校，获批全国鲁班工坊运营项目、教育部中文工坊项目、教育部"汉语桥"项目和浙江省首批"一带一路'丝路学院'"、标准国际化培育基地、第一批"小而美"境外项目等。

(一)战略同向构建"走出去"实体办学模式

从学校"走出去"发展需要出发，服务中非产能合作，促进中非民心相通与命运共同体建设，支撑国家外交及教育强国建设。2016年，与卢旺达教育部签署全面合作备忘录，对接穆桑泽职业技术学院，联合中国商城集团等优质中资企业共同开展职教援非，政校企协同推进中卢职教合作。2017年学校赴非实体办学建设国际公共产品。2020年，与卢旺达理工学院签署全面合作协议，将职教服务辐射到卢旺达全国，构建政府、企业、学校战略需求同向的"校政—校企—校校"协同"走出去"办学模式，打造政校企多方协同育人的境外办学共同体，充分提升政府援外教育工程的可持续发展综合效应。

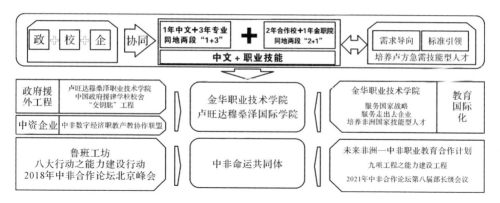

图 2-78 三方协同构建职教援非模式

(二)需求导向培养重点产业技能型人才

学校选派干部和骨干教师赴卢旺达,深入调研当地产业与劳动力市场,双方共建电气自动化技术、电子商务等专业。在人才培养上,围绕"中文+职业技能"教育,学校创设面向卢旺达政府委培学历生的同地两段"1+3"模式培养 4 届 99 人,共建专业创设两地两段"2+1"模式招收 2 届 210 人。持续开展特色鲜明的"中文+ICT+直播电商"等线上线下相结合的技能培训和非洲职业院校师资能力建设培训总计 17期,培育师资 60 余人次,开展技能培训 1 万余人次·日,由技能培训发展为育训结合、两地两段一体化培养。

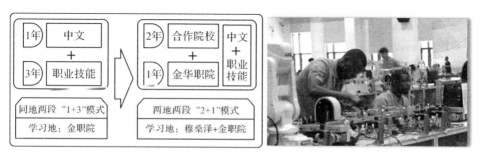

图 2-79 学校两类培养模式(左)与学生参赛现场(右)

同地两段"1+3"模式招生式培养情况			两地两段"2+1"模式招生式培养情况		
序号	专业	人数	年份	专业	人数
1	旅游与酒店管理	22	2022	电气自动化技术	64
2	通信网络与设备	16		电子商务	51
3	物联网应用技术	24	2023	电气自动化技术	51
4	汽车检测与维修技术	37		电子商务	44
合　计		99	合　计		210

图 2-80　两类模式招生与培养情况

培养对象	培训内容/形式	培训量
卢方专业负责人	跟岗培训	3人
卢方管理干部骨干教师	线上培训与结对培训(含"未来非洲计划"职业院校师资能力建设培训项目)	63人
卢方师生中资企业员工	ICT / PLC / python / 电工电路 / 直播电商 / 短视频制作 / 蒌式中点 / 绿色食品加工等	超1万人次·日

图 2-81　开展亟需领域技能培训情况(左)与学生线上、线下培训场景(右)

(三)标准引领开发系列职业教育教学资源

精准对接卢旺达产业发展和技术技能人才需求,联合双边政府、企业及合作学校,共同研制涵盖 76 门课程约 40 万字的《电气自动化技术专业教学标准》《电子商务专业教学标准》(6—7 级),2021 年通过卢旺达国家认证,正式纳入卢旺达教育资格框架体系(REQF)。同时,以 2 项专业教学标准为引领,配套开发双语课程 44 门、"三新"标准 36 个、教材讲义 22 本、技能培训包 16 个,着力建成职业教育教学资源库。

序号	标准与资源	数量	备注
1	专业教学标准	2	两个专业的两个级别(6—7级)
2	网络学习平台	2	Moodle(外)、畅学金职
3	双语课程	44	《电子技术基础》等
4	双语教材讲义	22	《直播电商》《通用汉语》等
5	"三新"标准	36	《在线销售》等课程、技能、岗位等标准
6	技能培训包	16	《电工实训》等
7	职业技能证书标准	3	电子商务师、电工、钳工
8	教学视频	近7000分钟	涵盖专业教学与技能培训

图2-82　教学资源开发情况(左)与通过卢旺达国家认证的两个专业教学标准(右)

(四)校企联合建成"云地两栖"实训中心

应对全球数字化转型和新技术集成创新,联合企业投入400余万元建设包括远程实境实验和虚拟仿真实训平台的"畅学金职"云课程中心,以及集中文语言训练、电气自动化技术、直播电商等境外实训室于一体的、跨国多地共享的"云地两栖"实训中心,开发实训项目与讲义11项,创新实践教学模式,解决卢旺达学生利用真实设备开展"做中学"的难题。作为学校对外交流合作"走出去"战略的重要成果之一,学校卢旺达鲁班工坊在2023年成功揭牌,将在"多元聚力、多维聚智"深化政校企协同"走出去"合作办学、"授人以渔"聚焦卢方自主造血发展功能、"需求导向、标准引领"为在卢中资企业培养本土技术技能人才方面发挥积极作用。

类型	序号	实训室名称	合作企业院校
线下实训室	1	中文语言训练	浙江蓝鸽科技有限公司
	2	电气自动化技术	深圳汇川技术股份有限公司
	3	直播电商	浙江中国小商品城集团股份有限公司
	4	华为ICT认证	华为卢旺达分公司
	5	直播教学云平台	北京恒华伟业科技股份有限公司
	6	农机维修	金华爱司伯机电科技有限公司
线上实训平台	7	远程实境实验	杭州电子科技大学
	8	虚以仿真实训	北京润尼尔公司

图2-83　实训室合作企业(左)与实训设备使用场景(右)

此外,学校通过举办职教成果展览、讲述中国职教故事、分享海外办学经验、届制化承办国家级论坛等展示中国职教形象。学校承办全国鲁班工坊系列培训,举办 2022、2023 两届中国(浙江)中非经贸论坛暨中非文化合作交流月之中非职教论坛,线下近 300 人次参会,线上"53 万＋"人次传播,相关办学成果入选联合国教科文组织《以学习为中心的 TVET 教学》报告 1 项、国家级和省级优秀案例 7 项,在教育部境外办学研讨会等高端平台分享办学经验 13 次,获《人民日报》、中央电视台、《中国日报》等国内外主流媒体报道 70 余次。

学校"走出去",在卢旺达的办学项目在两国政府支持下取得了丰硕成果,不仅在业内形成示范引领,并且在境内外产生良好反响,办学实力充分彰显。习近平主席在署名文章《中卢友谊情比山高》中说,"穆桑泽职业技术学校已成为卢旺达北方省最大的职业技术培训中心"。卢旺达爱国阵线总书记 Wellars Gasamagera,卢旺达教育部部长 Gaspard Twagirayezu,卢旺达驻华大使 Francois Xavier Ngarambe、Charles Kayonga、James Kimonyo 等均曾到访学校或穆桑泽国际学院。卢旺达爱国阵线总书记 Wellars Gasamagera 写下"Thank you Jinhua Polytechnic for the excellent work and keep up friendships with Rwanda and Musanze Polytechnic",感谢学校为卢旺达和穆桑泽国际学院做出的积极贡献。

浙江经济职业技术学院：

链接国际平台与校企资源　助推国际化培训提质增效

开展国际化培训是学校国际化建设的重要组成部分,也是服务"一带一路"建设、推动优秀职教模式海外输出的重要方式。建设期间,学校紧密联系共建"一带一路"国家职教机构与"走出去"中资企业,教随产出、校企同行,开展服务"一带一路"建设的国际培训 6 期,辐射 29 个国家,取得了良好的培训效果。

(一)实施背景

《教育部等八部门关于加快和扩大新时代教育对外开放的意见》《浙江省教育厅关于推进教育对外开放高质量发展高地建设的指导意见》等文件中,均对支撑"一带一路"建设、职业院校与企业携手参与国际产能合作、提升教育的国际影响力和竞争力等方面做出了明确要求。而在推进职业教育对外开放的过程中,学校往往面临校企合作不够紧密、服务"一带一路"建设不够深入等问题。学校紧密联系优质企业,结合共建国家实际需求与学校优势专业,开展多种形式的国际培训,输出优质职教资源,服务"一带一路"建设。

(二)建设机制和举措

1.利用平台拉动,拓展培训渠道

学校作为联合国教科文组织职业教育与培训中心(UNESCO-UNEVOC Center)在中国的联系中心之一,深耕面向国际的对外职教培训。依托 UNESCO-UNEVOC Center 平台,学校多年来开展了"技能促进可持续发展:'一带一路'绿色技能国际培训""丝路茶香·中国茶大使"等多项国际职教培训,吸引了包括捷克前总理在内的多国政要、国际组织领导人以及共建"一带一路"国家的职教学者前来参训。在国际交流受到疫情防控冲击的背景下,学校与德国国际合作机构(GIZ)和蒙古国职教联盟进行多轮磋商,推动举办线上新能源汽车技术培训。通过培训形式和培训内容上的创新,为学员提供兼具实用性和前瞻性的技能培训,取得了良好的成效。

2.整合校企资源，开展优质培训

学校紧密联系优秀企业，将企业纳入培训体系，推动实现校企合作、产教融合。在"技能促进可持续发展：'一带一路'绿色技能国际培训"中，将理论、实践与参访相结合，让学员们了解电子商务、绿色汽车、绿色物流以及绿色课程开发，并参观访问杭州钢铁集团有限公司、吉利汽车集团有限公司等绿色企业。在新能源汽车技术培训中，学校选拔本校汽车技术学院优秀教师团队为蒙古国汽车技师培训的同时，还与浙江物产汽车元通集团有限公司共建省级技能大师潘文技能工作室，邀请企业技术专家到场为学员授课、答疑，切实解决学员在实践中遇到的问题，提升了培训的实效性和可操作性，推动了职业技能培训"教随产出、校企同行"的实践。

（三）取得成效

1.精准施训，培训效果好评如潮

学校在设计培训内容时充分考虑不同国家学员的需求，将职教培训顶层设计与学员实际情况相结合，有针对性地设计不同培训方案。通过"一带一路"绿色技能国际培训，帮助学员在职业技术教育中根据各自国家的具体情形，设计出更有效的绿色技能培训方案，进一步提高对当今电子商务教育和绿色职业技术教育与培训相关性的认识，提升教育对象的可持续创业能力；设计有针对性的培训课程使蒙古国汽车工程师、技师和培训教师充分了解新能源汽车对碳达峰、碳中和的作用和技术发展前景，并能够结合本国实际情况，运用新能源汽车技术知识指导学生，开展教学活动，指导实践运用场景。

学员高度评价培训成效，表示培训课程使他们对中国在绿色职教技术上的发展有了更深入更全面的了解，受益匪浅。学员的评价也促

使培训项目多年连续举办。目前,新能源汽车技术培训已连续举办 3
期,培训量达 390 人·天。

2. 以训带面,成果在境外广泛推广

通过共同举办培训,学校同科伦坡计划技术教育规划学院、蒙古国
职教联盟等院校达成了富有成效的合作。学校编制的《二手车鉴定评估
职业技能等级标准》《二手车鉴定与评估课程标准》被蒙古国职教联盟认
可,并在实际教学中投入使用,为职业教育发展提供了中国智慧、经院方案。

(四)经验总结

在开展国际化培训的过程中,学校有效利用 UNESCO-UNEVOC
Center 平台,广泛联系共建"一带一路"国家职业院校,基于不同院校和
学院自身需求,合理设计培训内容;同时,学校同"走出去"中资企业紧
密配合,将企业纳入培训体系,通过设立技能大师工作室、组织企业实
地参访等形式,使培训能够有效指导职业教育实践,取得良好的效果。

通过多次举办培训,学校充分发挥 UNESCO-UNEVOC 联系中心
的平台优势,融合校企优质资源,深度实践国际化水平提质增效,输出
优质职教资源,深入服务"一带一路"建设。各类培训的举办也已成为
推动学校成为展示中国职教的名片、分享中国职教成果的窗口。

浙江商业职业技术学院:

汉语搭桥、云端增技,服务职业教育"走出去"

(一)案例概述

中国经济的高质量发展和丰富的职教资源吸引了越来越多的国际
学生来华接受学历深造和技能培训。然而,高职院校国际学生教育的

职业特色缺失,资源输出路径不畅、文化传播与技能培训融通不够等问题仍然存在。学校聚焦汉语国际传播和职业教育"走出去",围绕中文、中华优秀传统文化和职业技能三大板块,面向海外开展线上"中文＋职业技能"系列培训项目。2021—2023 年,学校共获批教育部中外语言交流合作中心"汉语桥"线上团组交流 9 个项目立项,立项数量居全国高职院校榜首。该项目共吸引了来自俄罗斯、日本、巴基斯坦、埃及、越南、尼泊尔、柬埔寨等 50 多个国家的 2000 多位海外学员参加,通过"线上＋线下""直播＋录播""云端体验＋互动交流"等形式向学员展示了当代中国的发展风貌和文化风姿,汉语搭桥、云端增技,传播好中国职业教育声音,讲好中国职业教育发展故事。

(二)主要做法

1.云端设计:开发"四位一体"海外教学特色课程包

结合"汉语桥"生源特征及学习需求,设计云端课程和教材,学校开发了云端语言模块、专业模块、文化模块、技能模块"四位一体"的课程包,促进海外学员语言、专业、文化和技能四者的融合。课程包不仅涵盖中国饮食文化、中餐制作技能、电子商务、制冷空调专业知识等内容,还与时俱进地加入中国现代生活时代背景,充分展现了课程内容的创新性和实用性。在"'一带一路',美食起步"项目中,结合学院师资和专业优势,凸显了"中文＋中餐技能＋中国饮食文化"的教学安排。设置的课程不仅满足了海外广大中文学习者了解中国语言、中餐制作、饮食文化的需求,也进一步促进了中华文化的国际传播,培养了更多"爱吃中国菜、会做中式餐"的国际友人。例如:在情景汉语"你好,中国菜"一课的设计中,通过场景呈现和线上直播授课充分实现了汉语的语用功能,提升了学员们的汉语交际能力;在"一口春卷'咬'新年"的直播课中,教师介绍了春节的时间、由来和习俗,现场演示制作春节美食春卷,并解释其背后的寓意,既让学员了解了中华传统文化,又提升了他们的美食制作和鉴赏能力。

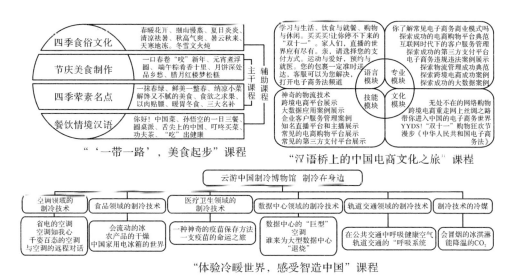

图 2-84 "四位一体"高职海外培训课程包

2.云端汇聚:构建"多元引领"高素质课程育人团队

"汉语桥"项目按照学科、专业、课程特点等要素,组建了"多元背景"云端课程育人师资团队,实现优质师资人才聚集效应的最大化。该团队包括国际汉语教师、专业技能教师和企业导师。在"中国电商文化体验之旅"模块,国际汉语教师从汉语听、说、读、写的语言技能和交际技能出发,结合任务驱动法、听说法、情景法、视听法等教学方法,融入商务汉语特色,使海外学员掌握了购物和电商语境的日常会话表达;电商专业教师通过课程"买买买!让你停不下来的'双十一'""您的包裹一定准时送达",让学生掌握了"双十一"相关促销活动的专业术语和电商物流相关专业术语;电商企业导师,注重学生知识技能的实践运用,通过案例解析探索物流管理成功典范,将一线电商实践经验带到云端职业教育人才培养中，让海外学员感受到全球化背景下电子商务文化的独特魅力。

图 2-85　"中国电商文化体验之旅"项目团队授课

3.云端架构：创建"双线合一"智慧教学基地

打造智慧化教学环境，加强线上、线下双线教学基地建设。学校的"汉语桥"项目注重线下实践教学条件建设，完善升级校内实训室，搭建稳定的线下教育实习基地及教育实践技能训练平台，充分利用校内外实践教学环境，如中餐实训室、电商实训室、制冷博物馆、语言情景实训室等线下育人基地，进一步推进线上"中文＋技能"的课程建设。同时还建立相应的虚拟线上"实习基地"项目，建设录播课程中的电商虚拟场景、空调体验馆和虚拟仿真语言实训室，校企教学远程直播互动的电子商务"空中课堂"，最大限度地提升国际学生的实践创新能力及专业技术技能水平。

(三)成效经验

学校"汉语桥"项目让世界各国青年在云端汇聚一堂说汉语、读汉字、品名菜、学经典,拓展了"中文＋职业技能"的课程内容,刷新了海外学员对中国数字经济、中国美食文化、中国智慧智造的认知,探索了线上境外教学模式,为世界培养更多懂汉语、精技能的复合型人才,对扩大中国职业教育在世界范围内的影响起到了积极作用。基于9个"汉语桥"线上培训项目,聚焦"中文＋职业技能",从"创新打造'中文＋'教学模式""语言—专业—文化—技能'四位一体'开发高职海外教学特色课程包""构建'多元引领'国际化师资团队""创建'双线合一'智慧教学基地"等4个维度实施项目建设,对国内高职院开展国际化办学、推进中国职业教育"走出去"具有较大的借鉴意义,在高职院校乃至本科院校具有一定的推广价值。5年中产出了国际化办学相关的国家级教学成果奖2项、国家提质培优国际化办学案例4个、海外中餐培训项目9期,建成海外分校及实习实训基地8个,8个专业教学标准和17个课程标准被西班牙、加拿大、美国等采纳,建成"丝路学院"2所,人才链和产业链的衔接更趋完善,教师的跨文化传播能力及学生的国际职业能力显著提升。

第三篇　特色建设任务案例

一、赋能山区 26 县①,谱写共同富裕新篇

> **下沉县域办学:**

金华职业技术学院筹办武义学院

为助力推进浙江山区 26 县职业教育和经济社会高质量发展,学校实施面向山区县的"共同富裕+"职业教育专项行动,与武义县共建"武义学院",探索"分校区"模式。武义学院是金华第一所全日制中高职一体化的职业院校,其有独立的校址,占地约 500 亩,总投资 14.12 亿元,规划高职全日制学生规模 2000 人。武义学院聚焦高素质技术技能人才培养、高质量地方产业集群发展、高水平区域职教集团建设,以中高职一体化办学和职业技能培训为载体,精准对接武义区域发展和产业转型需求。学制以全日制中高职一体化(五年制)职业教育为主、三年制高职教育为辅,兼具职业培训和科技服务等功能。目前已开设 7 个中高职一体化专业,2023 年招生 320 人,受到了当地考生青睐。其中,

---

① 历史赋予了浙江高质量发展建设共同富裕示范区的时代使命,但截至 2021 年,浙江仍有山区、海岛 26 县的经济社会发展程度低于全省平均水平。对此,省委、省政府明确将推动山区 26 县跨越式高质量发展,作为建设共同富裕示范区的重大战略举措。

聚焦温泉康养地方特色产业人才需求,新设康复治疗技术专业(水疗康复技术方向)、电子商务专业(旅游康养营销方向);组建电动(园林)知识产权服务联盟、红色文化研究中心、浙中旅游协同创新中心等专家智库,共建武义唐风温泉康复医院,实施孵化产业及民生事业发展项目 2 个,选派 60 余名博士教授参与开展关键技术难题突破和技术服务,开展各类职业培训 2000 余人次,共建技能实训基地 8 个,免费许可实用新型专利 20 个,学校 12 个二级党委与武义县各镇街联盟党(工)委共建,为山区县发展提供了全面有力的支持。

助力乡村振兴:

浙江机电职业技术学院展开毕业设计展销平台建设

浙江机电职业技术学院落实省经信厅印发的《"设计＋营销"赋能制造业高质量发展助力共同富裕示范区建设的行动计划(2022—2025年)》,以政校企合作为基础,以落地化的毕业设计作品及产品展销为依托,联合浙台青年企业、省内乡镇单位、校企合作企业等,展开设计类专业毕业设计展销平台建设。

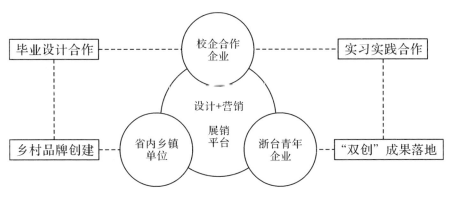

图 3-1　设计类专业毕业设计展销平台建设模式

　　学校积极推进毕业设计展销平台建设，助力乡村振兴，促进学生就业通过设计类专业毕业设计展销平台建设，将共同富裕、乡村振兴等通过校企协同育人、设计落地化等方式落实，体现出学校坚持"开放、合作、服务"的办学理念，致力于培养制造业以及制造服务业技能技术人才，致力于提升服务区域经济社会发展能力。

以"千万工程"为指引：

浙江旅游职业学院让乡村旅游迸发活力

　　浙江旅游职业学院紧紧围绕省委、省政府重大战略，不断迭代创新服务载体，通过相继推进实施"服务万亿旅游产业五年行动计划""师生助力全省万村景区化建设行动""旅游业'微改造、精提升'服务计划"等，已指导全省 11 个地市 84 个县（市、区）的 286 个村庄发展乡村旅游，其中全面协助 94 个村庄成功创建 3A 级景区村庄，全程指导"绿水青山就是金山银山"理念发源地安吉余村等 4 个村庄成功创建国家 4A 级旅游景区。编制村镇旅游发展规划 121 项，打造乡村特色旅游产品和文创产品 216 项，指导乡村旅游特色服务运营项目 67 个，打造乡村旅游 IP32 个，为 86 个县区举办乡村旅游培训 600 余场次，培训乡村旅游从业人员 6 万余人次。2022 年浙江省第十五次党代会提出"两个先行"的奋斗目标，并提出浙江山区 26 县是实现共富的重要场景和主攻方向。同年，学校启动实施校地携手助力山区 26 县共同富裕行动，出台《助力山区 26 县共同富裕三年行动计划》，通过实施"党建领富、人才强富、产业创富、就业增富、智业聚富、文化润富"六大行动，努力在三年内实现"11519"目标任务，即成立 1 个山区 26 县共同富裕学院、重点开展 100 项精准服务实施、落实 500 名教师助力计划、完成 1000 人次乡村管理者培训、开展 9000 人次专业培训,不断夯实助力乡村振兴的体制机制和工作成效。

浙江旅游职业学院赋能"千万工程"助力乡村振兴工作入选教育部、文化和旅游部服务乡村振兴典型案例,《世界旅游联盟——旅游助力乡村振兴案例》,浙江省文化和旅游助力乡村振兴典型案例,浙江省高校干部人才助力山区 26 县高质量发展创新案例,浙江省高校助力乡村振兴优秀案例,得到 7 个省部级领导的肯定性批示,学校成为浙江省高校服务"千万工程"教育实践基地。

二、帮扶落后地区发展,锤炼"东西协作"新功

多模式帮扶:

金华职业技术学院推动中西部学前教育优质均衡发展

金华职业技术学院学前教育专业一直以来深度参与东中西部对口帮扶和协同协作,支持中西部同类院校的同类专业建设与改革,探索出精准度高、有效性强、针对性好的五种对口帮扶模式。一是组团帮扶模式。2019 年,在教育部牵头下,学校做为全国唯一与北京师范大学、西南大学、中国美术学院等高校组团对口支援西昌民族幼高专的高职院校。师范学院先后派出多名教师,或深入祖国的西南腹地,或热情接待来访,近 5 年来,通过开展短期主题培训、来校考察交流、线上协同教研等形式,提升支援地教师团队能力、专业内涵建设、"岗课赛证"综合育人水平,助力其变"输血"为"造血",增强其自我发展的能力,从而助力凉山彝族自治州的教育工作和学前教育事业发展。二是接续派援推式。对口援疆,不仅是履行政治任务,更是践行教育初心、教育家精神

的宝贵机遇。阿克苏成为他们第二故乡，阿克苏教育学院、阿克苏职业技术学院成为他们工作的第二单位。援疆老师们深知"组团式"教育援疆迭代升级的意义，始终把援疆工作当作一份事业，用心用情去做，事事上心，力求高标准高质量完成。三是联盟共进模式。在近十年赶超建设进程中，学校学前教育专业成为全国同类专业中的标杆，发挥国家级资源库主持单位、国家级职业教育教师创新团队协作共同体牵头单位、全国托幼产教融合共同体发起单位、全国性和省级专业教学标准起草单位、国家级"双师型"教师培训基地、国赛承办校的影响力和号召力，将自身重大教学改革与内涵建设成果通过联盟的形式进行共享和引领示范。同时，借力资源共建、师资共享、平台共筑、课题共研等途径，聚集全国优秀同行优质资源和经验，有力辐射中西部薄弱地区院校教育类专业协同发展。四是联合培养模式。学校搭建平台，将"中高职一体化"联合培养有机融入对口帮扶工作。在省级部门协调下，与四川甘孜州职校联合开展"2＋1＋2"的五年制协作培养班，每年招收当地40名左右应届初中毕业生，采用当地2年、金华实验中学1年、学校2年的接续培养模式，将优质教育资源直接惠及当地有志于从事学前教育事业的学子。五是支教帮扶模式。在专业和教师层面深入开展帮扶支援的基础上，学生层面也通过支教交流的形式参与其中，践行习近平总书记关于青年工作的重要思想和关于教育的重要论述精神，进一步扩大社会实践育人成效，充分发挥社会实践在高校思想政治引领工作中的重要作用，基于美育师心、立德铸魂的培养理念，开展绿荫千人支教项目，下设"绿荫·候鸟学堂""绿荫·壮苗""绿荫·推普"三个子品牌。

五年来，开展全国同类专业课程思政备课会3场（累计万余人次参与），基于联盟开展"学龄前儿童发展与教育支持国际会议"等大型引领式活动5场，年均接待中西部院校来访超30所，牵头成立产教融合共同体成员中中西部院校超过 40%。西昌民族幼儿师范高等专科学校学生在 2023 年四川省学前教育专业学生技能大赛上斩获一等奖。

"造血型"帮扶：

杭州职业技术学院擦亮技能帮扶品牌

杭州职业技术学院积极投身推进乡村全面振兴，坚持"培养人才、服务社会"的基本宗旨，依托电梯工程技术专业，采用"免费培养、定向就业、精准帮扶"模式，持续实施温暖工程"星火计划"，开设"励志班"和"宏志班"共 20 余期，形成了"职教一人、温暖一家"的"造血型"技能帮扶模式。

一是聚焦核心目标，实施"一体两翼"帮扶方案。依托高水平电梯专业群建设，创新提出并实施了"一体两翼"帮扶方案，即以职教共同富裕为"主体"，以定点帮扶和继教帮扶为"两翼"，持续凝聚工作合力，拓展帮扶工作覆盖面。围绕国家、省、市战略部署，结对河北省威县（教育部定点帮扶县）、浙江省缙云县、湖北省恩施州等地区高职院校，以专业示范辐射带动欠发达地区职业教育发展。

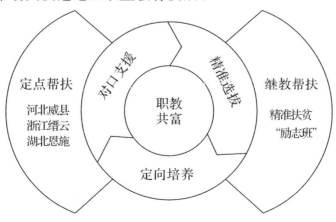

图 3-2　"一体两翼"帮扶方案

二是整合四方资源，搭建"政行企校"职教联盟。整合政府、行业、企业、职业院校等四方资源，通过政府的政策和财政支持，行业的专业指导和需求对接，企业的实践经验和就业保障，以及职业院校的教育资源和培训能力，形成资源集聚和优势共享，为联盟发展奠定基础。采用"免费培养、定向就业"帮扶模式，构建了政行企校"多方联动、协同发展"的工作机制，形成了协同发展的良好格局。

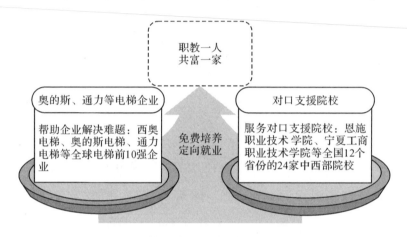

图 3-3　共同富裕职教联盟运行机制

三是推进继教共富项目，擦亮电梯专业技能帮扶品牌。依托牵头成立的全国电梯从业人员技能培训联盟，与全国 12 省份 24 所中西部院校建立对口支援关系，帮扶学生先后在杭职院学习、电梯企业实习，毕业后回生源地或就近工作，起薪工资可超当地平均工资 30%。积极开拓继教共富项目。依托人才培养优势，联合中华职教社在黔东南、四川、云南等地实施"星火计划"项目，通过政、企、校三方承担学生来杭学习所有费用的方式，帮助学生提高技能。

五年来，学校获中华职教社温暖工程实施二十五周年优秀组织管理奖、全国职业院校决胜脱贫攻坚先进集体等荣誉称号，"党建助力精准扶贫"入选首批浙江省高校党建特色品牌。学校秉承"造血式"帮扶

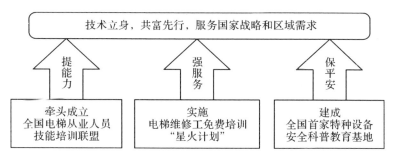

图 3-4　擦亮"以技赋能"共同富裕职教品牌

理念,帮扶学生共 203 人,实现了"培养一个学生,共富一个家庭""属地维保工人配套电梯销售""协同推进专业建设""发挥示范引领作用""服务产业发展"等多维目标。《"培养一个学生、脱贫一个家庭"—— 杭州职业技术学院精准扶贫工作》入选教育部高校定点扶贫典型案例,获浙江省委原书记车俊的批示和国务院扶贫办的肯定,学校获评全国职业院校决胜脱贫攻坚"先进集体"。

全面帮扶:

浙江交通职业技术学院开展援疆教育创新与合作

浙江交通职业技术学院充分发挥全国交通运输职业教育教学指导委员会平台作用,东西协作开展"科教融汇"组团式帮扶系列活动,在管理干部互派、专业和课程建设、科研项目援助等方面全覆盖。在学校管理方面,分享先进的管理理念,全面支持新疆交通职业技术学院、阿克苏职业技术学院及塔里木职业技术学院 3 所新疆院校的发展,全面提升新疆兄弟院校的办学水平和人才培养质量,推动职业教育均衡发展。针对专业和课程援助,学校充分考虑新疆院校的实际需求,将优质的专业资源和课程体系引入新疆,以提升新疆院校的专业教学质量。在科研项目援助方面,支持新疆院校的科研设施建设,促进浙江与新疆地区在交通运输领域的技术创新与合作。

学校着力深化东西协作援疆全覆盖、助力共同富裕省域全方位的"双高双全"浙江交通服务新模式，不断深化浙江与新疆地区在交通运输领域的交流与合作，促进区域协调发展，精准援助了新疆交通职业技术学院、阿克苏职业技术学院和塔里木职业技术学院 3 所新疆院校，交流援助教师 10 多人次。学校与新疆交通职业技术学院分别签订了科研和信息化对口专项援助协议书，并形成实施方案，签订备忘录；学校助力新疆交通职业技术学院入选全国 200 所优质校，成功申报世界技能大赛中国集训基地，获评国家级精品课程；学校助力塔里木职业技术学院承办国家技能大赛，并取得全国教师教学能力比赛获奖突破。新疆地区交通运输人才培养质量得到提升，为新疆交通运输事业发展提供人才保障。

东学西归：

浙江工贸职业技术学院创新民族学生培养新路径

浙江工贸职业技术学院立足新疆民族学生培养，注重立德铸魂，讲究文化润疆，培养大国工匠，完成培养富疆高技能人才的政治使命。

一是通过铸魂，增强"五个认同"教育。以资助政策赋能，增强对伟大祖国的认同感。以课堂教学赋能，增强对中华民族的认同感。以璀璨文化赋能，增强对中华文化的认同感。以红色教育资源赋能，增强对中国共产党的认同感。以温州人精神赋能，增强对中国特色社会主义道路的认同感。二是通过润心，推行文化润疆"五个融合"工程。寝室融合，入学前统筹各民族学生寝室安排，在日常生活中做好民族融合；班级融合，营造民族融合教学环境，形成学业互助结对，帮助民族学生完成学业;生活融合,营造开放融合的生活环境,既满足民族学生个性需求,也丰富其他学生生活体验;平台融合,以活动为载体和平台,各民族学生共事共乐,引导各民族学生牢固树立共同体理念,增进民族融合;师资融合,建立民族学生培养虚拟教研室,提升民族融合教育能力和水平。三是通过育匠,实施四项举措。契合新疆产业,实施精准动态设置招生专业的措施。依据学情,通过现代学徒制、"订单式"培养,提升民族学生的专业技能,培养团队协作能力。成立"浙疆"虚拟教研室,落实"岗课赛证"融通的教学要求。常态化保持线上援疆平台运行,实施创新创业能力培养机制,培养创新创业能力。四是通过富疆,促进民族融合。发展民族学生党员,树立民族学生爱党爱国、励志成才的榜样,打造引领朋辈成才的窗口。组建"石榴结籽"多民族融合学生服务团队,为民族流动人口子女提供学业辅导等服务,打造展现民族融合青年力量的窗口。服务温州市域民族流动人口,组建"瓯潮 er"民族政策宣讲团,宣讲民族政策和法律法规,打造城市民族融合工作的窗口。投身对口援疆实践,打造"新疆古丽在温州"主播团,为新疆特色农产品代言,助力新疆共同富裕,打造线上援疆窗口。内化专创融合,建立从创新意识、"双创"技能到创业实践的"分层分类"教育体系,依托国家创新创业教育教学资源库和持证上岗的创业导师,培养具有"温州人精神"和"四千精神"的双创人才,大量学生成为返疆创业带动共富的领头人,打造兴疆富民的共富窗口。

五年来,学校累计培养新疆民族学生 253 人,累计获得省政府奖学金 12 人次、青山奖学金 4 人次;民族融合足球队多次蝉联温州市大学生足球联赛冠军;伕迪尔亚·艾尼瓦尔入选 2022 年浙江省宣讲员"00后 talker"20 强。近 5 年,学生平均就业率达 98.3%,就业质量高,返疆创业就业比例逐年提升。2019 届毕业生阿迪莱·阿不都如苏放弃长三角薪资待遇优渥的就业机会，返疆就业，现担任新疆生产建设兵团眼科中心眼视光技师。类似案例比比皆是，大量毕业生返疆入职教育系统、医疗系统。

2023年获教育部高校思想政治工作质量提升综合改革与精品建设项目立项；相关研究成果获2021年全国高校平安校园建设优秀成果研讨展示活动遴选结果一等奖；获省民宗委成果采纳2项、市民宗局成果采纳1项；立项温州高校第二批十大"育人"体系思政工作室；建设"之江同心石榴红工贸家园"。

三、发挥新质平台优势，培育"415X"^①新业

参与突破自主可控技术：

浙江机电职业技术学院运动控制实训平台建设

浙江机电职业技术学院立足职业教育高质量发展，着眼产教融合，以智能控制技术专业群建设为出发点，积极响应国家自主可控战略，与国内运动控制领域龙头企业深圳市汇川技术股份有限公司（以下简称

---

　　① 近年来，浙江省深入实施"415X"先进制造业集群培育工程，建立产业链"链长＋链主"制，加快打造绿色石化、新能源汽车及零部件、智能物联、现代纺织与服装等4个万亿级产业集群和集成电路、高端新材料、智能光伏、生物医药与医疗器械等4个五千亿级产业集群，积极争创国家先进制造业集群，着力提升产业链供应链韧性和安全水平。"4"是指重点发展新一代信息技术、高端装备、现代消费与健康、绿色石化与新材料等4个万亿级世界级先进产业群；"15"是指重点培育15个千亿级特色产业集群，具体为数字安防与网络通信、集成电路、智能光伏、高端软件、节能与新能源汽车及零部件、机器人与数控机床、节能环保与新能源装备、智能电气、高端船舶与海工装备、生物医药与医疗器械、现代纺织与服装、现代家具与智能家电、炼油化工、精细化工、高端新材料。"X"是指重点聚焦"互联网＋"、生命健康、新材料三大科创高地和人工智能、基因工程、区块链等前沿领域，重点培育若干高成长性百亿级"新星"产业群，使之成为特色产业集群后备军。

汇川技术)合作,引入新技术、新方法、新标准,优化课程体系、更新课程资源,共建汇川运动控制联合基地,探索校企协同育人培养方案,全面对接区域制造业的人才需求,共建浙江汇川学院。学院人才培养定位不仅包括自主可控 PLC、运动控制驱动、工业网络通信等基础技术应用能力,还包括根据现场复杂工艺算法要求进行典型系统集成设计开发等进阶能力。

联合以汇川技术为代表的民族品牌企业,一期投入近 500 万元,建立工业运动控制及工艺算法实训基地,建设适合职业教育现场工程师培养的"真设备、真工艺、真要求"的自动化综合实训平台,构建自主可控的高水平实训平台,拥有国内高职院校中首批基于全自主品牌(汇川技术)的运动控制人工智能算法实训平台,提供社会培训平台,全面对接浙、闽、赣地区运动控制领域的科技与社会服务,每年投入不少于 1000 万元。

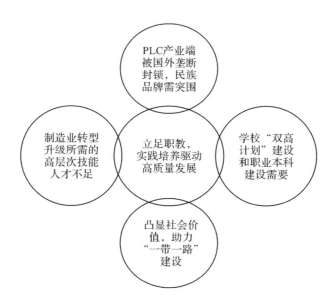

图 3-5　机电一体化技术专业高水平运动控制实训室建设定位

结合汇川技术与浙江华江科技股份有限公司等合作企业提供的人才需求以及相关产业学院的人才培养模式,设计完成四年制职业本科专业建设的初步方案。该方案注重课程内容与工作内容对接，以职业岗位分析为起点，以企业实际生产过程为导向，以职业岗位任职及职业发展要求为依据，致力于构建工作过程系统化课程体系。

基于专业与深圳市汇川技术股份有限公司的前期合作，"现场工程师协同培养赋能机电一体化技术专业建设"立为浙江省产学合作协同育人项目。学院聚焦新工科背景和数字经济新形势下专业人才培养需求，通过校企合作方式进行专业人才培养模式的探索。进一步申报教育部第一批现场工程师专项培养计划项目。

融入区域科技创新链：

杭州职业技术学院技术技能服务平台建设

杭州职业技术学院主动融入国家科技创新链，通过五大途径搭建"金字塔式"技术技能服务平台体系，持续有效提供技术技能创新服务，必须有组织、成系统，建设具备职业教育特色的科研平台。

一是联合地方政府打造公共服务平台。公共服务平台基础宽广扎实，建成杭州市政府出资、学校出地、联合服务的国家级高技能人才培训基地（杭州市公共实训基地）。二是联合龙头企业打造行业引领平台。特种设备学院通过与浙江省特种设备科学研究院共建国家电梯产品质量监督检验中心，与杭州西奥电梯有限公司共建西奥电梯产业技术研究院等行业引领平台。三是赋能企业创新打造联合研究平台。学校依托校企合作的深厚基础，在科技赋能价值链条中锚定高职院校定位，先后成立了英创新材料杭州研究院、西奥电梯产业技术研究院、惠成新材料杭州研究院。四是扎根区域服务打造技术转移平台。学校建成结合浙江块状经济特色、以专业为切口的地方技术转移中心，如台州温岭市小型电机、泵阀产业,金华市花卉苗木产业等。五是着力孵化培育打造校级科研平台。一批富有职教特色、涵盖优势专业的校级协同创新中心和技术技能大师工作站已经建成。

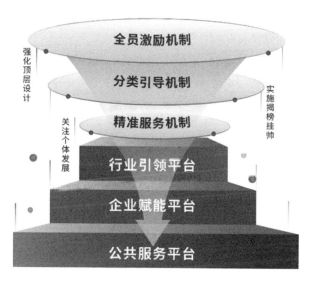

图 3-6　"金字塔式"技术技能服务平台体系

"双高计划"建设以来,通过精心组织、谋划,积极探索产教研深度融合的校企合作迭代升级新模式,不断完善引领行业、赋能企业、支撑服务的技术技能服务平台体系建设。累计建成各类技术技能服务平台199个,其中国家级科研平台 2 个、省部级平台 8 个。比如,通过从科研到产业化的分工协作,学校专业团队持续技术输出,生态健康学院派遣化工博士团队针对产品特性,优化技术路线,完善试验方案,积累大量的实验数据,为杭州英创新材料有限公司进行规模化生产奠定了基础。通过不断探索,学校形成了"校院企"深度合作的企业研究院建设和运行新模式。学校联合浙江方圆检测集团有限公司、杭州云上新材有限公司和杭州英创新材料有限公司,在前期企业研究院建设的基础上,牵头申报并创建了新型生物基材料关键技术改进与应用杭州市工程研究中心。此外，还与浙江方圆检测集团、省产品质量安全科学研究院、省轻工业品质量检验研究院共建了浙江省市场监管生物安全重点实验室等 3 个省级重点实验室，联合开展技术研发、技能培训、人才培养等，实现了平台的高能级跃迁。

打造"单项冠军产品"：

宁波职业技术学院高端研发平台建设

宁波职业技术学院化工专业群将核心技术攻关研发作为生命线，聚焦乙烯副产综合利用等国家级难题，联合恒河材料科技股份有限公司、中国科学院宁波材料技术与工程研究所等建立教育部协同创新中心、国家企业技术中心、浙江省重点企业研究院、宁波市 A 类重点实验室等高端研发平台。完善《协同创新中心章程》《科研组织与协同研究管理办法》等系列制度，明确和保障了协同单位责权利，规范科技研发与人才培养教学工作。与企业联合建立了人员互聘、装置共享、科研合作等开放性资源共享机制，实现要素间人才和资源的有效流动与融合。国家教学名师孙向东教授带领研究团队承担重大科技攻关项目并实现了产业化，为企业创造了巨大的经济效益，激发了企业参与人才培养的动力。恒河材料科技股份有限公司积极投入实验设施设备，为化工专业群捐赠 300 万元用于仪器设备采购、科研人才培养、化工重大技术攻关和知识产权合作。共建科技创新团队，开展生产线上科研，依托教育部协同创新中心、国家企业技术中心等高端平台，校企研究团队共同申报国家发展改革委循环化改造示范试点重点支持项目、宁波市"科技创新 2025"重大专项、宁波市企业创新联合体专项等 20 多项重大科研和产业化项目，经费金额总计 4000 多万元。校企聚焦石油树脂高附加值产品研发,以突破"卡脖子"技术壁垒为核心竞争力,获得55项发明专利,协同创新研发了20多个石油树脂新产品,成功突破欧、美、日等国外技术封锁和市场垄断。

全球首创芳香族/脂肪族均衡可调高性能氢化树脂关键技术,建立国内首套高芳烃氢化树脂生产装置,国内首次实现了万吨级乙叉降冰片烯(ENB)连续化生产,助力恒河材料科技有限公司成为全球品种最全、规模最大、质量最优的C5、C9石油树脂生产企业,石油树脂产量居世界第一,年产值逾120亿元。石油树脂被工业和信息化部认定为"国家制造业单项冠军产品"。

共建云上汽车运营中心:

浙江经济职业技术学院智能网联技术技能创新平台建设

浙江经济职业技术学院立足于浙江省和长三角区域经济发展,以及与浙江省汽车后服务引领企业——浙江物产元通汽车集团有限公司(世界500强)间的合作,拓展汽车专业技术新合作领域,携手阿里云达摩院共建智能网联汽车运营中心,面向智能网联汽车产业提质增效需求,构建"共建、共享、协同"的产教融合联动机制,打造人才培养、科学研究、社会服务"三位一体"的技术技能创新平台。

学校突出和企业的技术技能创新服务"双主体"地位,共建研发队伍,共同开展"基于阿里云达摩院智能网联汽车技能人才培养模式的研究以及实施""数字智能化时代智能网联汽车技能人才团队的培养""智能网联汽车技能人才创新团队建设"等项目合作,有效推动校企科技人员相互交流、相互兼职,带动教师专业技能和创新能力提升,逐渐形成科教协同的产教融合育人格局。

　　学校面向阿里云达摩院关于"小蛮驴"的技术需求，实施了高精地图标注等技术项目，为智能网联汽车相关领域技术研发、成果转化提供服务，为提高"小蛮驴"的运行效率及平行驾驶工作质量提供技术支持。通过技术创新及积累，"小蛮驴"数量和快递配送量逐年递增，获得了良好的社会经济效益，据参与合作的第三方公司杭州臻链智能科技有限公司统计，每年智能网联汽车运营中心产生直接经济效益 280 万元。

　　合作期间，校企共同开发了《基于"小蛮驴"的智能网联汽车培训资源包》1 个、《智能网联汽车自动驾驶技术与应用》教材 1 本，完成了技术技能人才培训 1000 人次，在培实习生近百人。毕业实习生大多可留在阿里云达摩院西溪湿地基地工作或被安排到省外地区全权负责该区域运营工作。

　　2021 年，中心负责全国 200 多所高校 300 多台"小蛮驴"的运行维护，并承担安全守护以及平行驾驶工作。"双十一"期间，350 多辆"小蛮驴"10 天配送 100 万件快递，超前实现目标。2022 年，"小蛮驴"在 400 多个高校增至 700 多台，不仅数量比上一年"双十一"翻了一倍，配送量将超过 400 万件，已经成为全球范围内最大规模的商用无人配送车队，优化末端物流配送资源达 4000 万元。

四、情系中小微企业，扶育"地瓜经济"新蔓

提供产业公共服务：

杭州职业技术学院助推许村家纺创新发展

　　杭州职业技术学院聚焦许村家纺产业"创意＋数字＋科技"转型升级需求，以提升产品创新能力为核心，以加强技术研发和成果转化为抓

手,为相关企业提供有利于产业发展的公共服务,为企业降低运营之处。

首先是"三个中心"建设。一是纺织品设计研发中心。由企业技术专家领衔,组建高水平创新团队,开展面料印花设计、家纺产品研发、文创产品研发等服务,拓宽创新型人才的培养途径和方法,提高师生的产品研发能力,在更高审美、更高工艺上做足产品文章。二是产业技术服务中心。依托博士团队,针对家纺新面料研发、性能改良等开展技术服务,强化新技术应用和推广。三是家纺产品检测中心,为企业提供家纺产品检验检测服务,培养家纺检验检测人才。

其次是"两基地"建设。一是家纺企业员工培训基地。将企业员工培训纳入产业学院工作计划,根据产业发展和企业实际需求联合开发培训课程,学院组织培训教师队伍,定期开展培训。二是创业孵化基地。鼓励学生在电商领域和产品创新领域开展创业,优选创业项目进行扶持,推进创新创业项目孵化,以创业带动学业,形成良好的创业氛围。

五年来,学校紧贴纺织服装产业转型升级需求,聚焦岗位能力分析和工作任务设计,把握课程内容、课程组织、课程展开逻辑等衔接的规律,构建"三对接"的产业学院人才培养模式,学生质量逐年提高,年均初次就业率达98%,专业对口率达85.5%。毕业生当地就业去向率超70%,毕业生就业起薪达6100元/月。学校与许村镇家纺企业积极合作,共同成立20个产品研发室,承接服务地方横向项目130余项,到账经费600余万元。累计为家纺企业开发产品2000余款,针织样片1900余件,绘制面料纹样2200余款,拉动许村镇家纺产业经济效益约1.2亿元。

开展"人、技、创"一体式服务：

温州职业技术学院加速推动鞋服企业提质升级

温州职业技术学院面对绝大多数制鞋企业代工和款式模仿等低附加值获利模式,按照"补短板、搭平台、助研发、促转化"的技术服务路线,多元策略协同助力传统鞋服企业科技创新。

图 3-7　多元策略协同企业技术服务策略

一是补短板,增强校企科创实力,实现资源共享人才互通。把握访问工程师技术骨干交流机会,落实教师企业兼职锻炼、企业技术顾问讲座、企业骨干进校园授课等政策,实现教师和企业技术骨干的双向流通,人才互动;发挥校企共建康奈鞋类技术研究院、国家工业设计中心等载体优势,打造聚集先进技术、先进装备和技术骨干的创新平台,补齐校企科创短板,夯实科创活动基础,实现"企业研发技术新,学校实训平台好,联合攻关能力强"的互惠局面,有效促进企业科创综合实力的提升。

二是搭平台,集中优势创新资源,打造"国字号"设计平台。基于校企联合建设的浙江省企业技术研究院、浙江省工业设计中心,充分利用校企双方技术装备资源,瞄准国际鞋革产业发展技术动态,设计开发和引进运动人体科学、智能制造等先进开发制造技术,完善设计平台装备水平,提升联合攻关硬实力。积极发挥学校的专业理论知识和企业的优秀实践条件,通过校企科技项目攻关、产品设计开发等创新活动,校企联合积累工业设计成果,缩短与国家级工业设计中心认定要求的差距。利用学校教师团队的专业方向、学历职称结构优化校企设计平台团队结构,以企业兼职、顾问等形式加入企业研发团队,持续面向行业中小企业开展工业设计服务,对标国家级工业设计中心认定标准,辅助企业从团队、装备、场地、成果、研发设计投入与服务多角度进行提升,于 2023 年 11 月成功建设完成康奈制鞋国家级工业设计中心,成为开展鞋类工业设计的最高平台,实现了以人体运动科学技术为基础,数字化、信息化设计和智能化制造为手段的鞋类创新行业典范,引领温州时尚产业设计创新。

三是助研发,提供脚型数据支撑,助力云店创新示范。协助企业开展关键共性技术难题攻关,建立企业步态研究实验室,积累人体运动数据,实施以运动人体科学为核心的人体步态研究,实现鞋类研发创意持续产出。实施以"中国青年脚型数据库建设研究项目"为载体的企业脚型数据库开发"康奈云店"项目,提供大量国人脚型数据样本,支持康奈云店产品设计数据积累,完善符合国人脚型鞋类设计标准,提升鞋类与国人脚型匹配度,开发平台实现个性化脚型数据的线上匹配,变革了鞋类定制模式。

四是促转化,加速成果推广应用,创新产品产值节节攀升。聚焦产业发展趋势,提出"国民舒适好鞋"发展目标,持续开展鞋类创新设计。以国家工业设计中心建设为导向,聚焦新技术,发力技术成果产出与转化,形成"时尚、舒适、健康"的康奈产品研发体系;加速成果产业化,辅助企业专利产业化,实施发明专利转让以及发明专利产业化项目,"可换跟高跟鞋""精益化线缝鞋"和"一种可测量脚型的测量鞋"产业化推广成效显著;持续开展省级新产品的创新与研发,近 5 年创造直接经济效益新增产值超 3 亿元,成为行业科技创新典范。

实施蹲守诊脉服务:

浙江工贸职业技术学院驻企解决技改问题

浙江工贸职业技术学院在实践过程中形成了"驻企诊脉、量企送技、携企攻关、助企常青"的服务温州民营企业的科研应用新范式,攻克了多项企业生产亟需的技术难题,帮助企业稳产增效。

学校出台暑期下企业、访问工程师等制度,老师主动走进企业,开展深入调研,结合自己的专业特长与企业共同制定研究方案,在研课题即企业实际需要解决的技术痛点,力求问题聚焦且精准。一串"小课题""小痛点"被逐个攻破,累积成"大课题"。精准把脉企业技术关键瓶颈,承担起浙江省重点研发计划、温州市重大科技攻关等"大课题",帮助企业解决关键痛点。此后,通过对症开方,整合资源。学校服务人员扑在一线,"死磕"通关,并试制出符合企业要求的产品。

学校形成的"驻企诊脉、量企送技、携企攻关、助企常青"的服务温州民营企业的科研应用新范式持续深入,"双高计划"建设期间先后服务了 77 家企业,解决技术难题 126 项,打造成果转化与技术推广项目 15 项,获省级及以上科研项目立项 18 项,打造温州市重大科技专项 10 项,联合制定国际 IEEE 标准 2 项、中国电力行业标准 2 项、浙江制造团体标准 7 项。2019 年以来,研发产品项目 70 项,累计为企业创收 2.84 亿元。其中,"超特高压低耗耐候铝合金电力金属的关键技术研究及应用"项目主要成果经审计三年实现新增利润 4617 万多元。技术团队共同开发瑞明集团汽车铝合金铸造智能化浇筑成型生产线,项目实施后企业生产效率提高 4 成,运营成本降低近 3 成,产品不良率降低 74.16%,能源利用率提高 31.64%。

五、携手企业出海行动,讲述"教随产出"新事

因地因企施策:

宁波职业技术学院援外教育与培训促进国际产能合作

宁波职业技术学院模具设计与制造专业群基于产业岗位能力需求,结合卢旺达、科特迪瓦、乌干达、津巴布韦、肯尼亚、贝宁等国家经济社会状况和职业教育发展水平,定制开发了适合该国机电、电子类专业标准、职业标准、课程标准等,规范人才培养顶层设计、教学实施培养目标与职业技能评价体系,有效满足产业对技术技能型人才职业岗位能力规格的需求。结合"中非应用型人才联合培养项目"中非对接的 10 个国家 13 所合作院校,按照课程与职业标准,实施课证融合教学,行校企联合对在华非洲学生开展电工、钳工、焊接、农机修理等 10 余个职业工种的职业技能等级鉴定。对于持有职业技能等级证书的非洲学生,驻外中资企业可优先录用。

通过实施多元协同、多维服务的"教随产出"工程,形成了多类型国际化办学的"宁职方案"。学校累计选派 33 人赴境外培训,15 人开展国际合作与学术交流,培养了一批具有国际化教学能力的骨干教师。开展示范授课,对境外师资与员工进行培训,在共建"一带一路"国家累计培训当地教师 302 名,扩大了我国职业教育国际影响力。专业群通过"中文+专业技能"培养复合型产业工人 1235 名,帮助非洲国家青年人就业,为其减贫脱贫,解决部分在非中资企业技术技能型人才匮乏问

题，促进当地生产力发展。培养的 300 余名电子信息类专业技术技能型人才，支撑贝宁当地新建一家手机制造工厂，日产手机 1000 余部，推动电子产品制造产业快速发展。

产教同行：

浙江经贸职业技术学院校企联动定向培养

浙江经贸职业技术学院以"产教同行"为引领，聚焦"走出去"中资企业岗位需求，设立泰中罗勇"丝路学院"，探索构建"企业主体、四方联动"的办学机制，"技能核心、五位一体"的特色课程体系、"线上线下、国内国外"校企联动的定向培养模式，实现了国内外校企协同育人水平和企业经营管理水平的双提升、共促进。

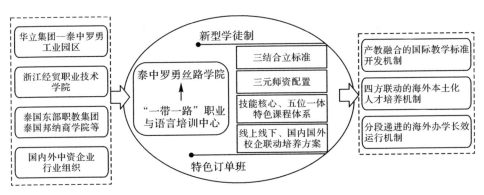

图 3-8　泰中罗勇"丝路学院"本土化人才培养模式

一是增强宗旨意识，打造了"企业主体、四方联动"的产教融合特色模式。通过泰中"四方联动"，打造了"三结合"的新型学徒制人才培养标准和师资供给模式，实现了"双轨人才培养、双岗师资配备、双向文化认同、双重能力培育"。二是树立创新意识，构建了"技能核心，五位一体"的企业班组长培养特色课程体系。将中国文化、企业文化融入课程开发与教学实施，将职业素养融入岗位技术标准，将创新能力融入理论知识和职业技能培养,制定了园区企业班组长岗位能力要求和人才培养目标,集开发了汉语、文化、素养、技能、创新能力培养于一体的本土化人才培养课程体系。近年来,累计培训园区企业员工近 3000 人次,培养"听得懂、用得上、带得动"的本土化班组长 30 余名,开发相关专业系列课程近 20 门,教学视频资源 180 余个,建成国际化教学资源库 1 个。三是树立革新意识,创设"线上线下、国内国外"相融合的订单式人才培养实施方案。校企双方合力创设了"泰国中策财会订单班",以线上、线下相结合的方式,面向园区中资企业员工开展定向培养。

2019 年,学校成功入选"'中国—东盟'双百职校强强合作旗舰计划"建设单位,"一带一路"职业与语言培训中心项目入选第二批"中国—东盟高职院校特色项目",泰中罗勇"丝路学院"入选"浙江省首批'一带一路''丝路学院'建设计划"。泰国副僧王颂德通猜与前副总理素贴称赞此项目"示范引领了两国职教合作,切实促进了民心相通、福祉相依"。

学校已在现成经验的基础上,面向欧亚地区的中国境外工业园区进行了成果模式的复制推广,相继在乌克兰、菲律宾等国家成立了省级"丝路学院",进一步推进"一带一路"职业教育高质量发展走深走实。

随企出海:

浙江工贸职业技术学院服务民营企业"走出去"

浙江工贸职业技术学院为帮助温州企业解决海外难题,积极响应国家号召,依托光电专业群团队力量,携手亚龙,"教随企出、随产同行",帮助温州民营企业走好国际化发展之路。

一是合作办学,铺设技能人才输出的"国际轨"。学校多方共育培养国际化技能人才，为温州中小微企业"走出去"业务拓展提供人才保障。光电学院与美国盖特威技术学院开展了合作办学项目，积极开展专业、课程、人才培养模式、产教融合和职业能力认证对接，联合培养学生。

二是教随企出，搭建输出技术培训服务的"高速轨"。为解决温商企业在海外技术工种用工招工难题，光电专业群成立了马来西亚达迪大学学院—浙工贸—亚龙智能制造（工业4.0）培训中心和"南非—浙工贸—亚龙""丝路学院"，面向企业中方技术人员和海外员工开展"中文＋职业技能"培训，培养国际化工程技术技能人才，满足共建"一带一路"国家人才发展建设需求。大量快速高效优质的技术教培输出，确保了企业的海外一线用工，为温商企业解决了难题，助力更多温州中小微企业"走出去"发展。

三是技随企出，打通输出标准和装备的"加速轨"。学校实行标准和装备"双料"输出，加速温州中小微企业智能制造产业与国际接轨。通过携手装备集团举办多项国际性大赛，并为大赛开发"工业机器人应用编程""自动化生产线"等专用设备，并为"'一带一路'暨金砖国家技能发展与技术创新大赛""东盟技能大赛""自动化生产线安装与调试赛项国际邀请赛"等提供竞赛标准制定和技术指导等工作，通过大赛的形式输出到东盟、非洲等国家和地区。

学校联合培养的学生在"中美青年创客大赛""'一带一路'暨金砖国家技能发展与技术创新大赛""一带一路暨金砖大赛激光设备装调与加工技术"等大赛中屡获大奖，学生毕业后大量入职本地中小微企业从事海外市场技术工作。学校与马来西亚和南非合作的机构，为企业开展海外职工"智能光电、工业机器人、数控、机电一体化"等专题技术培训300人次；派出专家赴海外指导5次，为温州民营企业海外用工培养大量本土员工，技术培训服务质量获广泛好评。

安全第一：

浙江警官职业学院为中国企业"走出去"保驾护航

基于国际安全局势更加动荡不安，各类暴恐袭击和安全事件频发，给中国企业的海外利益带来新的挑战，浙江警官职业学院创设海外安全风险防范特色培训，加强中资企业出国人员安全培训，为服务"一带一路"建设的中国企业海外利益保驾护航。

学校积极探索行业、企业、院校协同育人机制，聚焦国际航空安全员人才培养和海外安保服务培训，承揽中资企业员工海外安全风险防范培训工作，持续扩大"一带一路"安全保卫培训覆盖面和影响力。根据不同行业和企业需求，为中资企业量身定制个性化培训方案。联合企业，举办"'一带一路'驻外人员境外安全培训""浙江省援非医疗队安全技能培训""共建'一带一路'国家在内的来华人员的异常行为培训""安检业务能力培训""地面服务人员能力提升培训"等各类海外安保培训，邀请中国石油、G4S（全球最大综合性安保咨询和服务供应商）、浙江师范大学非洲研究院等大型涉外企业和知名高校研究机构专家学者授课，采用"课堂教学＋项目现场考察参观＋实际操演"方式，开设"国际风险应对""海外项目安全和应急管理"等16门实用性强的理论和实操课程，旨在全面提升我国驻外机构和人员的安全保障能力，加强重大投资安全风险防范，提升人身保护和防卫技能，助力中资企业"走出去"发展。同时，立足杭州数字安防国家级特色产业集群，牵线中外校企，试推国际化产教融合，打造"国际化安防人才培养体系"，为提升中国企业的海外安全保障能力贡献力量。

六、服务全民终身教育，链接"技能浙江"新局

开办技能回炉班：

金华职业技术学院助推"匠苗"变"匠才"

金华职业技术学院和金华政府部门携手联动，依托智能化精密制造产业园和区域公共实训基地，着重围绕金华先进装备制造产业发展，探索以政府、企业、学校、学员四方共同作为主体参与的技能培训"回炉班"模式，助推"匠苗"锤炼为"匠才"，打造与区域经济社会发展相适应的职业技能培训改革"试验田"，助力省域技能型社会建设。

一是搭建"一中心多领域"终身学习平台体系，构筑"回炉"培训新高地。以职工技能提升为中心，靶向发力，依托"职业院校服务全民终身学习项目实验校""浙江省服务终身项目智能装备制造类示范性职工培训基地"等省级及以上继续教育基地，构筑涵盖智能制造、精密制造、航空制造维修等多领域的终身学习平台，面向区域开放共享高水平职业教育资源，面向区域职工提供职业终身技能培训服务，保证企业职工的职业生涯持续接受技能培训和知识更新，为区域建立一支高水平的新时代工匠队伍提供一个培训平台。

二是以"阶梯式人才培养"理念为引领，打造"一班一方案""回炉"培训新模式。"回炉班"培训项目以"阶梯式人才培养"理念为引领，实行"个人需求、学校培训、政府买单、企业评价"四轮驱动，项目推行 5 人以下的小班化教学，由学院与目标企业双方按照"实战经验丰富、理论水平高深"的原则，共同遴选高水平师资，组建教学团队，其中企业导师不低于 30％，以企业实际案例为教学内容，形成"一班一案例"。通过 3

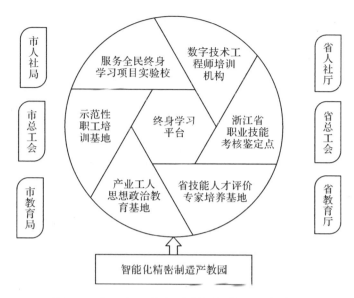

图 3-9 "一中心多领域"终身学习平台体系

个月脱产的"学徒制"培养培训,学员在短期内能快速掌握与岗位相对应的技能。

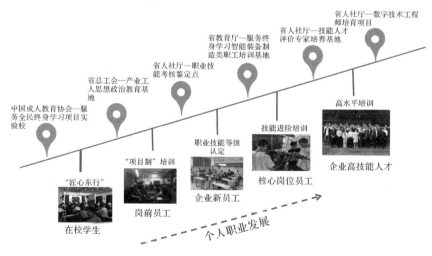

图 3-10 "阶梯式人才培养"理念

三是创新"政、校、企、学员"多方监督制约体系,确保"回炉"培训提质增效。学校建立政府部门、培训机构、区域企业、参训学员等四方主体参与的培训质量监督体系。培训机构主要负责培训过程的实施,其培训质量要接受企业和个人评价；政府部门作为费用主要补贴单位，进行过程监督，确保整个培训过程规范合理；学员水平要接受用人企业的考核，确保培训真实有效；企业方作为用人单位，确保培训学员就业。以此形成培训制约监督体系，确保"回炉"培训做到真正提质增效。

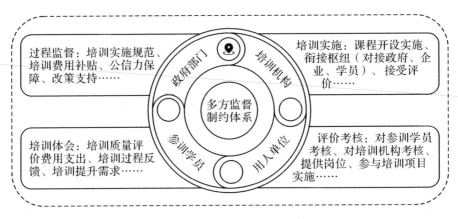

图 3-11　"政、校、企、学员"多方监督制约体系

学校充分利用职业教育优质资源，探索职业技能提升的"回炉班"模式，让更多技能人才留在制造企业，实现"工匠型"人才发展的"扩中提低"。"回炉班"目前共开展 10 余期，通过培训的学员薪资平均由从 4 万元/年提升到 10 万元/年，工作岗位从一线操作岗提升到工艺技术岗，企业用人满意度、学员个人满意度和政府满意度均达 100％，学员"留金率"100％；企业稳岗率至少 12 个月，并有多人获评"浙江工匠"、浙江金蓝领、金华市技能之星、金华市八婺杰出工匠等荣誉称号。

举办市民大学：

杭州职业技术学院提升市民幸福指数

杭州职业技术学院与杭州城市发展同频共振、同生共长，构建了基于市民全生命周期的终身学习体系，建成了集技术技能培训、老年教育、青少年启蒙、志愿者服务于一体的"市民大学"。探索实施政府主导、行企校共同参与的运行机制,明确以终身学习为目标的发展战略框架和社会各方权责义务,搭建科普培训平台、青少年职业启蒙杭州联盟、技术技能培训平台、融善老年大学、专业志愿者服务队等,精准惠及不同人群。

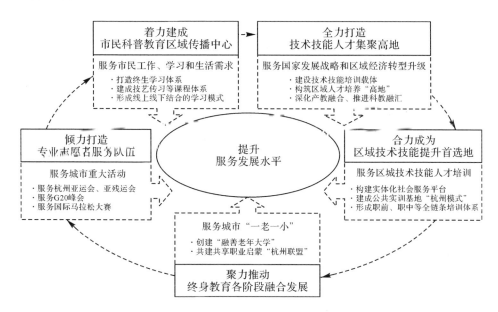

图 3-12 服务终身教育的"市民大学"建设示意图

第一,打造终身学习体系,建成市民科普教育区域传播中心。紧扣市民需求,建成区域文化科普教育传播中心。充分发挥西泠印社、学校国家级非遗资源库的文化传承作用,建成以融合匠心素养、技艺传习及创新为典型特征的课程体系,整合政府部门、校内专业、民间组织和名家大师等资源,支持线上、线下相结合的学习模式,面向社会开展涵盖各年龄阶段、各有侧重的市民科普培训。

第二,建设技术技能培训载体,打造技能人才集聚高地。积极服务国家发展战略和区域经济转型升级,融入地方政府重大建设任务,紧密结合行业龙头企业,强化"培训载体"的体系化构建、高水平服务和高效能运行,依托校企合作的特色和优势,打造了一批以公共实训基地、高职创业园、专业群协同发展中心为重点的技术技能服务载体,支撑学校发展、引领行业转型、面向公共服务。

第三,构建实体化社会服务平台,成为区域技术技能提升首选地。一是深化技术技能服务平台建设。与杭州支柱产业的主流企业紧密合作,建成"电梯"等12个行业培训中心,对接前沿,开发适应不同层次需求的培训项目和课程体系,服务从业人员职前培训、职中提升和终身学习,提升整体技术技能水平。二是依托杭州市公共实训基地,打造以技术技能服务和职业技能鉴定为重点的公共实训基地"杭州模式"。三是以"智慧杭职、工匠摇篮"为建设目标,加快推进"工匠培训中心"建设,与钱塘区共建劳模工匠学院、与临平区共建临航未来工匠学院等实体化服务平台,完善各级工匠培训中心顶层设计,形成涵盖青少年工匠体验、职前培训、职中培训、终身拓展的"全链条"培训体系。

第四,服务城市"一老一小",推动终身教育各阶段融合发展。一是创建融善老年大学,服务城市老年教育。针对老年人实际需求,提供多样化学习资源,遴选校内高水平教师,聘请行业专家,组建高水平教师队伍,成为全国职业院校开展老年教育的"杭职样板"。二是共建共享职业启蒙教育"杭州联盟",培育青少年工匠精神。联合政行企校共建全国领先的青少年职业启蒙教育基地,让青少年在体验中感受职业魅力、开启职业认知、培养职业兴趣、认同职业价值,在青少年的心里埋下职业的种子,赋能"职普融通"新内涵。

第五,组建专业志愿服务队伍,服务城市重大活动。积极打造与杭州国际化大都市相匹配的国际化、专业化志愿者服务队伍,全面融入杭州志愿者服务,重点开展环境治理、食品安全、急救护理、社区文化等城市志愿者服务。依托专业,学以致用,组建专业志愿者服务队伍,服务杭州第 19 届亚运会。

市民大学建成以来,开展了智能制造、网络安全、食品安全等 16 项市民科普培训,学分银行注册人数 4300 余人,完成市民培训超 12.61 万人次。对接杭州产业发展前沿,建成 12 个行业培训中心,为社会人员开展技术技能培训鉴定 34 万人次,社会服务到款额累计超 1.46 亿元,成为区域技术技能提升首选地。针对老年人教育需求,共计开发 6 大类近 20 门特色课程,累计培训 3.2 万人次。市民大学成为省内唯一由高职院校举办的"老年大学"。形成的全国领先的青少年职业启蒙教育"杭州联盟"共同体,获评"浙江省劳动实践基地暨学农基地和达利女装学院劳动实践基地"。

畅通职称、继教通道:

浙江建设职业技术学院让建筑产业工人职后晋级无忧

浙江建设职业技术学院助力培育新时期高职业素质、高专业技能的建设产业人才队伍,"围绕一条主线、实施三方融合、打造三个共同体、推进四个服务"的培育路径,即围绕"推进新时期建筑产业工人高质量培育"主线,实施"校政联动、产教融合、教培联养",打造"治理共同体、资源共同体、利益共同体",推进"服务区域发展、服务行业发展、服务共同富裕、服务终身教育"。

在省建设厅指导下,学校牵头组建了"浙江省建筑业现代化产业学院",负责指导全省 11 个地市全覆盖建设地方产业学院,形成了"省产业学院—地方产业学院—备案培训机构"的工作组织架构和"统筹协调、分级实施、责任明晰、上下联动"的管理工作机制,统筹推进全省建筑技能工人、特种作业人员、施工现场专业人员和安全三类人员等建筑产业工人职业技能提升培训工作，完善了建筑产业工人职业教育与技能实操共融互惠的培训体系。

学校与地方共建培育平台，编制产业工人技能培训"服务清单"。学校每年组织各类各级产业工人培训班70余期，培训产业工人4万余人次，继续教育知识更新5万人次，有力支持全省建筑产业工人队伍整体素质提升，切实夯实扩中提低之基。针对乡村振兴职业技能培训需求，每季度定期培训技能工人5000余人，助力山区、海岛建筑产业工人职业技能水平提升，实现薪资待遇提级升档。针对浙江建筑业企业、从业人员在外省发展遇到的困难，主动对接省建筑业企业外省服务联络点，每年开展"送教上门"培训10余期，服务企业50余家，服务产业工人3000余人。经测算，每期为企业节约管理成本20万元以上，切实为企业减轻了负担，增强了企业发展的信心，实现了为民办实事新的"打开方式"。

"双高计划"建设以来，学校形成了建筑产业工人从入岗、转岗到技能提升、职称晋升的职业技能培训与继续教育全频通道，指导全省共培育建筑技能工人24.4万人次、施工现场专业人员42.1万人次，助推全省建筑业产业工人总量和技能等级迈上新台阶。

七、打造特色研究基地，吹奏"浙派研究"新曲

为新思想的实践而发声：

习近平新时代中国特色社会主义思想研究中心

研究基地（浙江金融职业学院）

浙江是习近平新时代中国特色社会主义思想的重要萌发地，是展现新时代中国特色社会主义制度优越性的重要窗口，是高质量发展建

设共同富裕示范区。2021年,浙江金融职业学院获批成为浙江省习近平新时代中国特色社会主义思想研究中心研究基地,是全省唯一入选的高职院校。

获批以来,通过深化理论铸魂溯源,不断从中汲取真理的力量和实践的伟力,以浙江行动、浙江实践彰显新思想的科学真理性和时代引领性,发出了中国式现代化的浙江职教之声。《习近平关于职业教育的重要论述在浙江的探索与实践》《中国共产党人民至上理论与实践研究》《习近平关于社会主义先进文化建设重要论述在浙江的实践研究》《以伟大奋斗精神创造民族复兴伟业》获得浙江省习近平新时代中国特色社会主义思想研究中心课题预立项。

为彰显研究基地的金融特色,2023年11月,基地在学校货币博览馆"红色货币"展区的基础上,建设"红色金融馆",并依据中宣部审定编写的相关材料,系统梳理了红色金融百年历程。一期包括400平方米的展板区、10个展柜的实物展区、线上数字红色金融资料三部分,配置了48套数字VR设备,能够有效服务大中小学生沉浸式学习红色文化、理解革命精神,为学校推进大中小思政一体化奠定了坚实基础。

为职业教育现代化建言:

浙江省现代职业教育研究中心(金华职业技术学院)

金华职业技术学院依托省内唯一建在高职院校的浙江省社科重点研究基地——浙江省现代职业教育研究中心(以下简称研究中心),紧扣职教发展改革主题,以政策咨询研究为主攻方向,产业研究与职教研究并进,聚力打造职业教育咨政服务的"国家队",服务国家职业教育和学校改革创新高质量发展。

(一)全力搭建科研交流协作"新平台",打造学术交流知名品牌

研究中心对标一流智库,不仅创新智库治理体系,创设了一批政校协同、媒体合作、学术交流、奖惩激励、成果推广等管理制度,形成了治理结构完善、责权明晰、规范运行的全国一流职教研究智库管理运行机制,而且创建了"全国高职教育研究论坛""现代职业教育研究前沿论丛""中国高职院校教师发展年度报告""浙江省高职教育发展报告"四大学术交流与研究品牌。其中,"全国高职教育研究论坛"定期举办,已经成为高职教育研究的高端年度盛典,在全国具有广泛的学术影响力和社会影响力,是全国开展高职教育研究交流的重要平台,2021年线上直播收看人次达到36万人次,2022年达到55万人次。

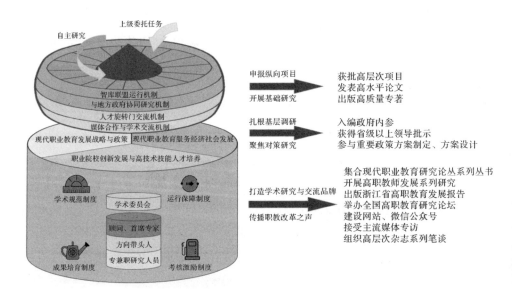

图 3-13 智库运行模式

(二)聚力淬炼咨政服务"国家队",资政成果量质双轨并进

研究中心一方面积极参与政策制定,先后承担教育部职成司、省教育厅等委托的"本科职业教育发展的路径抉择及制度建构""浙江省职

教师资队伍建设"等70余项专项研究工作。"本科职业教育发展的路径抉择及制度建构等研究"和"本科层次职业教育设置标准和评价办法"2项科研成果被教育部职成司采纳,写入《本科层次职业教育专业设置管理办法(试行)》等文件。另一方面,注重聚智咨政,推动科研成果的应用与转化,围绕"双高计划"建设、师资队伍发展、职教服务"一带一路"建议、职教本科等职业教育热点、重点问题,积极建言献策。其中《中国特色"双高"建设》等43篇对策建议被新华社、光明日报社等单位的内参采纳,8篇获国家领导人批示。

(三)着力打造职教研究"智囊团",团队结构不断优化升级

研究中心以人才建设机制为抓手,一方面在专家聘任和博士引进上多举措推进,大力引进高水平研究人员,鼓励在职人员攻读博士,聚集一大批职业教育研究领域的权威专家、一流学者;另一方面,组织专职研究人员到国内外交流学习先进的职教研究理论与方法,通过实地考察、合作交流、职教沙龙等方式多途径培育专职研究人员,打造了一支结构优、能力强、活力足、效能高的专兼职研究队伍。智库研究实力雄厚,现有专兼职研究人员80余名,其中享受国务院政府特殊津贴专家3名、浙江省有突出贡献中青年专家1名、省"151人才"6名、省"'五个一批'人才"1名,正高职称教师52名、博士后1名、博士24名。团队成员的年龄、学历、职称结构不断优化,形成了一个以首席专家为引领的研究团队。此外,研究中心利用学校现有条件建立"旋转门"制度和柔性人才流动机制,并配套了对接和奖惩激励机制,进一步促进智库研究人员与党政部门的对接,确保了决策咨询成效。

(四)奋力争创职教研究"领头羊",高层次科研成果亮点纷呈

研究中心围绕产教融合体制机制改革、职业教育精准扶贫、专业群建设、高职院校师资队伍建设等重大改革与发展领域，强化问题导向、需求导向、创新导向，高层次科研成果频出。一是论文数量多、质量高。2019年、2021年与2022年在14家教育类核心期刊上发表论文数位居全国高职院校第一。二是著作内容丰、理念新。先后出版《优质高职院校建设理论与实践研究》《高职创新发展之路》《高职院校专业群建构的内在机理及实施路径》等各类著作12部。三是课题覆盖广、程度深。2019年以来，共立项各级各类课题30余项，其中"基于人才链匹配产业链的高职院校专业群建构内在机理及实施路径研究""面向智能化时代的高职院校办学模式适应性研究"等国家社科基金项目2项，"双高时代高职院校高水平专业群建设的成效评价及推进机制研究"等省级课题10余项。

经过多年建设，研究中心不仅获得"全国优秀高等教育研究机构"殊荣，而且在"双高计划"建设期，成功获批当地首批社科智库，作为首批成员单位入选浙江省教育科技人才强省建设智库联盟，学术交流品牌和以应用对策研究为特色的职教研究品牌在业界得到普遍认可，为学校高质量发展产生积极的带动效应，成为基层高职院校开展高层次职教研究和决策咨询服务的典范。

为智力成果应用转化护航：

浙江机电职业技术学院知识产权研究与服务中心

浙江机电职业技术学院始终秉持"互联网＋知识产权"融合发展理念，以政校共建"知识产权研究与服务中心"为依托，积极加强与地方政府、产业协会和区域联盟的交流与合作，围绕汽车及零部件生产等区域重点产业，开展知识产权研究，提供数据分析和服务，培养知识产权领域专业人才,打通知识产权转移转化"最后一公里",深度推进科教融汇,有效彰显教育、科技、人才"三位一体",取得了良好的社会经济效益。

(一)开展重点产业知识产权研究,化解产业发展隐患

学校依托公共服务网点实验室数据资源,重点开展产业知识产权数据分析和研究。分析重点产业的专利导航现状,以及厂商和研究机构的研发行为与专利产出,明确区域专利布局现状,厘清产业重点领域创新资源,找准上、中、下游创新资源布局重点,追踪领域内关键技术的国内外专利动态,形成产业领域完整的专利导航报告,出版了专利研究领域专著《纺织行业专利分析报告》《安防产业专利技术分析报告》《新能源产业专利分析报告》,通过报告排查、识别、预警专利风险,有效化解影响产业发展的知识产权隐患。

2022年12月,学校作为主要牵头单位,联合宁波市汽车零部件产业协会、宁波市服装协会、国网浙江省电力有限公司宁波供电公司、锦浪科技股份有限公司、乐歌人体工学科技股份有限公司等多家上市企业共同起草的《企业知识产权从业人员能力要求》(DB 3302/T 1137—2022)地方标准发布。其作为省内首个企业知识产权人才培养标准,填补了行业空白且为知识产权专业人才培养提供了科学参考和标准遵循。

(二)提供重点企业知识产权服务,防范企业管理风险

学校为企业提供知识产权尽职调查报告和行业创新研发情报,协助企业管控自身知识产权,及时监控竞争对手研发动态,为企业知识产权获取难、管理难、防范难提供扎实有效的解决方案。目前已为舜宇集团有限公司、巨化集团有限公司、杭萧钢构股份有限公司等305家企业提供知识产权风险管理与预警特色定制服务，全面协助企业提升风险防范和综合管理水平。学校受宁波市市场监管局委托，联合纺织服装产业协会、中国（宁波）知识产权保护中心、雅戈尔集团股份有限公司、宁波博洋控股集团有限公司等30家知名企业共建"纺织服装产业知识产权保护联盟"和"汽车零部件产业知识产权保护联盟"，平台覆盖企业1500家。学校完成了"浙江省缝纫装备技术创新联盟（知识产权联盟）"筹备及成立工作，并由浙江机电职业技术学院担任顾问单位和技术支持单位，社会经济效益日益彰显。

（三）开发线上线下知识产权课程，培养专门从业人才

学校坚持"人是第一生产力"理念，开发知识产权相关课程，线上、线下有机结合，开展在校学生和行业企业专职从业人员的教学与培训，增强知识产权保护意识，增升专利申报、数据分析和应用能力，培养专业化人才队伍。面向在校学生开设"专利数据分析"和"专利数据应用"课程，让学生掌握专利信息分析的原理、设计与应用的全过程，贯彻分析系统管理思想，已在机械制造与自动化等12个专业累计开课210个班次，为打造一支面向基层的科技成果转移转化人才队伍奠定了基础。

此外，学校为行业企业专职从事知识产权管理人员开展知识产权贯标培训，提供知识产权风险预警与管理定制服务，着力培养既懂技术又懂市场的复合型技术转移转化人才，加大专业人才队伍培养力度。疫情期间，联合宁波知识产权保护中心等单位，全面启动"中小微企业知识产权援助计划"公益服务。通过微信公众号提供知识产权基础知识、申请确权、法律维权、数据检索等课程；助力企业复工复产，累计服务企业500家，获人民网、中国知识产权网等多家媒体报道。

2022年学校的知识产权研究与服务中心获批浙江省知识产权公

共信息服务网点。学校协同各方资源,加强顶层设计,构建适合学校自身发展和省域重点产业结构特点的科技成果转移转化体制机制。出台《专利技术转让管理办法》,优化资源配置,完善转化收益分配政策,保障参与科技成果转移转化各方权益。

八、建设全国文化高地,传播"宋韵浙江"新风

传承"浙学":

两所高职院校承担浙江文化研究工程项目

浙江文化研究工程由习近平总书记在浙江工作期间倡导设立,2017 年 3 月,第二期浙江文化研究工程启动。浙江文化研究工程系统梳理浙江文化的传承脉络,挖掘浙江文化的深厚底蕴,研究浙江现象,总结浙江经验,旨在形成具有中国气派、浙江特色的当代"浙学"品牌。

2021 年,由杭州职业技术学院申报的"浙江工匠精神研究"被立为浙江文化研究工程项目。这是高职院校首次承接该重大项目。"浙江工匠精神研究"课题组邀请了浙江大学、南京大学、浙江中医药大学、浙江省长三角非遗研究院、国家档案馆、中国丝绸博物馆、教育部职教中心研究所等 20 余家高校、科研院所和文化机构,合作开展工匠精神研究。研究主要择取浙江的青瓷、黄酒、茶叶、丝绸、铸剑、雕刻、制笔、纺织、船舶、中医药等传统产业、数字领域等新兴产业,沿着工匠、工匠精神与工匠文化脉络主线,立足工匠人物传记,挖掘工匠制度历史脉络,研究工匠精神理论内涵,探析高水平浙江工匠人才培养的路径创新与实践。

同年 9 月 24 日,该校借 9 月 26 日(杭州市法定"工匠日")来临之机,牵头主办"浙江文化研究工程"浙江工匠精神研究"重大项目启动会

暨新时代工匠精神高峰论坛"。论坛邀请省政府咨询委、省社科联、杭州市人大、杭州市总工会、杭州市决咨委、浙江大学、浙江工商大学、中国高教学会职业技术教育分会、中国职业技术教育学会等单位领导和专家从不同维度对浙江工匠精神开展专项指导和阐释。同时，通过领导和专家的思想碰撞，更好地研究和塑造德技并修的新时代工匠人才培养模式，为高质量发展建设共同富裕示范区贡献"职教力量"。

2023 年 8 月 28 日，由浙江旅游职业学院申报的"百县千碗与浙江饮食文化研究"被立为浙江文化研究工程项目。"百县千碗与浙江饮食文化研究"课题组邀请了浙江工商大学、杭州电子科技大学、上海师范大学、扬州大学、浙江外国语学院、宁波财经学院等省内外 7 所高校相关领域的研究力量，共设 13 项子课题。该项目以浙江省 11 个地级市为对象，致力于追溯浙江饮食文化历史，立足当下"诗画浙江·百县千碗"保护经验，探索浙江优秀传统饮食文化的传承保护路径，未来将出版《百县千碗与浙江饮食文化·总论》《百县千碗与杭州饮食文化》《百县千碗与温州饮食文化》等 13 本系列专著。该项目的开展和实施有助于凝练和丰富我省关于"百县千碗"的相关实践探索，从而为浙江饮食行业的发展提供借鉴，助力乡村振兴，助推浙江省共同富裕示范区建设。

不负匠心：

浙江高职院校参编全国首批"高职院校文化建设与文化育人丛书"

自古浙江能工巧匠众多，极具工匠精神底蕴。工匠精神源于手工业时代，甚至可以追溯到更久远的农业时代，其精益求精、持之以恒、爱岗敬业、守正创新等多维度的工匠精神在宋代之后得以升华，特别是宋室南迁，带来的文化中心的东移，使得工匠精神与浙江书院文化、学派文化有机融合,为当代职业教育与传统工匠精神的结合提供了丰富的营养。

金华职业技术学院、浙江机电职业技术学院、浙江金融职业学院、浙江经济职业技术学院对各自院校弘扬浙学传统,传承工匠精神,利用浙江传统文化实施文化育人工作开展系统性总结。经过专家遴选,获批纳入全国首批"高职院校文化建设与文化育人丛书"。

4 所院校基于对高职院校文化育人活动的基本认识,以学校所在地的文脉为起源,通过全景展现学校办学的宏大叙事,描绘学校文化育人的探索与实践,剖析学校精神;凝练学校文化育人环节所取得的成效与经验,聚焦学校教师文化、学生文化以及文化育人相关的生态环境建设情况,最后以承前启后的情怀主线对学校办学和文化育人工作进行了展望。

2019 年 11 月,《婺学今华——金华职业技术学院文化育人源、知、行》《惟实惟新　匠心筑梦——浙江机电职业技术学院文化综览》《浙水流金——浙江金融职业学院文化育人思与行》《立德致用　和谐育人——浙江经济职业技术学院文化育人研究与实践》出版,4 所院校的研究既是浙江高职院校文化育人成果的结集展示,也是浙江高职院校秉承地方千年文化精髓,将浙学追求经世致用与职业教育讲求实用的特征有机融合,在新时代绽放出"双高"建设华章的有力佐证。

越剧研创:

浙江艺术职业学院勠力优秀传统文化创新

浙江艺术职业学院立足数十年戏曲人才培养形成的独特优势,于 2020 年成立越剧研究院,深入探索高质量戏曲艺术人才培养规律及越剧艺术传承发展规律，加强越剧教育及创研互通，推动越剧艺术的研究、保护和传承、创新。

一是开展"互联网＋"越剧教育改革研究。自 2020 年以来，学校牢牢抓住数字化改革的契机，秉承"数字赋能"的教学改革理念，致力于传统表演类专业的数字化改革。五年来，团队对越剧音韵基础知识和越剧语音（7000 字左右）进行了梳理，通过对历史录音、当下发音的比对、论证，确定 21 世纪 20 年代的"越剧标准音"，成功开发上线了越剧语音电子字典"越音易通 App"，与之配套的教材《越音易通·越剧音韵字汇》也出版面世。此款 App 收录了近 6000 个根据越剧语音声、韵、调整理的常用汉字，以数字化手段全面呈现越剧音韵体系。2023 年学校建成了戏曲表演专业教学资源库，服务戏曲表演、戏曲音乐演奏、舞台美术设计、戏曲编导、文旅演艺等岗位及其典型任务，包含教学中心、标准中心、培训中心等十大板块，为教师用户、学生用户、企业用户、社会用户搭建了戏曲表演专业学习的优质平台，有效满足了职业院校戏曲表演相关专业的共性需求，发挥了职业院校服务社会和文化传承的功能。

二是推进研创相融的越剧艺术专题研究。越剧研究院由越剧表演艺术家、梅花大奖获得者茅威涛担任名誉院长，以越剧教学和表演、越剧研究与创作相融为越剧艺术研究理念。确定"浙江戏剧名家研究丛书系列"编写计划，将当今越剧舞台上最具有创造精神的杨小青、茅威涛、周正平、蓝玲、刘建宽等名家的越剧舞台实践作为研究对象，邀请高级研究员，梳理浙江越剧文化生存发展的物质要素、精神要素、象征符号和制度规范要素，构建形成越剧艺术理论体系。越剧研究院举办浙江省戏曲理论学术对话——"新时代如何攀登越剧高峰"和"越剧音乐伴奏鼓板、越胡、琵琶（三大件）学术交流会"，编纂整理《2021 年度浙江省中青年戏曲理论(音乐)研究学术论文集》。筑巢引凤组建常态研究团队,邀请专家担任高级研究员或特约研究员,围绕越剧编导、音乐、舞美、教育等多方面开展联合攻关。

三是组织越剧艺术传承创新培训。越剧研究院立足基层、扎根实际,通过联合院团、连接剧种、联通市场的特色"三联"人才培养模式,搭建越剧艺术人才提升修养、开阔眼界、磨炼技艺的高端培训平台。举办民营戏曲表演人才素养提升的"长三角民营文艺表演团体传统戏曲人才培养项目"。举办"2021年度浙江省中青年戏曲理论研究人才高级研修班",邀请越剧创作、越剧音乐、戏曲评论及越剧发展等方面专家对全省50余名越剧工作者开展相关理论培训。

越剧研究院成立以来运行正常,以越剧艺术为中心辐射其他剧种的研究,取得了不俗的成绩。开发的越音易通App是国内外首创的戏曲(越剧)查字翻译电子字典,填补了越剧音韵理论与新媒体技术融合的空白,为戏曲学习与电子工具获批结合提供了范例。戏曲表演专业教学资源库目前用户总数达2万余人,注册学院覆盖近10个省市地区,并申报国家级资源库。获批国家级社科项目1项、省部级项目7项;已积累一批戏曲艺术研究论文,并在《中国戏剧》《艺术百家》等核心期刊上发表相关论文5篇;出版专著6本;目前已经完成《浙江戏剧名家研究丛书系列·杨小青卷》的编写工作,《浙江戏剧名家研究丛书系列·蓝玲卷》和《浙江戏剧名家研究丛书系列·周正平卷》正在紧锣密鼓的筹备中。"长三角民营文艺表演团体传统戏曲人才培养项目"获得国家艺术基金项目支持。

两岸同心：

两所高职院校深入实施浙台院校文化交流

浙江高职院校一直高度重视对台交流与合作，秉持"两岸一家亲"理念，积极开展两地多领域交流，特别是通过文化交流，推动两岸经济社会融合发展，为实现两岸同胞心灵契合贡献力量。

金华职业技术学院联合 20 多所台湾高校，以"青春飞扬 书香两岸"浙台大学生文化交流活动为载体，共同搭建两岸青年文化交流平台，迄今已成功举办 10 届，累计 400 多名台湾学子来学校参与活动。"双高计划"建设期间，学校聚焦宋韵文化，邀请来自台湾龙华科技大学、慈济科技大学、大仁科技大学、树德科技大学、弘光科技大学 5 所院校师生，与金华相关高校师生开展联谊活动。活动内容包括婺州窑陶艺制作、宋韵文化体验、婺剧表演欣赏、城展馆与科技馆考察、微电影拍摄体验、"青春飞扬·书香两岸"成就展参观等，后续线上开展护理、药学等专业研讨交流互动。"青春飞扬"系列活动已成为浙江对台交流品牌项目，并多次被国台办、省台办列为重点项目，2015 年获全国高校校园文化建设优秀成果二等奖。

2022 年，浙江工贸职业技术学院在温州市台办支持下成立市级台湾研究中心（属省内高职首家）。研究中心聘任著名涉台研究专家李非等 3 位厦门大学教授担任首席专家，聘任台籍在陆青年教师担任特邀研究员，形成以校内专任教师为主力，校外大陆专家和在陆台师为技术支撑的"一体两翼"研究团队模式。与市台办合作连续主办"2022、2023 两岸青年创新创业学术论坛"，与鹿城区合作主办"2022深化鹿台经济与产业融合发展论坛"，为两岸融合创新和产业发展献计献策。研究中心累计承担省市级课题 67 项，在相关专业刊物上发表学术论文 37 篇。

研究中心本着"两岸一家亲"理念，以打造两岸青年创客工作坊品牌为引领，持续开展两岸青年创客工作坊等品牌活动，使台湾青年更加深入了解浙江的人文历史、浙江的创新创业精神，为他们打开一扇"发现浙江"的窗口，吸引来自两岸 90 余所高校的 700 余名青年创客、导师参加活动，CCTV-4、《人民日报》等主流媒体多次报道学校两岸交流活动。多次在省、市对台工作会议上作典型交流，获国台办、省市级领导批示 4 次。

丝路飘香：

浙江商业职业技术学院烹调中国味道"走出去"

浙江商业职业技术学院集聚学历教育办学优势，充分利用海外"丝路学院"、浙江省海外中餐人才培训基地等办学资源，通过跨文化研制标准，三通道开发课程，融媒体数字技术，突破烹饪国际教育难点，开创了"三味一体"育训结合培养模式，实现了饮食文化"味相亲"、中式烹饪"味香浓"、中国味道"味保鲜"的中国饮食文化"走出去"的职教实践新成果。

一是跨文化研制合作标准，破"难融入"让多元文化"味相亲"。学校以中国"食材真安全、食材有营养"为撬动餐饮文化对接的敲门砖，细研国际餐饮标准体系，细分标准要素，搭建烹饪标准直通车，主动对接欧洲餐饮标准。开创性采用共建"一带一路"国家高校、协会、企业共融共创办学模式，引入西班牙巴利阿里厨师协会、餐饮文化交流协会等知名餐饮企业，合作研制美食标准，避免"中餐西化"水土不服。多语种开发"一带一路"沿线可使用的教材，扩大中华美食受众"朋友圈"。国务院新闻办立项出版的《美食中国》《味道中国》等专业教材充分结合当地经济、产业、风土人情等，更好地融入了当地文化。《味道中国》5 国语言版本教材在亚马逊上线，满足了不同国别学习者的需求。

二是三通道组合课堂，破"浅表化"让中式烹饪"味香浓"。学校以技艺为媒、语言添火、文化调味，打破单一讲授烹饪技能的不足，打通"技能＋语言＋文化教学"三要道，充分融入饮食文化内容，弘扬中国饮食文化。海外中餐学院创设"五双六融合"育人模式：通过"语言＋技能课程""校内＋企业阶段""线上＋线下环境""中文＋外语文化""教师＋师傅导师"的方式，实现教学内容与工作任务相融合、人才培养与行业需求相融合、理论教学与企业实践相融合、能力考核与技能评价相融合、思政教育与传统文化相融合、专业教师与能工巧匠相融合。（示意图可见第 79 面图 1-17）

三是融媒体数字技术，破"难保持"让中国味道"味保鲜"。学校升级教学资源库，累计建设原创视频 1 万个、素材资源 29897 个。融合虚拟仿真资源，云端建成中国烹饪文化数字博物馆和国际教学栏目，再现中国烹饪古籍、餐饮老字号，中国名菜、名点、名宴等场景和内容。烹饪空中学院海外注册用户分布 79 个国家和地区，高达 25000 多人，双向互聘国际烹饪名师，通过云课程直播吸引全球学员及中餐爱好者。

后 记

————————· ○ ○ ○

    浙江是我国职业教育改革先行地,职业教育改革的点点滴滴都受到全国各界的关注,"双高计划"建设成效更是万众瞩目,作为获得立项院校较多的省份之一,浙江的成绩奠定了"双高计划"建设的底数。习近平总书记在浙江考察时强调,聚焦建设共同富裕示范区、打造新时代全面展示中国特色社会主义制度优越性的重要窗口,坚持一张蓝图绘到底,持续推动"八八战略"走深走实,始终干在实处、走在前列、勇立潮头,奋力谱写中国式现代化浙江新篇章。为此,浙江高职院校"国家队"必然要扛起不负习近平总书记的殷殷嘱托,为中国特色社会主义共同富裕先行和省域现代化先行贡献职教力量的时代使命。

    《改革引领　勇立潮头:浙江省中国特色高水平高职学校和专业群建设报告》的编写,不仅注重"双高计划"十大任务点的建设绩效落实落深,全力完成国家要求的"规定动作",而且十分重视浙江省15所"双高计划"建设院校在实践中形成的浙江智慧和浙江行动,力争展现富含浙江地方韵味的"自选动作",进而让整个建设报告充实丰满起来。报告的第一部分是对浙江省推进"双高计划"建设绩效的总结梳理,主要介绍体制机制创新、运行评价与绩效、任务点完成情况以及下一步的思考与谋划。该部分还统计分析了"双高计划"建设单位形成的76类标志性成果情况。报告的第二部分对省内 15 所院校上报的"双高计划"十大重点任务案例进行典型推荐。报告的第三部分是全省 15 所"双高计划"建设院校以服务浙江经济社会的高质量发展、助力省域现代化和共同富裕"两个先行"为主要任务,在服务全省支柱产业、服务中小微企业等方面的生动实践的汇集。我们期待系统全面地总结展示,使更多的地方职教经验上升为国家智慧,推动中国高等职业教育伟大的改革事业发展,彰显教育强国建设在国民经济体系和社会发展中的重要作用,让高等职业教育成为国家实现第二个百年奋斗目标新征程上的重要基石。

应该说,本报告凝结着全省 15 所高职院校的辛勤汗水,凝聚着浙江高质量推进"双高计划",勇立全国高职教育改革潮头的磅礴力量。本报告的编撰得到金华职业技术学院和浙江省现代职业教育研究中心的大力支持,成军、张雁平、刘鲁平、邵建东、朱友银、杨剑静、黄益寿、张猛、王妍、韦清、孙凤敏、王亚南、徐珍珍、王斌、陈文航等同志参与了报告的编撰工作,本报告所选编的案例均来自浙江省各"双高计划"建设院校的建设报告。编写组在此向所有参与并支持此次报告编撰的院校和老师表示最诚挚的感谢。

由于时间仓促,报告还有许多亟待完善优化之处,恳请广大行业同人、读者批评指正。